डॉ. तुलसी राम

डॉ. तुलसी राम, सेंटर फॉर रशियन एंड सेंट्रल एशियन स्ट्डीज, स्कूल ऑफ इंटरनेशनल स्ट्डीज, जवाहरलाल नेहरू विश्वविद्यालय में प्रोफेसर के पद पर कार्यरत रहे तथा इस सेंटर के अध्यक्ष भी रहे। वे विश्व कम्यूनिस्ट आन्दोलन तथा रशियन मामलों के विशेषज्ञ भी थे। उक्त विषयों के साथ-साथ ट्रांस काकेशिया एवं बाल्टिक राज्यों की राजनीति पर उनके निर्देशन में लगभग 50 छात्रों ने एम.फिल. व पीएच.डी. की।

डॉ. तुलसी राम को अन्तरराष्ट्रीय बौद्ध आन्दोलन, दलित राजनीति तथा साहित्य में भी विशेषज्ञता हासिल थी। उन्होंने इन विषयों पर सैकड़ों लेख लिखे। एक कट्टर धर्मनिरपेक्ष विद्वान के रूप में मार्क्स, बुद्ध तथा डॉ. अम्बेडकर उनके हीरो रहे। उन्होंने 'अश्वघोष' नामक प्रसिद्ध बुद्धिस्ट एवं साहित्यिक पत्रिका का सम्पादन भी किया।

उनकी प्रमुख रचनाओं में 'अंगोला का मुक्ति संघर्ष', 'सी.आई.ए. : राजनीतिक विध्वंस का अमरीकी हथियार', 'द हिस्ट्री ऑफ कम्यूनिस्ट मूवमेंट इन ईरान', 'पर्सिया टू ईरान' (वन स्टेप फारवर्ड टू स्टेप्स बैक), 'आइडिओलॉजी इन सोवियत-ईरान रिलेशंस' (लेनिन टू स्टालिन), 'मुर्दहिया' और 'मणिकर्णिका' आदि शामिल हैं।

निधन : 13 फरवरी, 2015

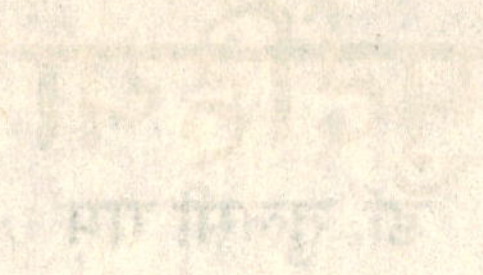

मुर्दहिया

डॉ. तुलसी राम

राजकमल पेपरबैक्स

पहला पुस्तकालय संस्करण
राजकमल प्रकाशन प्राइवेट लिमिटेड द्वारा
2010 में प्रकाशित

राजकमल पेपरबैक्स में
पहला संस्करण : 2012
ग्यारहवाँ संस्करण : 2024

राजकमल पेपरबैक्स : उत्कृष्ट साहित्य के जनसुलभ संस्करण

राजकमल प्रकाशन प्रा.लि.
1-बी, नेताजी सुभाष मार्ग, दरियागंज
नई दिल्ली-110 002
द्वारा प्रकाशित

शाखाएँ : अशोक राजपथ, साइंस कॉलेज के सामने, पटना-800 006
पहली मंजिल, दरबारी बिल्डिंग, महात्मा गांधी मार्ग, प्रयागराज-211 001
1, अनमोल सोराबजी संतुक लेन, धोबी तलाव, मरीन लाइंस, मुम्बई-400 002

वेबसाइट : www.rajkamalprakashan.com
ई-मेल : info@rajkamalprakashan.com

विकास कंप्यूटर एंड प्रिंटर्स
ट्रॉनिका सिटी-201 102
द्वारा मुद्रित

मूल्य : ₹250

MURDAHIYA
Autobiography by Dr. Tulsi Ram

ISBN : 978-81-267-2279-2

भूमिका

'मुर्दहिया' हमारे गांव धरमपुर (आजमगढ़) की बहुद्देशीय कर्मस्थली थी। चरवाही से लेकर हरवाही तक के सारे रास्ते वहीं से गुजरते थे। इतना ही नहीं, स्कूल हो या दुकान, बाजार हो या मंदिर, यहाँ तक कि मजदूरी के लिए कलकत्ता वाली रेलगाड़ी पकड़ना हो, तो भी मुर्दहिया से ही गुजरना पड़ता था। हमारे गांव की 'जिओ-पॉलिटिक्स' यानी 'भू-राजनीति' में दलितों के लिए मुर्दहिया एक सामरिक केन्द्र जैसी थी। जीवन से लेकर मरन तक की सारी गतिविधियाँ मुर्दहिया समेट लेती थी। सबसे रोचक तथ्य यह है कि मुर्दहिया मानव और पशु में कोई फर्क नहीं करती थी। वह दोनों की मुक्तिदाता थी। विशेष रूप से मरे हुए पशुओं के मांसपिंड पर जूझते सैकड़ों गिद्धों के साथ कुत्ते और सियार मुर्दहिया को एक कला-स्थली के रूप में बदल देते थे। रात के समय इन्हीं सियारों की 'हुआं-हुआं' वाली आवाज उसकी निर्जनता को भंग कर देती थी। हमारी दलित बस्ती के अनगिनत दलित हजारों दुख-दर्द अपने अंदर लिये मुर्दहिया में दफन हो गए थे। यदि उनमें से किसी की भी आत्मकथा लिखी जाती तो उसका शीर्षक 'मुर्दहिया' ही होता।

मुर्दहिया सही मायनों में हमारी दलित बस्ती की जिंदगी थी। इस जिंदगी को मुर्दहिया से खोदकर बाहर लाने का पूरा श्रेय 'तद्भव' के मुख्य संपादक अखिलेश को जाता है। वे हमेशा मेरे सामने कलम के बदले फावड़ा लिये तैयार मिलते थे। सही अर्थों में मैंने उनके ही फावड़े से खोदकर 'मुर्दहिया' से अपनी जिंदगी को बाहर निकाला। जमाना चाहे जो भी हो, मेरे जैसा कोई अदना जब भी पैदा होता है, वह अपने इर्द-गिर्द घूमते लोक-जीवन का हिस्सा बन ही जाता है। यही कारण था कि लोकजीवन हमेशा मेरा पीछा करता रहा। परिणामस्वरूप मेरे घर से भागने के बाद जब 'मुर्दहिया' का प्रथम खंड समाप्त हो जाता है, तो गांव के हर किसी के मुख से निकले पहले शब्द से तुकबंदी बनाकर गानेवाले जोगीबाबा, लक्कड़ ध्वनि पर नृत्यकला बिखेरती नटिनिया, गिद्ध-प्रेमी पग्गल बाबा तथा सिंघा बजाता बंकिया डोम आदि जैसे जिन्दा लोक पात्र हमेशा के लिए गायब होकर मुझे बड़ा दुख पहुंचाते हैं। सबसे ज्यादा दुखित करने वाली बात दिल्ली में रह रहे मेरे गांव के कुछ प्रवासी मजदूरों

से मालूम हुई। पचास-साठ साल पहले की जिस 'मुर्दहिया' का वर्णन मैंने किया है, वह पूर्णरूपेण उजड़ चुकी है। सारे जंगल कटकर खेत में बदल चुके हैं, जिसके चलते गिद्धों जैसे अनगिनत दुर्लभ पक्षियों तथा साही, सियारों और खरगोशों जैसे पशुओं का विलोप हो चुका है। बचपन में दुखित होने का मतलब होता था आंखों में आंसू आ जाना। ऐसे अवसरों पर मेरी दादी आंख धो लेने को कहती थी, किंतु आज का अनुभव बताता है कि चंद पानी के छींटों से दुख की निशानी नहीं मिट पाती। प्रवासी मजदूरों से ही पता चला कि 'मुर्दहिया' से होकर जानेवाली एक सरकारी सड़क ने हमारे गांव को तीन जिलों—आजमगढ़, गाजीपुर तथा बनारस से जोड़ दिया है। उस पर टैम्पो भी चलने लगे हैं। जिस तरह हमारे गांव से बड़ी संख्या में मजदूरों का पलायन बड़े शहरों में हो चुका है, संभवतः 'मुर्दहिया' से सड़क निकल जाने के कारण वहां के भूत-पिशाचों का भी पलायन अवश्य हो गया होगा। जाहिर है, अब पहले जैसी उनकी पूजा नहीं होती। बढ़ते हुए शहरीकरण ने हर एक के जीवन को प्रभावित किया है। भूत भी इससे अछूते नहीं हैं।

आने वाले 'मुर्दहिया' के दूसरे खंड में घर से भागने के बाद कलकत्ता, बनारस तथा दिल्ली होते इंग्लैंड तथा सोवियत संघ/रसिया तक की जीवनयात्रा का लेखा-जोखा होगा। मूलतः यह यात्रा मार्क्सवाद से बौद्ध दर्शन की है। राजकमल प्रकाशन के निदेशक अशोक महेश्वरी इस बात के लिए धन्यवाद के पात्र हैं कि उन्होंने 'तद्भव' में अब तक प्रकाशित सात किस्तों को 'मुर्दहिया' (खंड-1) के रूप में अविलंब प्रकाशित करने का निर्णय लिया, जबकि आगे का लेखन अभी जारी है।

—डॉ. तुलसी राम
जवाहरलाल नेहरू विश्वविद्यालय
नई दिल्ली-110067

अनुक्रम

1

भुतही पारिवारिक पृष्ठभूमि

मूर्खता मेरी जन्मज़ात विरासत थी। मानव जाति का वह पहला व्यक्ति जो जैविक रूप से मेरा खानदानी पूर्वज था, उसके और मेरे बीच न जाने कितने पैदा हुए, किन्तु उनमें से कोई भी पढ़ा-लिखा नहीं था। लगभग तेईस सौ वर्ष पूर्व यूनान देश से भारत आए मिनांदर ने कहा कि आम भारतीयों को लिपि का ज्ञान नहीं है, इसलिए वे पढ़-लिख नहीं सकते। उसके समकालीनों ने तो कोई प्रतिक्रिया नहीं दी, किन्तु आधुनिक भारतीय पंडों ने मिनांदर का खूब खंडन-मंडन किया। हकीकत तो यह है कि आज भी करोड़ों भारतीय मिनांदर की कसौटी पर खरा उतरते हैं। सदियों पुरानी इस अशिक्षा का परिणाम यह हुआ कि मूर्खता और मूर्खता के चलते अंधविश्वासों का बोझ मेरे पूर्वजों के सिर से कभी नहीं उतरा...।

शुरुआत यदि दादा से ही करूं तो पिता जी के अनुसार उन्हें एक भूत ने लाठियों से पीट-पीटकर मार डाला था। अपने पांच भाइयों में पिता जी सबसे छोटे थे। घर में सभी का कहना था कि दादा जी, जिनका नाम जूठन था, गांव से थोड़ा सा दूर झाड़ियों वाले टीले के पास छोटे से खेत में मटर की फसल को देर रात जानवरों से बचाने के उद्देश्य से गए थे। मटर के खेत में उन्हें फली खाता एक साही नामक जानवर दिखाई दिया, क्योंकि रात उजाली थी। दादा जी ने अपनी लाठी से साही पर हमला बोल दिया। लाठी लगते ही साही रौद्र रूप धारण करते हुए अपने लम्बे-लम्बे कँटीले रोंगटों को फैलाकर अंतर्धान हो गया। घर वालों के अनुसार वह साही नहीं, बल्कि उस क्षेत्र का भूत था। इस प्रकरण के बाद दादा जी खेत से डरकर तुरंत घर आ गए। इस भूत का किस्सा सारे गांव में फैल गया। डरकर हर किसी ने उधर जाना बंद कर दिया। सभी कहने लगे कि भूत बदला अवश्य लेगा।

इसी बीच दादा जी एक दिन खलिहान में रात को सोए हुए थे कि साही संतरित भूत लाठी लेकर आया और उसने दादा जी को पीट-पीटकर मार डाला। दादा जी को मैंने कभी देखा नहीं था, क्योंकि उनकी यह भुतही हत्या मेरे जन्म से अनेक वर्ष

पूर्व हो चुकी थी। इस हत्या की गुत्थी मेरे लिए आज भी एक उलझी हुई पहेली बनी हुई है। तर्कसंगत तथ्य तो शायद यही होगा कि दादा जी की गांव के ही किसी अन्य व्यक्ति से अवश्य ही दुश्मनी रही होगी और उसने साही भूत का मनोवैज्ञानिक बहाना निर्मित कर उन्हें मार डाला हो। सच्चाई चाहे जो भी हो, इस भुतही प्रक्रिया ने मेरे खानदान के हर व्यक्ति को घनघोर अंधविश्वास के गर्त में धकेल दिया। परिणामस्वरूप घर में भूत बाबा की पूजा शुरू हो गई। घर में ओझाओं का बोलबाला हो गया। किसी को सिरदर्द होते ही ओझैती-सोखैती शुरू हो जाती थी। ऐसे भुतहे वातावरण में किसी शिशु का जन्म आजमगढ़ जिले के धरमपुर नामक गांव में 1 जुलाई, 1949 को हुआ हो तो उसकी विरासत कैसी होगी?

जाहिर है, शैशव काल में ही मैं मूर्खताजन्य अंधविश्वासों के बोझ तले दब गया। मेरी दादी का नाम मुसड़िया था। वह सौ वर्ष से भी ज्यादा जिन्दा रही। उसके चेहरे तथा बाँहों से लटकते हुए चिचुके चमड़े उसकी लम्बी उम्र को प्रमाणित करते थे। गांव वालों का कहना था कि मेरी दादी ने कौआ का मांस खाया है, इसलिए वह मरती नहीं है। गांव में यह किंवदंती फैली हुई थी कि कौवे का मांस खाने वाला बहुत दिन तक जिन्दा रहता है। जो भी हो, दादी कहती थी कि महीने के किसी पक्ष के त्रयोदशी के दिन मेरे पिता जी का जन्म हुआ था, इसलिए उनका नाम तेरसी पड़ा। मेरी माता का नाम धीरजा था। मेरे पिता जी को मछली मारने में महारत हासिल थी। वे किसी भी जलस्रोत से बड़ी आसानी से मछलियां मार लाते थे। 'मछरमरवा' के रूप में उन्हे उस क्षेत्र में पौराणिक ख्याति मिली हुई थी। लोग कहीं भी मछली मारने जाते, वे पिता जी से प्रार्थना करते थे कि साथ चलकर वह पानी छू भर दें, बस मछली सबको मिल जाएगी। बाद में मेरी मां ने मुझे बताया कि जिस चारपाई पर मैं पैदा हुआ, उसके नीचे तुरंत पिता जी ने गांव स्थित पोखरी से एक जिन्दा मछली पकड़कर डाल दिया। यह एक प्रकार का टोटका था, जिसके अनुसार उनका विश्वास था कि मुझे भी बड़ा होने पर 'मछरमरवा' के रूप में पौराणिक ख्याति मिल सकेगी। सम्भवतः मेरे मां-बाप की सर्वोच्च आकांक्षाओं की पहुंच मुझे एक सिद्धहस्त 'मछरमरवा' के रूप में देखने तक ही सिमटकर रह गई थी। जाहिर है, एक दलित खेत मजदूर और मजदूरनी की आकांक्षा इससे ज्यादा और क्या हो सकती थी? मां ने यह भी बताया कि उसके कई बच्चे पहले पैदा हुए किन्तु थोड़ा बड़ा हो-होकर सबके सब मरते चले गए। इसलिए जब मैं पैदा हुआ, तो पिता जी मुझे अपनी गोद में लेकर गांव से करीब डेढ़ किलोमीटर दूर एक शिव मंदिर, जिसे शेरपुर कुटी कहते थे, पहुंचे और मंदिर के महंत बाबा हरिहर दास से आशीर्वाद देने के लिए विनती की। बाबा हरिहर दास बड़े उदार पुरुष थे। उन्होंने मुझे जीवित रहने का आशीर्वाद देते हुए मेरा नाम तुलसी राम रखा। बाबा का कहना था कि तुलसी दास रामभक्त थे। अतः यह लड़का भी बड़ा होकर तुलसी

राम के रूप में रामभक्त होगा। मुझे जीवित रखने की प्रक्रिया में पिता जी स्वयं एक कट्टर शिवभक्त हो गए। उन्होंने घर के पास एक नया पीपल का पेड़ लगाया और उसकी पूजा शुरू कर दी। शनिवार के दिन वे पीपल पर जल चढ़ाते और शाम को घी का दीया जलाते। वे शिव की प्रार्थना में जो कुछ बोलते, उसे सुनकर ऐसा लगता था कि मानो वे किसी से लगातार रो-रोकर बातें कर रहे हों। पिता जी के अनुसार, जैसे-जैसे पीपल बढ़ता गया, वैसे-वैसे मैं भी। इस बीच उस जर्जर बुढ़िया दादी का लगाव भी मुझसे बढ़ता गया।

जब मैं तीन साल का हुआ, गांव में चेचक की महामारी आई। मेरे ऊपर उसका गहरा प्रकोप पड़ा। चेचक से मैं मरणासन्न हो गया। घर में स्थानीय ग्रामीण देवी-देवताओं की पूजा शुरू हो गई। उस समय गांव में दलितों के अलग देवी-देवता होते थे, जिनकी पूजा सवर्ण नहीं करते थे। हमारे गांव में भी 'चमरिया माई' और 'डीह बाबा' दो ऐसे ही देवी-देंवता थे, जिनकी पूजा दलित करते थे। इन दोनों को सूअर तथा बकरे की बलि दी जाती थी। बलि के अलावा इन्हें 'हलवा-सोहारी' (पूड़ी), 'धार' तथा 'पुजौरा' भी चढ़ाया जाता था। एक लोटा पानी में कुछ जायफल, छुहारा, लौंग आदि मिला दिया जाता, जिसे 'धार' कहते थे। एक मुट्ठी जौ का आटा 'पुजौरा' कहलाता था। चमरिया माई का स्थान उसी मटर वाले भुतहे खेत के पास झाड़ियों वाले टीले पर था। वहां कुम्हार के आंवां में पके मिट्टी के कुछ हाथी और घोड़े रखे हुए थे। यही हाथी-घोड़े गांव के ब्राह्मणों के घरों के पास डीह बाबा के स्थान पर भी रखे हुए थे। जैसा कि अवगत है, घर वाले भूत की भी पूजा करते थे, किन्तु गांव में चमरिया माई या डीह बाबा की तरह उसका कोई स्थान निर्धारित नहीं था। गांव के दक्षिण-पश्चिम कोण की दिशा में थोड़ी दूर पर दौलताबाद नामक एक दूसरा गांव था, जिसके बाहर एक सुनसान जगह पर बहुत पुराना पीपल का विशाल पेड़ था। घर वालों के अनुसार वह भूत उसी पेड़ पर रहता था। अतः वहीं जाकर उसकी पूजा की जाती थी। चेचक निकलने पर मनौती के अनुसार देवी 'शीतला माई' की भी पूजा की जाती थी। शीतला माई का मंदिर गांव से करीब बीस किलोमीटर पश्चिमोत्तर में निजामाबाद कस्बे के पास था। वहां साल में एक बार गांव के सारे दलित मिलकर जाते और शीतला माई को सूअर के बच्चे की बलि के अलावा 'हलवा-सोहारी' भी चढ़ाई जाती थी। शीतला माई को अति प्रसन्न रखने के लिए मंदिर में वेश्याओं का नृत्य भी कराया जाता था। ऐसी नृत्यांगनाएं मंदिर के पास बड़ी आसानी से मिल जाती थीं।

मेरे ऊपर चेचक का प्रकोप इतना जबर्दस्त था कि जीवित रहने की उम्मीद घर वाले लगभग छोड़ चुके थे। उपरोक्त देवी-देवताओं की मनौती के अलावा कोई चिकित्सकीय इलाज किसी भी तरह सम्भव नहीं था; क्योंकि घर वाले घोर

अंधविश्वास के कारण दवा लेने से हठ के साथ इनकार कर देते थे। वैसे भी उन दिनों चेचक लाइलाज बीमारी थी। घर वाले इसे शीतला माई का प्रकोप समझते थे। पास के गांव से एक ओझा आता और कभी भी स्पष्ट न होने वाले कथित मंत्रों को बड़बड़ाते तथा लौंग तोड़ते हुए झाड़-फूँक करता था। वह नीम के पेड़ की छोटी डाल तोड़कर पत्ते समेत पूरी देह पर फेरता रहता था। उधर मेरी बुढ़िया दादी, जो चमरिया माई की अटूट भक्तिन थी, कंडे की आग में घी डाल-डालकर 'जय चमरिया माई', 'जय चमरिया माई' की बार-बार रट लगाते हुए अगियारी करती रहती थी। दादी मेरी मां से ज्यादा रोती रहती थी। अंततोगत्वा चेचक की आवश्यक बीमारी वाली अवधि समाप्त होने के साथ मैं ठीक होने लगा। घर वाले अटूट विश्वास के साथ कहते कि उनकी पूजा-पाठ से जिन्दा बच गया। इस बीच विभिन्न मनौतियों में सूअरों, बकरों की बलि में भैंसा भी शामिल हो चुका था। मेरी जान तो बच गई, किन्तु चेचक का प्रकोप हटते ही मेरी पूरी देह पर गहरे गहरे घाव के दाग पड़ गए। विशेष रूप से मेरा चेहरा इन दागों का भंडारण क्षेत्र बन गया। गांव में लोहार अनाज से मिट्टी या कंकड़ निकालने के लिए लोहे की पतली चद्दर काटकर उसे बड़ी चलनी का रूप देते थे और उसकी पेंदी में पतली छेनी से सैकड़ों छेदकर देते थे, जिसे 'आखा' कहते थे। आखा की पेंदी का बाहरी हिस्सा छेनी के छेद से खुरदरा हो जाता था। मेरा चेहरा इसी आखा के बाहरी हिस्से जैसा हो गया था। इस पूरे प्रकरण में मेरे शेष जीवन पर अत्यंत दूरगामी प्रभाव डालने वाली घटना घटी—चेचक से मेरी दाईं आंख की रोशनी हनेशा के लिए विलुप्त हो गई। भारत के अंधविश्वासी समाज में ऐसे व्यक्ति 'अशुभ' की श्रेणी में हमेशा के लिए सूचीबद्ध हो जाते हैं। ऐसी श्रेणी में मेरा भी प्रवेश मात्र तीन साल की अवस्था में हो गया। अतः घर से लेकर बाहर तक सबके लिए मैं 'अपशकुन' बन गया।

मेरे गांव में मेरे अलावा कई अन्य व्यक्ति भी अपशकुन की श्रेणी में आते थे। एक थे करीब अस्सी वर्ष के बूढ़े ब्राह्मण जंगू पांडे। वे जीवनपर्यन्त कुंआरे रह गए थे। उनका अपना कोई नहीं था। शाम के समय वे अकसर घूमते हुए दलित बस्ती में आ जाते थे। उनके आते ही विभिन्न परिवारों में खलबली मच जाती थी। नई नई बहुओं को लोग घर के अंदर ही रहने के लिए हिदायत देते रहते थे। लोगों का मानना था कि जंगू पांडे की निगाह पड़ते ही बहुओं का अनिष्ट हो जाएगा। सम्भवतः वे निर्वंश हो जाएंगी। इस संदर्भ में एक घटना याद आने पर आज भी दुख की अनुभूति होती है। मेरे घर के पास एक आम के पेड़ में खूब बौर आए थे। अचानक जंगू पांडे आकर आम के बौरों को देखने लगे क्योंकि बौर बहुत अच्छे लग रहे थे। मेरे घर वालों ने कहना शुरू कर दिया कि जंगू पांडे की नजर लग गई। अब फल नहीं आएंगे। जबकि बाद में खूब फल आए। इसी तरह गांव की एक अन्य बुढ़िया ब्राह्मणी थी,

जिसका नाम किसी को मालूम नहीं था। वह सिर्फ 'पंडिताइन' के रूप में जानी जाती थी। पंडिताइन निर्वंश विधवा थी। उन्हें भी लोग देखना पसंद नहीं करते थे। गांव भर के लोगों का कहना था कि पंडिताइन का सामना हो जाने से किसी काम में सफलता नहीं मिलेगी। किसी काम से जाते हुए यदि पांडे का सामना किसी से हो जाता, तो वह लौटकर घर वापस आ आता और थोड़ी देर तक ठहरकर अपशकुन मिटाता, फिर काम पर जाता। यद्यपि जंगू पांडे और वह पंडिताइन बेहद शराफत से बातें करते थे, फिर भी उन मान्यताओं के चलते वे बिना किसी कारण अपमानित होते रहते थे। तीन वर्ष के शैशव काल में जब 'अशुभ-अपशकुन' की श्रेणी में मेरा प्रवेश हुआ तो भारत की आजादी के पांच साल बीत चुके थे; अर्थात् सन् 1952 का साल अपनी चरणसीमा की ओर बढ़ रहा था। धीरे-धीरे मेरे मस्तिष्क में उस ग्रामीण परिवेश से उत्पन्न संवेदनाएं हिलने-डुलने लगीं।

अपने पांच भाइयों में मेरे पिता जी सबसे छोटे थे। सभी का एक संयुक्त परिवार था, जिसमें छोटे-बड़े लगभग पचास व्यक्ति एक साथ रहते थे। पिता जी के बीच वाले भाई जो वरीयता क्रम में तीसरे नम्बर पर थे, अत्यंत क्रोधी एवं क्रूर पुरुष थे। अकारण कोई भी व्यक्ति उनकी भद्दी-भद्दी गालियों का शिकार बन जाता। उनके दो बेटे एकदम उन्हीं जैसे क्रूर थे। वे सभी मुझे अकसर 'कनवा-कनवा' कहकर पुकारते थे। घर में कई अन्य भी कभी-कभी ऐसा ही कहते थे, इसके अलावा यह कि कभी भी कोई वैसा कहने से मना नहीं कर पाता। यहां तक कि मेरी मां भी सिसकियां भरते हुए चुप रह जाया करती थी, जिसका कारण था उन व्यक्तियों का क्रूर व्यवहार।

मेरी दादी का मुझसे अटूट लगाव दिन-प्रतिदिन बढ़ता जा रहा था। मैं उस भारी-भरकम संयुक्त परिवार का सबसे छोटा सदस्य था। दादी रात को भी मुझे अपने पास सुलाती और हमेशा मेरे मुंह पर हाथ फेरते हुए चमरिया माई की विनती करती रहती। मैं जैसे-जैसे बड़ा होता गया, वैसे-वैसे मेरा अपशकुन और अपमान भी बृहद् होता गया, विशेष रूप में परिवार के अंदर। बाद में थोड़ा समझदार होने पर दादी ने बताया कि चेचक निकलने के पहले घर में सबसे छोटा होने के कारण परिवार के सभी सदस्यों में मुझे गोद में लेकर खेलाने की होड़ लगी रहती थी, किन्तु चेचक के बाद सब कुछ बदल गया। पिता जी के बीच वाले कटु हृदयी भाई का नाम नग्गर था। वे यदि घर में किसी बात से नाराज होते तो तुरंत खाना-पीना छोड़ देते थे। एक तरह से वे गांधीवादी अनशन पर बैठे जाते। घर का कोई सदस्य उन्हें मनाने के लिए थाली में खाना तथा लोटे में पानी लेकर जाता, तो वह उनकी गालियों की बौछार से सराबोर हो जाता। वे तुरंत खाना समेत थाली को वहीं उलट देते और लोटे के प्रहार से थाली को चकनाचूर कर देते। उस समय घर-गांव में सबके पास कांसे या

फूल नामक धातु की थालियां और लोटे हुआ करते थे, जो किसी भी तरह के प्रहार से खंड-खंड हो जाते। इस तरह उनकी हर नाराजगी का शिकार कम से कम एक थाली अवश्य हुआ करती थी। उनकी इस तुनकमिजाजी से न जाने कितनी थालियां अपना अस्तित्व खो चुकी थीं। उनसे हर कोई आतंकित रहता था। उनके दोनों बेटे भी सही अर्थों में इस आतंक के उत्तराधिकारी थे। ये बाप-बेटे जब कभी अच्छे मूड में होते, तो मुझे पास बुलाते और जिस आंख से मैं देख सकता था उसे हाथ से बंद करा-कराकर मेरे सामने अपनी उंगलियां फैलाकर गिनने के लिए कहते। ऐसी स्थिति में मुझे धुंधला-सा दिखाई पड़ता था जिसके सहारे मैं विभिन्न उंगलियों को गिनकर बता देता और वे प्रसन्न हो जाते। इस प्रसन्न मुद्रा में वे हमेशा शाबाशी के रूप में कहते : "कनवा बड़ा तेज हौ।" उनकी उंगलियों को गिन-गिनकर मैं भी खूब प्रसन्न रहता। किन्तु जब थोड़ा और बड़ा हुआ, तब अनुभूति हुई कि जिस गिनती की सफलता से मैं अपने को महान गणितज्ञ समझकर खुश हो जाता था, वास्तव में वह मेरा उपहास होता था तथा वे अपने मनोरंजन के लिए मेरे साथ यह खेल खेलते थे। धीरे-धीरे यह खेल मुझे बुरा लगने लगा। अत्यंत मानसिक पीड़ा होती थी, किन्तु उस धुंधली गिनती से पीछा छुड़ा लेने की हिम्मत नहीं पड़ती। यह क्रम वर्षों तक चलता रहा। इस संदर्भ में मैं दावे के साथ कह सकता हूं कि इस धुंधली गिनती की परीक्षा से उत्पन्न पीड़ा मेरे जीवन की पहली मानसिक पीड़ा थी। अशुभ-अपशकुन वाली पीड़ा की अनुभूति कुछ देर से आई। इन्हीं पीड़ाओं में मेरा सारा बचपन विलुप्त हो गया और मैं अल्पायु में ही अत्यंत संवेदनशील बन गया।

मेरे दादा-परदादा गांव के ब्राह्मण जमींदारों के खेतों पर बंधुवा मजदूर थे। उन जमींदारों ने ही कुछ खेत उन्हें दे दिया था। गांव के अन्य दलित भी उन्हीं जमींदारों के यहां हरवाही (हल चलाने का काम) करते थे। यह हरवाही पुश्त-दर-पुश्त चली आ रही थी। मेरे परिवार में पिता जी के अन्य चारों बड़े भाई हरवाही नहीं करते थे, क्योंकि उनके बड़े-बड़े कई बेटे थे, जिनमें से पांच आसनसोल की कोयला खदानों, कलकत्ता की जूट मिलों एवं लोहे के कारखाने में काम करते थे। किन्तु मेरे पिता जी को खानदानी हरवाही से कभी मुक्ति नहीं मिली। वे अकसर कहा करते थे कि यदि हरवाही छोड़ दूंगा तो 'ब्रह्महत्या' का पाप लगेगा। अत्यंत धर्मांध होने के कारण वे हरवाही को अपना जन्मसिद्ध अधिकार एवं पवित्र कार्य समझते थे। मेरी मां भी उनके साथ मजदूरी करती थी। हमारा संयुक्त परिवार एक अजायबघर की तरह था, जिसमें तरह-तरह के लोग अलग-अलग तौर-तरीकों के साथ रहते थे। पिता जी के सबसे बड़े भाई, जिनका नाम सोम्मर था, बारह गांवों के चमारों के चौधरी चुने गए थे। भारत की आजादी के पूर्व न जाने कब से पूर्वी उत्तर प्रदेश के अनेक क्षेत्रों की

एक परम्परा के अनुसार चमारों का 'बारहगांवा' होता था, अर्थात् बारह गांव के चमारों की एक बृहद् पंचायत होती थी, जिसमें कोई एक व्यक्ति सर्वसम्मति से चौधरी चुना जाता था। इस चौधरी को व्यावहारिक रूप में एक न्यायाधीश की तरह अधिकार प्राप्त होता था। 'बारहगांवा' के चमार अपने किसी भी आपसी झगड़े के निपटारे के लिए चौधरी के पास आते, फिर पंचायत बुलाई जाती, जिसमें घंटों की माथापच्ची के बाद चौधरी अपना अंतिम फैसला देते, जो तुरंत सभी को मान्य हो जाता था।

बारहगांवा के चौधरी के समक्ष जो समस्याएं लाई जातीं, उनमें दो मामले बड़े विचित्र ढंग से सुलझाए जाते थे। इनमें से एक मामला होता था किसी युवती का गांव के किसी अन्य व्यक्ति के साथ यौन संबंध या उसका बिन विवाह गर्भवती हो जाना तथा दूसरा था किसी चमार द्वारा मरे हुए पशु (गाय, बैल या भैंस) का मांस खाया जाना। मरे हुए पशु का मांस खाने के संदर्भ में एक उल्लेखनीय तथ्य यह है कि आजादी के पूर्व हमारे क्षेत्र के सभी चमार गाय, बैल तथा भैंस मर जाने पर उसका मांस खा जाते थे। मेरी बुढ़िया दादी अकसर मुझे सोते समय अपनी युवा अवस्था के अनेक संस्मरण सुनाया करती थी, जो अत्यंत रोचक एवं चमत्कारक हुआ करते थे। दादी के ये संस्मरण उसकी शतकीय उम्र को देखते हुए सम्भवतः सन् 1860 या 70 के दशक के मालूम पड़ते हैं। मैं इन संस्मरणों को बहुत ध्यान से सुनता था। एक ऐसे ही संस्मरण में दादी ने बताया कि जब वह ब्याह कर हमारे गांव आई तो देखा कि गांव में किसी की गाय, भैंस या बैल मर जाता तो पास स्थित जंगल में ले जाकर उसका चमड़ा निकाला जाता फिर उसके बाद गंड़ासे और कुल्हाड़ियों से काट-काटकर उसका मांस सारे दलित बांस से बनी हुई टोकरियों में भरकर घर लाते। मांस काटने का काम प्रायः महिलाएं करती थीं। दादी यह भी बताती कि जिस समय कोई चमार पुरुष मरे हुए जानवर का चमड़ा निकालना शुरू करता, अचानक सैकड़ों की संख्या में वहां गिद्ध मंडराने लगते तथा दर्जनों कुत्ते आकर भौंकने लगते थे। कुछ सियार भी चक्कर मारते किन्तु कुत्तों और महिलाओं की उपस्थिति को देखते हुए वे पास नहीं आ पाते। मरे पशु के मांस के बंदरबांट में महिलाओं के साथ कुत्तों और गिद्धों में उग्र होड़ मच जाती थी। दादी भी इस होड़ में शामिल हुआ करती थी। दादी मांस के कुछ हिस्से को आवश्यकतानुसार तुरंत पकाती किन्तु अधिकांश बचे हुए कच्चे मांस को कई दिन तक तेज धूप में सुखाती। खूब सूख जाने पर मांस को कच्ची मिट्टी से बनी कोठिली में रखकर बंद कर देती। इस प्रक्रिया से सूखे मांस का भंडारण बढ़ता जाता और साल के उन महीनों में जब खाने की वस्तुओं का टोटा पड़ जाता तो सूखे मांस को नए तरीके से पका-पकाकर परिवार के लोग अपना पेट भरते। मरे हुए इन पशुओं के मांस को 'डांगर' कहा जाता था।

आजादी के बाद चमारों ने डांगर खाना बंद करने का अभियान चलाया, जो अत्यंत सफल रहा। स्मरण रहे कि यह अभियान मूल रूप से बाबा साहेब अम्बेडकर ने चलाया था किन्तु हमारे बारहगांवा में उन्हें कोई नहीं जानता था, बल्कि जगजीवन राम काफी लोकप्रिय थे। डांगर विरोधी अभियान की सफलता के बावजूद किसी-किसी गांव में कई एक चोरी-छिपे डांगर लाकर खाया करते थे। किन्तु पकड़ लिये जाने पर उनका मामला चौधरी के पास लाया जाता था। मेरे सबसे बड़े सोम्मर चाचा आजादी के पूर्व कभी चौधरी चुने गए थे। वे बड़े तर्कबाज बातूनी थे, इसलिए जीवनपर्यन्त चौधरी बने रहे। उनकी बातों में दम होता था, साथ ही निष्पक्षता भी, जिसके कारण उन्हें बदल देने की आवाज बारहगांवा में कभी नहीं उठी। बारहगांवा से किसी भी मामले के आने के बाद बुलाई गई पंचायत हमारे घर के सामने स्थित कुएं के काफी बड़े चबूतरे पर बैठकर की जाती थी। पंचायत में बारहों गांव के प्रतिनिधि आते थे, जिसके कारण भारी-भरकम भीड़ हो जाती थी। पंचायत शुरू होते ही गांजा तथा हुक्का पीने का लम्बा दौर चालू हो जाता था। स्वयं हमारे परिवार के दस लोग आला दर्जे के गंजेड़ी थे। शाम के समय सभी गांजा पीते और मुझे बार-बार पुआल की रस्सी की बड़ी-सी गांठ बनाकर, उसे जलाना पड़ता। जब जलकर वह लाल हो जाती तो उस धधकती आग को गांजे से भरी चिलम के ऊपर रखना पड़ता था। लगभग पांच साल की उम्र से ही रस्सी की गांठ जलाने की मेरी नौकरी पक्की हो गई थी। इस काम से मुझे बड़ी नफरत थी किन्तु मजबूरी में करना पड़ता था। नफरत का सबसे बड़ा कारण था, किसी भी प्रकार के धुएं से मेरा दम घुटता था। मेरे बड़े होने पर इसकी पहचान एक एलर्जी के रूप में की गई। पंचायत के दिन रस्सी जलाने की ड्यूटी बड़ी लम्बी हो जाती थी। इस ड्यूटी के कारण मैं मजबूरी में पूरी पंचायत खत्म होने तक उसकी कार्यवाही देखता-सुनता रहता।

जैसा कि पहले कहा जा चुका है कि यौन संबंध तथा डांगर खाने के मामले पंचायत द्वारा बड़े विचित्र ढंग से सुलझाए जाते थे। यौन संबंध से जुड़ी युवती के पूरे परिवार को 'कुजाति' घोषित कर दिया जाता था। कुजाति का मतलब होता था, उसका हुक्का-पानी बंद अर्थात् सम्पूर्ण रूप से बारहगांवा द्वारा बहिष्कार। उस परिवार से कोई बात तक नहीं कर सकता था। 'कुजाति' की घोषणा बड़े ही विचित्र ढंग से की जाती थी। बारहगांवा में अकसर किसी न किसी के घर शादी-विवाह आदि जैसे पर्व के अवसर पर सामूहिक भोज हुआ करता था। ऐसे किसी भोज में 'कुजाति' किये जाने वाले व्यक्ति को निमंत्रित किया जाता और जब सभी के साथ वह खाने के लिए कतार में बैठता तो सबके साथ पत्तल में उसे भी खाना परोसा जाता। लेकिन ज्यों ही वह व्यक्ति खाना हाथ में लेकर मुंह की ओर बढ़ाता, तुरंत एक अन्य व्यक्ति उसका हाथ पकड़ लेता। फिर सभी एक साथ बोलते कि उसे 'कुजाति' घोषित कर

दिया गया है, इसलिए वह नहीं खा सकता। कुजाति घोषित होने के बाद वह आदमी अपमानित होकर वहां से अपने घर वापस लौट जाता था। इस तरह उसका बहिष्कार शुरू हो जाता था। बाद में जब कभी कुजाति किया हुआ व्यक्ति बिरादरी में वापस आना चाहता तो वह बारहगांवा से अपील करता। पंचायत फिर बुलाई जाती और दंडस्वरूप उसे पूरे ग्राम समाज को सूअर-भात खिलाने का दिन तय किया जाता। इस बीच यदि अवैध यौन संबंध के चलते वह युवती गर्भवती रहती तो उसका गर्भपात स्वयं गांव की महिलाएं, जो बच्चा पैदा करवाने में अनुभवी होती थीं, पेट दबा-दबाकर अत्यंत क्रूर ढंग से करवा देती थीं। फिर भोज के निर्धारित दिन सूअर-भात पंचों को परोसने के समय चौधरी की अनुमति से युवती के ऊपर गंगाजल छिड़ककर उसे पवित्र घोषित कर दिया जाता था। इसके बाद कुजाति परिवार के पाप को माफ करने के लिए भोज में उपस्थित पंचों से अपील की जाती। सभी पंच एक साथ जोर का नारा लगाते : 'बोला बोला सीताराम' इसके बाद वे कहते कि पाप माफ कर दिया गया। इसके साथ ही वह परिवार-बिरादरी में वापस आ जाता था। डांगर खाने वालों के साथ भी यही दंड विधान अपनाया जाता था। छोटे-मोटे झगड़ों के निपटारे के लिए दोषी व्यक्ति को दंडस्वरूप विवाह आदि जैसे अवसरों पर बिछाई जाने वाली बड़ी दरी तथा खाना पकाने के लिए बड़े-बड़े कांसे या पीतल के हंडे ग्राम समाज को देने के लिए कहा जाता। ऐसे सामान चौधरी या किसी अन्य व्यक्ति के घर पर रख दिए जाते थे और अवसर आने पर कोई भी व्यक्ति उसका उपयोग कर सकता था। पर्व बीत जाने पर सामानों को वापस कर दिया जाता था। सन् 1950 के दशक में ऐसी पंचायतों का दलितों के बीच काफी बोलबाला था, किन्तु 1960 के दशक से धीरे-धीरे ये परम्पराएं विलुप्त होने लगीं। आज के जमाने में न वैसे चौधरी रहे और न वैसी पंचायतों के नामोनिशान।

पिता जी के दूसरे नम्बर वाले भाई का नाम मुनेस्सर तथा तीसरे वही गुस्सैल नग्गर। ये दोनों उत्तर प्रदेश में प्रचलित प्रसिद्ध 'शिवनारायण पंथ' के 'धर्मगुरु' थे। इन दोनों 'गुरुओं' के दर्जनों अलग-अलग चेले थे, जो दूर-दूर के गांवों में फैले हुए थे। संयोगवश अपने गांव का कोई भी व्यक्ति इनका चेला नहीं था। मुनेस्सर चाचा कलकत्ता की एक जूट मिल में नौकरी करते थे। अतः उनके दर्जनों चेले वहां भी थे, जो मूलतः उत्तर प्रदेश के ही रहने वाले थे। शिवनारायण पंथ के ये चेले जब भी अपने इन गुरुओं से मिलते, उनके नमस्कार करने का एक विचित्र तरीका होता था। वे सिर पर पहले पगड़ी बांधते और फिर गुरु के सामने घुटना मोड़कर उकड़ूं बैठ जाते। फिर दोनों हाथ एक साथ सटा हुआ फैलाकर गुरु के पैरों पर रख देते थे। वे अपने सिर को दाएं-बाएं यौगिक मुद्रा में घुमाने के बाद पैरों पर ही झुकाकर जोर से बोलते, 'बन्दगी साहेब'। ये गुरु जब कभी चेलों के घर जाते, तो थाली में उनका

पैर धोकर उस गंदे पानी को चेले पी जाते थे। हमारे घर में शिवनारायण पंथ की परम्परा में साल में तीन अवसरों पर समारोह होता, जिसमें बड़ी संख्या में चेले उपस्थित होते। ये तीन अवसर होली, दीवाली तथा कृष्णजन्माष्टमी के दिन आते। इन समारोहों को 'गादी लगाना' कहा जाता था। लकड़ी की बनी छोटी मेज के बराबर छोटे पैरों वाली एक चौकी रख दी जाती। उस पर साफ कपड़ा बिछाकर सुविधानुसार उपलब्ध किसी भी देवी-देवता का शीशे में मढ़ा हुआ फोटो रख दिया जाता था। ढेर सारी अगरबत्तियां भी जलाकर रखी जातीं। यद्यपि हमारे परिवार में कोई पढ़ा-लिखा नहीं था किन्तु घर में न जाने किस भाषा में लिखी हुई एक हस्तलिखित पांडुलिपि लाल कपड़े में रखी हुई थी, जिसे 'अन्यास' कहा जाता था। इस पांडुलिपि को कोई व्यक्ति छू तक नहीं सकता था। इस रहस्यमय अन्यास को भी चौकी पर रख दिया जाता। इसी को गादी लगाना कहा जाता था। गादी लगाते ही चौकी के चारों तरफ गुरु समेत चेले तन्मय होकर बैठ जाते। इसके बाद ढोल, खंजीरा तथा अन्य वाद्य यंत्रों के साथ रात भर शिवनारायण के भजन गाये जाते। बीच-बीच में कबीर के भी भजन गाये जाते थे। साथ ही एक बड़े कड़ाहे में दूध, घी, सूजी, गुड़ तथा किशमिश आदि के मिश्रण से ढेर सारा प्रसाद पकाया जाता, जिसका वितरण गादी समाप्त होने पर किया जाता। किसी शिवनारायण पंथी की मृत्यु हो जाने पर हिन्दुओं की तरह उसकी लाश को जलाया नहीं जाता, बल्कि मुसलमानों की तरह दफनाया जाता था। किसी-किसी को गंगा नदी में बहा भी दिया जाता था। मृतकों के अंतिम संस्कार की एक विशेष बात यह होती थी कि लाश को घर से कब्रिस्तान तक ले जाते समय शवयात्री ढोल-मंजीरा के साथ भजन भजन गाते हुए चलते थे तथा रास्ते में पांच जगह लाश को जमीन पर रखकर एक विशेष भजन गाया जाता जिसे 'परवाना' कहते थे। दफनाते समय भजन गायकी तथा वाद्य यंत्रों की रफ्तार बेहद तेज हो जाती थी। सारे शवयात्री मृत्यु के तीसरे दिन मृतक के घर इकट्ठा होते और भाड़ में भुने हुए गेहूं का दाना खाकर शरबत पीते। गेहूं के दाने को 'बहुरी' कहा जाता था। 'बहुरी' के संदर्भ में एक रोचक तथ्य यह है कि गांव की दलित महिलाएं आपस में झगड़ा करते समय एक दूसरे के बेटे, पिता, पति या किसी अन्य की 'बहुरी भुजाने' का शाप देतीं, तो इसे बहुत बुरा माना जाता था। जाहिर है 'बहुरी भुजाने' का मतलब होता था विपक्षी के सगे-संबंधियों की मृत्यु कामना। बाद में मृत्यु के तेरहवें दिन 'तेरही' के अवसर पर बहुत बड़ा मृत्युभोज होता था। शिवनारायण पंथ की सबसे बड़ी विशेषता यह है कि इसके संस्थापक शिवनारायण स्वयं उत्तर प्रदेश के बलिया जिले के एक क्षत्रिय थे, किन्तु उनके अनुयायी सिर्फ दलित जाति के लोग बने। सिर्फ दलितों में इस पंथ का प्रचलन अपने आपमें एक रहस्यमय तथ्य है। शिवनारायण पंथी बन जाने पर उस व्यक्ति को 'गुरुमुख' कहा जाता था।

पिता जी के चौथे बड़े भाई का नाम मुन्नर था। वे चौधरी चाचा या दोनों शिवनारायण पंथी गुरु चाचाओं से बिल्कुल भिन्न एक समन्वयवादी किस्म के व्यक्ति थे। इसी विशेषता के कारण उन्हें परिवार का मालिक बनाया गया था। घर में जो कुछ सम्पदा थी, उसका वे हिसाब-किताब रखते थे। मुन्नर चाचा भूत-पिशाच में बहुत विश्वास करते थे। वे दादी की तरह चमरिया माई के भक्त थे। साल में गर्मी के दिनों में गांव भर के दलित मिलकर चमरिया माई तथा डीह बाबा की 'पुजैया' करते। यह पुजैया आम पूजा से भिन्न होती थी।

हर साल पुजैया के आयोजन में मुन्नर चाचा की नेतृत्वकारी भूमिका होती थी। वे गांव भर के लोगों से पुजैया के लिए अंशदान इकट्ठा करते। रात के समय सोता पड़ने के बाद गांव के बाहर मैदान में लोग इकट्ठा होकर बड़े-बड़े घड़ों में धार बनाते तथा इस अवसर पर किसी न किसी ओझा या तांत्रिक को अवश्य बुलाया जाता। ओझा लौंग तोड़-तोड़कर विभिन्न देवियों का नाम लेकर हिचक-हिचककर विचित्र-विचित्र शब्द ध्वनि निकालता। यह क्रम घंटों रात के सन्नाटे में चलता रहता। धार से भरे हुए घड़ों के पास लाल कपड़े की अनेक झंडियां भी रखी जाती थीं। साथ में गोल आकृति का एक बड़ा भतुआ (एक प्रकार का कद्दू) रखा जाता। भतुआ अंदर से बिल्कुल लाल रंग का होता था। काटने पर ऐसा लगता था कि मानो खून से लथपथ हो। ओझा द्वारा ओझैती समाप्त होने पर मुन्नर चाचा के नेतृत्व में धार से भरे घड़ों को उठाकर कंधे पर रख लिया जाता। झंडियां पकड़ ली जातीं। चाचा भतुआ लेकर सबके आगे चलते तथा 'चमरिया माई एवं डीह बाबा की जय' के सर्वाधिक जोर से लगाए जाने वाले नारों के साथ लोग दूसरे गांव की सीमा में ऐसी जगह पहुंचते, जहां एक रास्ता दूसरे रास्ते को काटता था। वहां पर सबसे पहले भतुआ को पटककर चकनाचूर कर दिया जाता तथा वह धार भी गिरा दी जाती और झंडियां गाड़ दी जातीं। इसके बाद लोग चुपके से घर वापस आ जाते। पुजैया में भतुआ का तोड़ा जाना सम्भवतः नरबलि का प्रतीक होता था। इस सालाना पुजैया के पीछे गांव वालों का अटूट विश्वास था कि अगले साल गांव में कोई बीमारी या अन्य आपदा नहीं आएगी।

पुजैया के दूसरे दिन दलित बस्ती के सभी लोग मिलकर एक बहुत बड़ा सूअर खरीदकर लाते थे और उसकी बलि चढ़ाई जाती थी। सूअर खरीदने की प्रक्रिया बड़ी रोचक होती थी। सूअर पालने वाले दूर-दूर के गांवों में रहते थे। साधारणतया दलितों में पासी जाति के लोग सूअर पालते थे। हमारे गांव में कोई पासी नहीं रहता था। किसी-किसी गांव में एक या दो घर पासियों के होते थे। सूअरों को रखने के लिए दस से पंद्रह फीट का लम्बा-चौड़ा, दो फीट गहरा चौकोर गड्ढा खोदकर किनारे-किनारे चार या पांच फीट की ऊंची दीवार खड़ी की जाती तथा उसके ऊपर गन्ने की पत्ती से बनी मड़ई टांग दी जाती। इस मड़ई का प्रवेशद्वार बहुत संकरा तथा

कमरे के अंदर की ओर छिछला होता था। इस निवास को 'खोभार' कहते थे, जिसमें पंद्रह-बीस सूअर रहते थे। ये सूअर रात के समय ही 'खोभार' में आते थे। अन्यथा वे गांव के आस-पास इधर-उधर भोजन की तलाश में भटकते रहते थे। इसलिए सूअर खरीदने वाले भी दौड़ते हुए सूअरों का पीछा करते हुए उनमें से किसी एक को पसंद करते थे। पसंद करने के बाद कीमत तय हो जाने पर उसे पकड़ने के लिए लम्बी-लम्बी सामूहिक मैराथन दौड़ लगानी पड़ती थी। कभी-कभी सूअर घंटों भागता रहता था। दौड़ भी उतनी देर जारी रहती थी। अंततः उसे घेरकर मुश्किल से काबू में किया जाता था।

पकड़ने के बाद सूअर के चारों पैरों को मोटी रस्सी से एक साथ बांध दिया जाता था। फिर एक मोटे बांस की काड़ी में लटकाकर दो-दो आदमी आगे-पीछे जिस तरह डोली कहार उठाते हैं, वैसे उठाकर अपने गांव लाते थे। जिस तरह उस जमाने में सवर्ण घरों की कन्याएं विवाह के बाद विदा होकर डोली में बैठकर ससुराल जाते समय रोती-चिल्लाती तथा रुदन गायकी करती रहती थीं, ये सूअर भी वैसे ही मानव कंधों पर काड़ी में बंधे तथा उल्टे लटके हुए रास्ते भर चिल्लाते रहते थे। सूअर की बलि या उसे मारने का तरीका बहुत अमानवीय होता था। सूअर को जमीन पर लेटाकर उसकी गर्दन तथा कमर के ऊपर बांस की काड़ी रखकर चार-चार आदमी जोर से दबाये रहते, फिर एक आदमी द्वारा लगभग दो फीट लम्बी अत्यंत नुकीली लोहे की सरिया जिसे 'हिकना' कहते थे, उसके सीने में भोंक दिया जाता था। सरिया भोंकते समय सूअर बड़ी तेज आवाज में चिल्लाना शुरू कर देता था। उसकी यह आवाज मीलों दूर तक सुनाई देती थी। सूअर की चिल्लाहट के साथ ही चमरिया माई तथा डीह बाबा की जयकार भी होती रहती थी। सूअर के मरते ही 'हिकना' को सीने से निकाल लिया जाता और उसके गहरे घाव में उतना ही बड़ा अरहर का डंडा जिसको 'रहट्ठा' कहा जाता था, घुसेड़ दिया जाता, ताकि खून बाहर न निकले। मृत सूअर के बाल उखाड़ने के बाद उसे गन्ने की पत्ती जलाकर खूब भूना जाता था, ताकि उसके चमड़े में घुसे बालों की जड़ें समाप्त हो जाएं। इसके बाद सूअर की पूंछ के पास का पूंछ समेत करीब एक किलो का मांस का बड़ा टुकड़ा सबसे पहले काटकर निकाल लिया जाता था। इस पूरे टुकड़े को पूंछ ही कहा जाता था, जिसे हमारे बारहगांवा के चौधरी चाचा को समर्पित किया जाता था। गांव में जब भी सूअर की बलि या बिना बलि वाला सूअर मारा जाता, यह एक किलो की पूंछ चौधरी के नाम पर हमारे परिवार को मुफ्त में मिलती थी। बाकी मांस आवश्यकतानुसार हर परिवार पैसे से खरीदता था। सूअर की पूंछ चौधरी चाचा की बारह गांवों में विशिष्ट प्रतिष्ठा और उनकी न्यायायिक भूमिका की मान्यता का प्रतीक थी। यह परम्परा चौधरी चाचा के जीवनपर्यन्त जारी रही।

इस तरह हमारा परिवार संयुक्त रूप से बृहद् होने के साथ-साथ वास्तव में एक अजायबघर ही था, जिसमें भूत-प्रेत, देवी-देवता, सम्पन्नता-विपन्नता, शकुन-अपशकुन, मान-अपमान, न्याय-अन्याय, सत्य-असत्य, ईर्ष्या-द्वेष, सुख-दुख आदि-आदि सब कुछ था, किन्तु शिक्षा कभी नहीं थी।

उन्हीं दिनों हमारे सदियों पुराने खानदान में एक युगांतरकारी घटना हुई। मैं लगभग पांच साल का हो चुका था। यह सन् 1954 की बात है। हमारे परिवार के जो लोग आसनसोल और कलकत्ता में खानों और मिलों में काम करते थे, कभी-कभी पोस्टकार्ड पर चिट्ठियां भेजा करते थे। हमारी दलित बस्ती में कोई पढ़ा-लिखा नहीं था। गांव में ब्राह्मण ही पढ़े-लिखे थे। वे अकसर दलितों की चिट्ठियां पढ़ने में आनाकानी करते तथा पढ़ने के पहले अपमानजनक बातें सुनाते। इस व्यवहार से ऊबकर घर वालों की कृपा दृष्टि सबसे छोटा बालक होने के कारण मेरे ऊपर पड़ी। परिणामस्वरूप पूर्वोक्त शिव मंदिर के पास स्थित प्राइमरी स्कूल में मुझे चिट्ठी पढ़ने लायक बनाने के उद्देश्य से भेजा जाने लगा।

2

मुर्दहिया तथा स्कूली जीवन

स्कूल ले जाने से पहले पिता जी गांव के अमिका पांड़े के पास 'साइत' यानी 'शुभ' दिन का मुहूर्त पूछने गए। अमिका पांड़े शादी-विवाह से लेकर फसल बोने तथा काटने तक की साइत बताने के लिये मशहूर थे। उनकी इस विद्या का रहस्य यह था कि उनके पास एक फीट लम्बी और उसकी आधी चौड़ाई वाली एक पुस्तिका होती थी, जिसे वे 'पतरा' कहते थे। इसे वे एक लाल कपड़े में बांधकर बड़े जतन से रखते थे तथा किसी को छूने नहीं देते थे, यहां तक कि अपने घर वालों को भी नहीं। इसलिये वह अत्यंत रहस्यमयी बना रहता था। गांव के दलितों के बीच यह मान्यता थी कि अमिका पांड़े का पतरा सीधे आसमानी देवलोक से ब्रह्मा जी ने गिराया है। चंद्रग्रहण या सूर्यग्रहण का दिन भी अमिका पांड़े ही बताते थे। जाहिर है ये ग्रहण उनके द्वारा बताए गए दिन को ही लगते थे, जिसे दलित पांड़े का एक अजूबा चमत्कार समझते थे। साइत बताने के लिये अमिका पांड़े उस पतरा का कोई भी पन्ना खोलकर आंखें मूंदकर अपनी तर्जनी उंगली उस पर इधर-उधर फेरते और किसी एक स्थल पर रोककर उंगली के नीचे अंकित दिन को साइत निर्धारित कर देते थे। यह सब देखकर दलितों के बीच यह भी अटूट विश्वास था कि अमिका पांड़े के उसी पतरे में सारे वेद-पुराण छिपे हुए थे। इन सारे चमत्कारों की हकीकत यह थी कि उनका वह रहस्यमयी पतरा एक छपा हुआ पंचांग था जो वाराणसी से हर साल प्रकाशित होता था। इसी हिन्दू पंचांग में चंद्रग्रहण, सूर्यग्रहण तथा सभी त्योहारों आदि का दिन छपा हुआ रहता था। अमिका पांड़े ने अपने इसी चमत्कार से मेरे स्कूल जाने का दिन मंगलवार तय किया। हिन्दू रीति से आसाढ़ का महीना था। स्कूल जाने का वह पहला दिन मुझे अच्छी तरह याद है, क्योंकि पिता जी मुझे अपने कंधों पर बैठाकर स्कूल ले गए थे। उसी पूर्वोक्त शिव मंदिर के पास स्थित स्कूल का नाम था 'प्राइमरी पाठशाला, शेरपुर कुटी'। मेरे गांव से डेढ़ किलोमीटर दूर इस स्कूल से लगभग एक फर्लांग पहले एक नाला पड़ता था, जिसमें बरसात के दिनों में अकसर बाढ़ आ जाती

थी जिसके कारण छात्रों को बहुत कठिनाई का सामना करना पड़ता था। मेरे पिता जी बड़े उदार किस्म के व्यक्ति थे। इसलिये वे हर बरसात में जब भी बाढ़ आने पर मुझे स्कूल ले जाते, उस नाले के पास खड़े दर्जनों बच्चों को भी वे अपने कंधे पर बारी-बारी से बैठाकर नाला पार कराते थे। उनके इस चरित्र ने उन्हें उस प्राइमरी पाठशाला में बहुत लोकप्रिय बना दिया था। इतना ही नहीं, उस स्कूल के पांच अध्यापकों में से तीन नाले के इस पार छह-सात किलोमीटर दूर स्थित विभिन्न गांवों से आते थे, उन्हें भी कभी-कभी सीने के बराबर तक पानी भर जाने पर बच्चों की ही तरह अपने कंधों पर बैठाकर नाला पार कराते थे। विशेष रूप से शाम के समय बाढ़ आने पर अनेक बच्चे और तीनों अध्यापक नाले के उस पार इंतजार करते रहते थे, यह सोचकर कि मेरे पिता जी अवश्य आएंगे और ऐसा ही होता था। बहुत से छात्र स्कूल से करीब डेढ़ किलोमीटर दूर उस नाले पर बने एक पुल से दूर-दूर स्थित गांवों में चले जाते थे।

इस प्रक्रिया में जब मैं पहले दिन स्कूल पहुंचा तो नाम लिखते हुए अध्यापक मुंशी रामसूरत लाल ने पिता जी से पूछा यह कब पैदा हुआ था? जवाब मिला चार-पांच साल पहले बरसात में। मुंशी जी ने तुरंत बरसात का मतलब 1 जुलाई, 1949 समझा और यही दिन हमेशा के लिये मेरे जन्म से जुड़ गया। चूंकि उस जमाने में दलितों के बीच निरक्षरता के चलते बच्चों के जन्मदिन का लेखा-जोखा या कुंडली आदि का कोई प्रचलन नहीं था, इसलिए लगभग सभी मां-बाप ऋतुओं से ही अपने बच्चों के जन्मदिन को जोड़ देते थे। यही कारण था कि उस समय के अध्यापक बरसात बताने पर हर एक का जन्मदिन एक जुलाई, जाड़ा बताने पर एक जनवरी तथा गर्मी बताने पर एक मार्च लिख देते थे। यही फॉर्मूला भारत के अनेक गांवों में आज भी प्रचलित है। परिणामस्वरूप नौकरी-पेशे वाले अधिकतर दलित इन्हीं तारीखों पर रिटायर हो जाते हैं। उन दिनों स्कूल खुलने के पहले ही दिन सारे नए बच्चों के नाम लिखे जाने का प्रचलन था। हमारी पहली कक्षा में कुल 43 बच्चे थे जिनमें तीन लड़कियां थीं। रोल नम्बर के हिसाब से कक्षा में टाट पर बैठाया जाता था। पहली पंक्ति रोल नम्बर एक से शुरू होकर तेरह पर समाप्त हो गई। शेष दो पंक्तियों में इसी क्रम में पंद्रह-पंद्रह बच्चे बैठते थे। मेरा नाम और स्थान पहली कतार में रोल नम्बर पांच के साथ होता था। इन तेरह बच्चों में मेरे अलावा चिखुरी, रमझू, बाबूराम, यदुनाथ, मुल्कू, रामकेर, दलसिंगार, जग्गन, रामनाथ, बिरजू, बाबूलाल तथा मेवा थे। शीघ्र ही इस तेरह का रहस्य उजागर हो गया। हम सभी दलित थे। मुंशी जी की उपस्थिति में हमें कोई अन्य बच्चा नहीं छूता था। ऐसे ही वातावरण में शुरू हुई मेरी शिक्षा। पहले दिन कक्षा में मुंशी जी ने सिखाया कि जब हाजिरी के लिये नाम पुकारा जाए तो उठकर खड़ा हो जाना

और बोलना कि 'उपस्थित मुंशी जी!' इसके बाद दूसरा पाठ पढ़ाया गया कि पेशाब लगने पर खड़ा होकर दाएं हाथ की सबसे छोटी उंगली दिखाना। शुरू-शुरू में अधिकतर बच्चे 'उपस्थित' शब्द का उच्चारण नहीं कर पाते थे जिस पर मुंशी जी अविलम्ब गालियों की बौछार कर देते थे। विशेषकर, दलित बच्चों को वे 'चमरकिट' कहकर अपना गुस्सा प्रगट करते। वे छोटी-छोटी गलती पर बच्चों से ही अरहर के बड़े-बड़े डंठल तोड़वाकर मंगाते और उसी से उनकी हथेली पर जोर-जोर से मारते तथा साथ में गालियां भी देते जाते। इस तरह पहली ही कक्षा में मुंशी जी का आतंक बच्चों पर छा गया। उस समय प्राइमरी स्कूल में कागज पर लिखने का चलन नहीं के बराबर था। सिर्फ कक्षा पांच में कागज पर कुछ-कुछ पढ़ाई-लिखाई शुरू की जाती थी। बाकी सारी लिखाई-पढ़ाई हर छात्र लकड़ी की पटरी पर करता था। करीब पंद्रह इंच लम्बी और नौ इंच चौड़ी पटरी को गांव के लोहार ही बसूले से गढ़कर और रंदा से रगड़कर चिकना बना देते थे। किन्तु उस पर लिखने लायक बनाने के लिये छात्र रोज 'पोचारा' से रंगकर पटरी को धूप में सुखाते थे, जिसके बाद 'चुल्ला' से रगड़कर खूब चमकाया जाता। इसके बाद उस पर दुधिया के घोल से नरकट की बनी कलम के द्वारा लिखा जाता था। काला पोचारा बनाने की विधि बड़ी विचित्र होती थी। हर छात्र द्वारा अपने घर मिट्टी के तेल से जलने वाली ढिबरी की लौ के ऊपर एक परई अर्थात् मिट्टी का बना छिछला कटोरा ओठगा दिया जाता था, जिस पर करीब एक घंटा बाद ढेर सारा गुल जम जाता। इस गुल को मिट्टी से ही बनी एक घरिया में घोल दिया जाता, जिसे पोचारा कहते थे। एक बड़ी शीशी को चुल्ला कहते थे, जिससे पोचारा लगाने के बाद पटरी को चूला जाता था। गिनती सीखने के लिये हर छात्र को अपने घर से पटसन के सूखे सफेद डंठल को एक-एक फीट लम्बा तोड़कर उसे लाल, पीले, हरे और नीले रंग में अलग-अलग रंगकर स्कूल ले जाना पड़ता था। इन डंठलों को 'लग्गा' या 'संठा' कहा जाता था। लेखन-पठन सामग्री के रूप में पहली कक्षा में मेरे पास यही सामान यानी एक लकड़ी की पटरी, एक घरिया दुधिए का घोल, एक नरकट की कलम, एक भरुकी पोचारा और एक चुल्ला और रंगबिरंगे लग्गे थे, किन्तु कोई किताब नहीं थी। इन्हीं सामानों के साथ शुरू हुई मेरी चिट्ठी पढ़ने लायक क्षमता प्राप्त करने वाली युगांतरकारी शिक्षा। मुंशी जी श्यामपट पर अक्षर लिखते और सभी बच्चों को पटरी पर वैसा ही लिखने को कहते। शुरू-शुरू में डर के मारे नरकट पकड़ते ही हाथ कांपने लगता था और लिखने के लिये हर कोशिश असफल हो जाती थी और ऊपर से मुंशी जी की 'चमरकिट' वाली गाली इतना भय पैदा कर देती कि अंततोगत्वा मैं स्कूल जाने के नाम पर रोने-चिल्लाने लगता था। पिता जी मुझे ऐसे अवसरों पर पीटते हुए स्कूल ले जाते थे और साथ में यह भी कहते जाते : "ईस्कूले ना जइबा

त चिठिया के पढ़ी?'' किन्तु मेरा मन पढ़ाई में बिल्कुल नहीं लगता। इसलिए कक्षा के अन्य बच्चों की अपेक्षा मैं काफी देर से क, ख, ग, घ,. लिखना सीख पाया, वह भी साथ पढ़ने वाले एक छात्र संकठा सिंह की सहायता से। संकठा सिंह मेरे गांव के पूरब में करीब तीन कि.मी. दूर स्थित बारी गांव के एक बड़े क्षत्रिय जमींदार के बेटे थे। उनकी उम्र भी मेरे ही बराबर करीब पांच-सात की थी, किन्तु वे बहुत ही समझदार और दयालु स्वभाव के थे। वे बहुत जल्दी लिखना सीख गए थे। उस समय स्कूलों में भी छुआछूत का प्रचलन बहुत ज्यादा था और सवर्ण छात्र प्रायः दलित छात्रों से नहीं मिलते-जुलते थे। किन्तु संकठा सिंह अपवाद थे। वे हमेशा मुझसे घुल-मिलकर रहते थे। उन्होंने ही मुझे एक तरह से मजबूर करके लिखना सिखाया था। मेरे लिये कक्षा एक में संकठा सिंह मुंशी जी से कहीं ज्यादा सफल शिक्षक सिद्ध हुए। वे बड़े अधिकार के साथ मुझसे बार-बार लिखवाने की कसरत कराते। पटरी पर लिखते-लिखते जब दुधिया का घोल समाप्त होने लगता तो हम उसमें थोड़ा पानी मिला देते, जिससे वह पतली हो जाती। इसलिए अक्षर साफ नहीं बन पाते। संकठा सिंह ने इस पतली दुधिया को गाढ़ा बनाने के लिये कविता शैली में एक 'मंत्र' सिखाया, जिसे वे मेरे साथ गाते थे। यह मंत्र थाः 'ताले क पानी पताले जो, सेर भर दुधिया मोरे में आ जो', संकठा सिंह के सिखाने के अनुसार हम इस तथाकथित मंत्र को गाते हुए अपने हाथ को दूसरे बच्चे के पास वाली दुधिया की घरिया की तरफ फैलाकर हवा में ही अंजुली बनाकर अपनी घरिया की तरफ वापस लाते। यह प्रक्रिया बार-बार दोहराई जाती और पूरा विश्वास हो जाता कि अपनी दुधिया गाढ़ी हो चुकी होगी। यह मंत्र शीघ्र ही सभी बच्चे सीख गए। कभ-कभी कुछ बच्चे आपस में इस बात पर खूब झगड़ जाते कि उनकी दुधिया मंत्र द्वारा दूसरे ने चुरा ली। बीच-बीच में कुछ बच्चे मंत्र द्वारा दुधिया चोरी की शिकायत मुंशी जी से भी कर देते। फिर मुंशी जी का वही गालियों वाला स्वभाव तुरंत विस्फोटित हो जाता। चाहे जो भी हो, दुधिया गाढ़ा करने वाला मंत्र बच्चों के लिये एक अत्यंत मनोरंजक खेल था। इसी मंत्र को गाते-गाते हम कक्षा एक से दो में पहुंचे। कक्षा दो में जाने के लिये मुंशी जी ने हर बच्चे से दो रुपया 'पसकराई' यानी पास कराने का घूस लिया। यह दो रुपया मुझे बड़ी मुश्किल से घर से प्राप्त हुआ। यह पसकराई सभी अध्यापक लेते थे और जो बच्चा नहीं देता उसे फेल कर दिया जाता था। उस स्कूल में यह प्रचलन था कि हर अध्यापक को एक बैच के छात्रों को कक्षा एक से चार तक लगातार पढ़ाना पड़ता। चार के बाद फिर वही क्रम कक्षा एक से शुरू करना पड़ता था। कक्षा पांच को हमेशा हेडमास्टर जी पढ़ाते थे। इस तरह हमारे स्कूल में कुल पांच अध्यापक थे। मुंशी रामसूरत लाल के अलावा वंशी पांडे, हरी सिंह, बलराम सिंह और परशुराम सिंह (हेडमास्टर)।

एक बार कक्षा तीन में मेरे घर वालों ने दो रुपया पसकराई देने से मना कर दिया। परिणामस्वरूप मुंशी जी ने मुझे फेल कर दिया। यह खबर 'बाबू साहब' बलराम सिंह को जब मालूम हुई तो उन्होंने मुंशी जी को बहुत डांटा। इसका एकमात्र कारण यह था कि मैं कक्षा तीन में पहुंचते-पहुंचते उस स्कूल का सबसे तेज विद्यार्थी बन चुका था। विशेष रूप से गणित में मुझे बहुत रुचि थी। स्कूल में हर साल 15 अगस्त और 26 जनवरी के दिन अनेक खेल-कूद में एक खेल 'गणित दौड़' भी की जाती थी। इसमें भाग लेने वाले विद्यार्थी कक्षा दो से पांच तक के होते थे। इसके लिये बच्चों को लगभग 100 गज की दूरी पर खड़ा करके गणित का एक टेढ़ा सवाल पूछा जाता था और जो बच्चा सवाल का उत्तर उस दूरी को तय कर सबसे पहले दौड़कर देता उसे प्रथम पुरस्कार मिलता। इस प्रश्न का उत्तर हमेशा बिना किसी लेखन सामग्री का सहारा लिये सिर्फ जबानी देना पड़ता था, जिसे 'मेण्टल' कहा जाता था। मैं गणित दौड़ में हमेशा प्रथम आता था जिसके कारण स्कूल के सारे अध्यापक मुझसे बहुत प्रसन्न रहते थे। यही कारण था कि मुझे कक्षा तीन में फेल करने पर बाबू साहब बलराम सिंह के डांटने पर मुंशी जी एक महीना बाद पुनः पास करके कक्षा चार में ले गए। किन्तु हफ्ता-दस दिन में घूम-फिरकर मुंशी जी दो रुपया पसकराई न पाने की शिकायत जरूर दोहराया करते थे।

हकीकत यह थी कि उन दिनों मेरे जैसी परिस्थिति वाले बच्चों के लिए दो रुपया जुटाना एक बड़ा संघर्ष था। मेरे घर वाले बड़ी नफरत के साथ कहते थे कि यदि पैसा ही देकर पास होना है तो इसे पढ़ाने से क्या फायदा! वे समझते थे कि मैं पढ़ने में कमजोर हूं, इसलिए इम्तहान में फेल हो जाता हूंगा, जिसके कारण पसकराई देना पड़ता है। वे यह मानने के लिए तैयार नहीं थे कि यह पसकराई एक प्रकार का घूस था, जो हर किसी को देना पड़ता था, जिसका अच्छी-खराब पढ़ाई से कुछ भी लेना-देना नहीं था। यद्यपि उन दिनों भी सरकार ने दलितों की फीस माफ कर दी थी, फिर भी हर महीने दो 'पैसा' हमें चुकाना पड़ता था। अन्य सभी सवर्ण छात्रों की फीस प्रति माह 'चवन्नी' थी। उस समय के भारत में वर्तमान मुद्राओं का प्रचलन नहीं हुआ था। रुपया, आना तथा पैसा चलता था, जो इंग्लैंड के शासन काल के थे। सिक्के एक पैसा, अधन्नी, एकन्नी, दोअन्नी, चवन्नी, अठन्नी और एक रुपया के होते थे। जिन पर इंग्लैंड की रानी या राजा के चित्र बने रहते थे। कागज के नोट एक, दो, पांच, दस तथा सौ रुपए के होते थे। पैसे वाले सिक्के दो प्रकार के होते थे। आजकल के पचास पैसे के सिक्के के बराबर तांबे का बना एक सिक्का होता था जिसके बीच में एक बड़ा गोल छेद होता था, जिसे गांवों में 'छेदहवा' पैसा कहा जाता था। तथा दूसरा एक पैसे वाला सिक्का आज के रुपए वाले बड़े सिक्के के बराबर तांबे का ही बिना छेद वाला होता था, जिसे 'डब्बल' कहा जाता था। छेदहवा

पैसों को करधनी में गूंथकर जन्मजात शिशुओं को कमर में पहनाना दलितों के बीच बड़ा 'शुभ' माना जाता था। इसी 'शुभ' प्रक्रिया में चवन्नियों के एक सिरे में सोनार द्वारा हुक लगवाकर धागे की बनी मोटी रस्सी में गूंथकर 'जंतर' बनाकर बच्चों के गले में पहनाया जाता था। अधन्नी, एकन्नी तथा दोअन्नी वाले सिक्के गिलट तथा अन्य चांदी के बने होते थे। एक रुपए वाला चांदी का सिक्का आज के रुपए वाले सिक्के से काफी बड़ा तथा मोटा वजनी होता था जिस पर रानी विक्टोरिया का चित्र होता था। इस सिक्के को हमारे गांव के दलित 'बिस्टौरिया' कहते थे। बुढ़िया, बूढ़े तथा व्यक्ति इसी बिस्टौरिया के सिक्कों को बचा-बचाकर घर की जमीन में छिपाकर गाड़ देते थे। कभी-कभी बिना किसी को बताए ही ये व्यक्ति मर जाते थे। ऐसे सिक्के वर्षों तक जमीन में छिपे रहते थे। कभी-कभी गांवों में अक्सर सुनने को मिलता था कि घर गिर जाने पर पुनः निर्माण के लिए नींव खोदते समय ये सिक्के मिट्टी की बनी हड़िया में मिल जाया करते थे। ऐसी हड़ियों में कभी-कभी सोने-चांदी के गहने भी मिला करते थे। ऐसे ही छिपे हुए खजानों की तलाश के लिए गांवों में उस समय रहने वाले ओझा और तांत्रिकों के चक्कर में कई व्यक्ति अपने बच्चों की बलि तक चढ़ा देते थे। इस तरह की खबरें आज भी कभी-कभी अखबारों में मिल जाती हैं।

मेरी बुढ़िया दादी के पास उक्त बिस्टौरिया वाले सैंतीस सिक्के न जाने कितने वर्षों से पड़े हुए थे। दादी सिर्फ मुझे इनका रहस्य बताई थी। वह मेरे कान में धीरे-धीरे अनेक बार कहती कि इन बिस्टौरियों को वही भूत द्वारा मारे गए दादा जी एक-एक करके छिपाने के लिए दिया करते थे। दादी यह भी बताती थी कि यह सब रंगरेजों (अंग्रेजों) के जमाने की बात है। इन सैंतीस बिस्टौरियों को दादी घड़े की आकृति वाले मिट्टी से बने छोटे-से पात्र, जिसे भरुकी कहा जाता था, में रखती थी। इस भरुकी को वह बहुत दिनों तक घर के कोने में गड्ढा खोदकर छिपाये थी। मैं जब तीसरी कक्षा में पढ़ रहा था, यानी सन् 1957 में तो, दादी एक बार बीमार पड़ी। उसे बड़ा तेज बुखार था, जिसे वह 'जरहंस' की बीमारी कहती थी। वह एक खुरपी लेकर जमीन खोदने लगी और मुझे दरवाजे पर खड़ा करके बाहर से किसी के आने के बारे में तुरंत बताने को कहा, ताकि खुदाई को कोई और न देख ले। अंततोगत्वा बिस्टौरियों से भरी वह छोटी-सी भरुकी मिल ही गई। उसने चुपके से मुझे गिनने के लिए कहा। उसने फटे-पुराने कपड़ों से हाथ से सिलकर बनाए गए बिस्तर जिसे 'लेवा' कहा जाता था, पर उन बिस्टौरियों को एक-एक करके एक जगह रख दिया तथा वह मुझे एक-एक करके देती और मैं गिनता रहा। वह तुरंत अगली संख्या आने से पहले हर सिक्के को मेरे हाथ से लेकर उस भरुकी में इतना धीरे से रखती ताकि उससे खनक की आवाज न आने पाये। इस प्रक्रिया से सैंतीस की गिनती पूरी हुई। दादी सैंतीस

की संख्या को समझने में पूर्णरूपेण असमर्थ थी। उसे बड़ी देर तक कुछ भी समझ में नहीं आया। वह बिल्कुल हैरान थी। दादी गिनती के नाम पर एक से दस तक अच्छी तरह जानती थी। इसके बाद वह सीधे बीस, तीस, चालीस, पचास और सौ को समझ पाती थी जिन्हें गिनने का उसका तरीका बड़ा रोचक था। वह दस को दो पांच, बीस को दो दस, चालीस को दो बीस, पचास को दो बीस और एक दस तथा सौ को दो पचास कहती थी। किन्तु सैंतीस उसकी समझ के बिल्कुल बाहर था। बड़ी मुश्किल से जब मैंने यह बताया कि दो बीस में तीन कम है, तब जाकर दादी को सैंतीस की गुत्थी समझ में आई।

वह उस भरुकी को एक पुराने चिथड़े में बांधकर उसी अपने लेवा के नीचे सिर के पास रखकर हमेशा सोती थी। वह मुझसे लगभग रोज ही कहती रहती कि पहले वह भरुकी मुझे दे देगी। इसलिए उसने मुझको 'चमरिया माई' की कसम खिलाकर कहा था कि किसी को बताना नहीं। वह प्रतिदिन एक बार अवश्य ही उन बिस्टौरियों को मुझे फिर से उसी पुरानी प्रक्रिया द्वारा गिनने को देती और अंत में कहती "दो बीस में तीन कम हौ न" मेरे हां कहने पर उसे अत्यंत तृप्ति महसूस होती थी और फिर एक बार बोल पड़ती, किसी को बताना नहीं। दादी के इस अटूट प्यार और विश्वास ने मुझे बेहद भावुक बना दिया था कि वह जब भी बीमार पड़ती मैं चिन्ताग्रस्त हो जाता। वह हरदम गांव की देवी चमरिया माई को धार-पुजौरा की मनौती मनाती और घी से अगियारी करती और मैं वहीं बैठकर अक्सर मन-ही-मन मनाता रहता कि हे चमरिया माई! मैं भले ही मर जाऊं किन्तु दादी न मरे। दादी की सम्भावित मृत्यु की कल्पना मात्र से ही मैं एकदम उदास हो जाता और ऐसे समय उसका 'घुंटू-मुंटू' मुझे बहुत याद आता था, घुंटू-मुंटू छोटे बच्चों को बहलाने का एक खेल होता था, जिसके तहत दादी लेटकर अपने दो घुटनों को मोड़कर मुझे बैठा लेती और झूले की तरह आग-पीछे झुलाते हुए एक छोटी-सी काव्यमय कहानी गाती जाती। वह कहानी इस प्रकार थी : 'राजा रानी आवैली, पोखरा खनावैली, पोखरा के तीरे तीरे इमिली लगावैली, इमिली के खोढ़रा में बत्तिस अंडा, रामचंद्र फटकारै डंडा, डंडा गयल रेत में—मछरी के पेट में—कौआ कहे कांव-कांव बिलार कहै झपटो—आ लगड़ी क टांग धइके रहरी में पटको रहरी में पटको।" यह कहानी खत्म होते ही दादी जोर-जोर से 'लला पला, लला पला' कहते हुए पैरों पर बैठाये मुझे ऊपर हवा में उछाल देती। इस घुंटू-मुंटू के कथा खेल से छोटे बच्चों का बहुत मनोरंजन होता था। इसी तरह रोते हुए छोटे बच्चों को चुप कराने के लिए एक अन्य अति लघुकथा गाई जाती थी, जो इस प्रकार थी—"कड़ा कड़ा कौआ, नेपाल क बेटउवा, नेपाल गइलै डिल्ली, उठाइके लिअउलै पिल्ली, खेलावा हो कौआ, खेलावा हो कौआ।" दादी इसे भी मुझे सुनाया करती थी। उसने ऐसा ही एक और खेल मुझे सिखाया था, जिसे

'अक्का-बक्का' कहते थे। इस खेल में दो या दो से ज्यादा बच्चे गोलाकार रूप से बैठते और अपने दोनों हाथों की सभी उंगलियों को नीचे की तरफ खड़ा करके जमीन पर रख देते थे। कोई एक बच्चा अपनी मुट्ठी बांधकर सिर्फ तर्जनी उंगली को अन्य बच्चों की हथेली के उल्टे भाग पर लघुकथा के हर शब्द गाने के बाद छूता जाता और जिसके ऊपर कथा का अंतिम शब्द समाप्त होता, उसे उसी क्रम में वही कथा दोहरानी पड़ती थी। यह कथा इस प्रकार थी–"अक्का बक्का तीन चलक्का, लउवा, लाची चन्ना काठी, चनना में का बा, मकई क लावा, आवा हो बिलार हमरे घरवा में गावा, घरवा में गावा।" इन खेलों के अलावा दादी की एक आदत मुझे बहुत गहराई से याद आती थी। वह आदत थी अमरूद तथा मिठाई जैसी चीजें जब भी घर में आतीं, दादी उनके कुछ हिस्सों को ताखा में छिपा देती और बाद में मुझे खिलाती। इसी तरह जाड़े के दिनों में कौड़ा तापते हुए वह आलू तथा ताजा मटर की छिम्मी भूना करती थी तथा अन्य बड़े बच्चों से छिपाकर सिर्फ मुझे ही खाने को देती। इधर धीरे-धीरे दादी तेज बुखार के कारण मरणासन्न हो गई। घर में लोग विचार करने लगे कि कफन आदि की तैयारी करनी चाहिए। इसी बीच गांव में एक 'हिंगुहारा' आया, यानी हींग बेचने वाला। उस हिंगुहारे की विशेषता यह थी कि वह दूर-दूर फैले अनगिनत गांवों में साल भर में सिर्फ एक बार जाता था और आवश्यकतानुसार किसी को भी हींग देकर उसका नाम पता अत्यंत पुरानी बही में लिख लेता। फिर बिना शुल्क लिए वह वापस लौट जाता। इसके साल भर बाद उसी महीने के किसी दिन उस गांव में पुनः वापस आता और अपने पुराने ग्राहक के घर के सामने खड़ा होकर गाते हुए पैसा मांगता। पैसा मांगने का यह तरीका बड़ा आकर्षक होता था। मान लीजिए कि वह जगलू नामक ग्राहक को साल भर पहले हींग देकर गया था तो उसके घर के सामने इस तरह गाता : 'हे जगलू क माई, काम धाम बंद करा हींग क पइसा खर्र करा'। यही शैली वह हर किसी के घर के सामने दोहराता। संयोगवश इसी शैली में गाते हुए वह हमारे घर के सामने पहुंचा। उस हिंगुहारे की आवाज दादी के कानों में पड़ी। दादी धीमी आवाज में घर वालों को उसका पैसा देने के लिए कहकर चुप हो गई। बीच वाले मुन्नर चाचा घर के मालिक होते थे। उन्होंने उसे पैसा दिया। उस हिंगुहारे ने उत्सुकतावश दादी के बारे में पूछा कि वह कहां है, क्योंकि हर बार वही पैसा देती थी। जब उसे पता चला कि दादी बीमार है, वह उसे देखने गया। उस हिंगुहारे ने मुन्नर चाचा से कहा कि दादी को तुरंत अस्पताल ले जाया जाए अन्यथा मर जाएगी। उस समय हमारे गांव से करीब सात किलोमीटर दूर बरहलगंज नामक छोटे से बाजार के पास एक दो कमरे वाला छोटा-सा अस्पताल था, जिसमें मात्र एक आधुनिक डॉक्टर होता था। यह डॉक्टर उस पूरे क्षेत्र में 'अंग्रेजी डॉक्टर' के रूप में प्रसिद्ध था। यह पहला अवसर था, जब हमारे

घर वाले अंधविश्वास से ऊपर उठकर उस हिंगुहारे की सलाह मान लिए और दादी अस्पताल पहुंच गई। एक ढीली चारपाई, जिसे झिलंगा कहते थे, के दोनों हिस्सों में मोटी डोर बांधकर उसे एक मोटे बांस की काड़ी में लपेटकर डोली की तरह बना लिया गया, जिस पर दादी को लिटाकर आगे-पीछे दो आदमी पालकी की तरह ढोते हुए अस्पताल ले गए।

डॉक्टर ने दादी को मोटी सुई लगाकर पीने के लिए शीशे के बड़े घड़े से निकालकर एक बड़ी शीशी में लाल घोल दिया तथा साथ में कुछ खुली हुई सफेद टिकिया। दादी को उसी झिलंगे पर तुरंत घर वापस लाया गया और वह तीन-चार दिन बाद ठीक होने लगी। उस समय मैं बहुत प्रसन्न हुआ था। दादी मरने से बच गई और बिस्टौरियों से भरी उस भरुकी को उसने कुछ दिन बाद पुनः जमीन में गाड़ दिया। भरुकी को गाड़ना शायद दादी के लिए नये सिरे से जीने का एक पुनरोद्घोष था। वह 'हिंगुहारा' गांव की याद आने पर आज भी मुझे बहुत याद आता है। उसका नाम और पता कभी किसी को मालूम नहीं था। वह पूछने पर किसी को बताता भी नहीं था। वह धोती कुर्ता पहनता था और सिर पर गांधी टोपी लगाता था, थोड़ा टेढ़ा करके। उसकी बड़ी तोंद भी थी, इसलिए टोपी खूब जमती थी। वह देखने में पुराने कांग्रेसी नेता सीताराम केसरी के बड़े भाई जैसा लगता था। गांव के बच्चे पूरे साल शाम के समय किसी के घर के सामने उसी हिंगुहारे के गाने वाले लहजे में ... 'हिंग क पइसा खर्र करा' गाकर भागते हुए अपना खूब मनोरंजन करते थे। साल में जब भी एक बार वह गांव में आता दर्जनों बच्चे उसके साथ होकर घर-घर जाते और उसे 'हींग क पइसा खर्र करा' गाते सुनकर अति प्रसन्न होते। वह हाथ से सिली हुई छोटी बोरीनुमा टंगने वाली धोकरी कंधे पर लटकाये रहता। उसी में वह हींग तथा कुछ पुड़िया बांधने वाले कागज रखता था। वसूले गए पैसों को भी वह उसी धोकरी में रखता था। उसकी यह जादुई धोकरी ठीक वैसी ही होती जैसी कि सारंगी बजाकर भजन गाते गांव-गांव भीख मांगने वाले गेरुवाधारी जोगियों की। ऐसा ही एक जोगी हमारे गांव में साल भर में सिर्फ एक बार आता था। वह भीख लेने से पहले बड़ी सुरीली आवाज में गाता तथा सारंगी बजाते हुए पूरे गांव की चारों तरफ से फेरी लेता, फिर बारी-बारी से भीख स्वीकार करता। यह जोगी भी उसी हिंगुहारे की तरह बहुत लोकप्रिय था। एक जोगी हमारे गांव में भी रहते थे। जाति से वे नोनिया थे। वे गेरुवाधारी नहीं थे और न ही भीख मांगते थे। उन्हें लोग राशन आदि पहुंचा देते थे। वे एक सफेद धोती या लुंगी कमर में लपेटकर दोनों खूंटों को आर-पार करके गर्दन के ऊपर बांध लेते थे। इसके अलावा वे कुछ और नहीं पहनते। उनकी लम्बी-लम्बी दाढ़ी तथा सिर पर बड़े-बड़े बाल थे। हाथ में वे हमेशा पानी से भरी एक 'तुमड़ी' रखते थे। तुमड़ी सूखी लौकी की जगनुमा टंगने वाली बनी होती थी, जिसे साधुओं

का पात्र कहा जाता था। वे हमारे गांव के बाहर उत्तर दिशा के घने जंगल में झोंपड़ी बनाकर रहते थे। उनके हाथ में एक लोहे का बड़ा चिमटा भी होता था। वे किस देवता के पुजारी थे, यह किसी को मालूम नहीं था। घने जंगल के सुनसान में अकेले रहते हुए उनका फक्कड़ों जैसा अत्यंत निर्भीक जीवन था। उन्हें लोग सिर्फ जोगी बाबा के रूप में जानते थे किंतु उनका असली नाम रामजीत था। गांव के लोग अंदाजा लगाकर कहते कि जोगी बाबा भूतपूजक थे। वे हमारी दलित बस्ती में हफ्ते में सिर्फ एक बार आते थे और किसी पेड़ के नीचे खड़े हो जाते थे। उनकी सबसे बड़ी, एक अति रोचक विशेषता यह थी कि उनके सामने जिस किसी भी व्यक्ति के मुंह से जो भी पहला शब्द निकलता था, वे उसी शब्द से तीन सतर वाली कविता तत्काल बनाकर एक विचित्र स्वर शैली में गाने लगते थे। जैसे किसी के मुंह से निकल गया, 'जोगी बाबा', वे तुरंत गाने लगते :

'जइसन कहत बाड़ा जोगी,
वइसन बढ़त बाड़ै रोगी,
बड़ ससतिया सहबा राम,
बड़ ससतिया सहबा राम।'

इसी तरह किसी मुंह से निकल पड़ा कि 'आंधी' आ रही है। जोगी बाबा गाते :

'जइसन कहत बाड़ा आंधी,
वइसन मारल गइलै गांधी,
बड़ ससतिया सहबा राम,
बड़ ससतिया सहबा राम।'

किसी के मुंह से 'दवा' शब्द निकला तो जोगी बाबा गाते :

'जइसन कहत बाड़ा दावा,
वइसन चलत बाड़ी हावा,
बड़ ससतिया सहबा राम,
बड़ ससतिया सहबा राम।'

इस तरह वे हाजिरजवाब काव्य के एक अति कुशल कवि थे तथा हजारों शब्दों को इस विधा में तत्काल पलटने की उनमें अद्‌भुत क्षमता थी। जोगी बाबा कभी गद्य में बात नहीं करते थे। शायद उनके जैसा सारी दुनिया में न कोई हुआ है और न होगा।

इस जोगी बाबा की तरह एक अन्य शैली वाला व्यक्ति उसी अस्पताल वाले बरहलगंज बाजार में रहता था। उसका नाम था बंकिया डोम। बंकिया डोम का परिवार पेशे से बांस के फट्ठे चीर कर टोकरी, चंगेरी, डाल, मौनी, कुरुई, छिट्टा, दउरी आदि बनाकर बाजार में बेचता था। उसके घर में सूअर भी पाले जाते थे।

बंकिया डोम 'सिंघा' नामक वाद्य बजाने में अद्वितीय था। सिंघा को ही संस्कृत साहित्य में तूर्यनाद कहते हैं। बंकिया डोम स्वयं काले लोहे के पतले पत्तर को तीन भागों में अलग-अलग गोल-गोल मोड़कर सिंघा बनाता था। फिर तीनों को तीन टेढ़े-मेढ़े हिस्सों में जोड़कर अंग्रेजी भाषा के 'एस' अक्षर वाली आकृति खड़ी कर देता था। उसका यह सिंघा करीब चार फीट ऊंचाई वाला होता था जिसमें रस्सी बांधकर वह बंदूक की तरह कंधे में लटकाकर चलता था। फरमाइश करने पर वह किसी जगह पर मुंह से फूंककर बजाने लगता था। रात के सन्नाटे में उसके सिंघा की आवाज किसी गांव के आसपास के कई गांवों तक सुनाई देती थी। वह उस क्षेत्र के सैकड़ों गांवों में मशहूर था तथा देखने में बिल्कुल करिया भुजंग लगता था। उसके कंधे पर टंगा हुआ सिंघा आधा बैठे आधा खड़े फण फैलाए सांप की तरह लगता था। वह उस क्षेत्र में तमाम गांवों के सभी प्रमुख लोगों को जानता था। जब भी किसी गांव में किसी व्यक्ति के यहां विवाह या मृत्युभोज जैसे अवसर आते बंकिया डोम बिना किसी निमंत्रण के वहां अपना सिंघा बजाता पहुंच जाता। उस समय ऐसा लगता था कि मानो वह युद्ध की तैयारी के लिए रणभेरी बजा रहा हो। हकीकत भी यही थी, वह भोजन के लिए युद्ध ही करता था। वह बैठकर खाता कम था, झोले में भरता ज्यादा था। इसलिए कई बार घरैता (जिसके घर समारोह होता) उससे लड़ जाते थे। यदि किसी ने उसे झोला भरने से मना कर दिया, वह तुरंत वहां से चल देता और अत्यंत तेज गति से फूंक मारकर सिंघा बजा-बजाकर रात के सन्नाटे में एक गांव से दूसरे गांव में जाता और घरैता का नाम लेकर चिल्ला-चिल्लाकर लोगों से कहता कि उस गांव का वह आदमी अत्यंत कंजूस, टुकड़खोर, चोर, भुक्खड़, मक्खीचूस, भिखमंगा, सरहंग, बेदिल आदि-आदि न जाने क्या-क्या है? बंकिया डोम के सिंघा का संगीतीय ध्वनि के साथ उक्त विश्लेषणों द्वारा चरित्र-चित्रण का विद्रोही तरीका किसी को भी रातोरात घृणा का पात्र बना देता था। लोग उसके विद्रोह के इस तरीके से बहुत घबराते थे। इसके उल्टे यदि कोई उसे अच्छी तरह खिला दे और झोला भी भरने दे, तो बंकिया डोम ठीक उसी शैली में सिंघा बजाते एक गांव से दूसरे गांव में जाता और उस अच्छे घरैता का नाम लेकर चिल्लाता कि अमुक गांव के अमुक व्यक्ति ने खूब खिलाया और वह व्यक्ति बड़ा धनवान, दिलेर, दयालु, भलमानुस, राजा हरिश्चंद्र जैसा आदि-आदि है। इस तरह वह रात भर के अंदर अनेक गांवों का चक्कर लगा आता था। उसके सिंघा की युद्धोन्मादी ध्वनि अकसर सोये हुओं को जगा देती थी। लोग अविलम्ब समझ जाते कि बंकिया डोम को या तो किसी ने भूखा रखा है या किसी ने खूब खिलाया है। वह हमारे गांव भी अक्सर आया करता था, कभी खाने और कभी तारीफ करने या फिर किसी की धज्जियां उड़ाने। मैंने बंकिया डोम जैसा तूरमची कहीं और नहीं देखा।

उस हिंगुहारा की तरह कई अन्य भी वैसे हमारे गांव में आते थे, जैसे—पटहारा, जो शीशा, कंघी, सूई, डोरा, टिकुली तथा मीसी बेचने आता था, चुड़िहारा, जो चूड़ियां बेचता तथा कपड़हारा, जो कपड़े बेचने आता था। ये सभी कुछ न कुछ अजीब स्वरों में गाते हुए ही घरघुमनी करते हुए अपना सामान बेचते थे। सभी का अपना-अपना एक व्यापारिक संगीत था। यहां तक कि कभी-कभी जादूगर आता। वह भी अपना डमरू बजाते हुए संगीतमय वार्ताओं में जादू के करतब दिखाता। अपने बंदर-बंदरिया के साथ मदारी वाला भी वैसा ही करता और जब कभी बाइस्कोप वाला आता, वह गा-गाकर सारी दुनिया ही दिखा देता था और जब बाइस्कोप की अंतिम स्लाइड हाबड़ा पुल दिखाता तो, जोर-जोर से गाने लगता : 'मारै गुंडन से नजरिया, गोरिया हबड़ा पुलवा पर ठड़ी' तो गांव के बच्चे झूम उठते। एक खास बात यह थी कि सिर्फ कपड़हारा को छोड़कर पैसों के बदले अनाज देकर अन्य फेरी वालों से सामान खरीद लिया जाता तथा जादू, तमाशा या बाइस्कोप देख लिया जाता था। हमारी दलित बस्ती में बहुत गरीबी थी, पैसा देकर कुछ खरीदना बड़ा मुश्किल पैदा कर देता था, इसलिए सब कुछ अनाज देकर ही लिया जाता था। घर में ढिबरी जलाने के लिए मिट्टी के तेल से लेकर मिर्च मसाला तक अनाज देकर ही खरीदा जाता था। परिणामस्वरूप अधिकतर दलितों के घर खाद्यान्नों की चक्रीय कमी हमेशा प्रस्तुत होती रहती थी। खास करके बरसात के दिनों में भुखमरी की स्थिति पैदा हो जाती थी। शुरू-शुरू में जब तेज बारिश से कट चुकी फसलों वाले खेतों में पानी भर जाता, तो उनके अंदर बिल बनाकर रहने वाले हजारों चूहे डूबते हुए पानी की सतह पर ऊपर आ जाते थे। गांव के बच्चे तरकुल या खजूर के पत्तों से बनी झाडू लेकर उन चूहों पर टूट पड़ते थे तथा उन्हें मार-मारकर ढेर सारा घर लाते। मैं भी अन्य बच्चों के साथ टिन की बाल्टी तथा झाडू लेकर जाता और झाडू से चूहों को मार-मारकर बाल्टी भर जाने पर उन्हें घर लाता। इन चूहों को पहले घर के लोग रहट्ठा यानी अरहर का डंठल जलाकर उस पर खूब सेंकते थे। इस तरह चूहों के बाल बिल्कुल जल जाते थे। इसके बाद उन्हें साफ करके बोटी-बोटी काट दिया जाता। फिर मसाला डालकर उसका मांस पकाकर खाया जाता था। इस तरह के मैदानी चूहों का मांस बहुत स्वादिष्ट होता था। उन बरसाती कड़की के दिनों में इस प्रकार के चूहे जब तक उपलब्ध रहते सभी दलित दाल-सब्जी के बदले उन्हीं से गुजारा करते थे। बरसाती मछलियां भी उस गरीबी में बड़ी राहत पहुंचाती थीं, किन्तु वे कुछ देर से नदी-नालों में उपलब्ध होती थीं। जहां तक चूहों का सवाल है, वे जौ और गेहूं की बालियां अकसर काटकर खेतों में ही अपनी गहरी-गहरी बिलों में ढेर सारा जमाकर लेते। गांव के मेरे जैसे बच्चे उन बिलों को खोदकर उससे बालियां निकाल लेते थे। एक-एक बिल से एक से लेकर दो किलो तक अनाज निकल जाते थे। चूहों के बिल से निकली हुई बालियों को 'मुस्कइल' कहा

जाता था। इन्हें बेचकर हम लोग कौड़ियां खरीदकर चिभ्भी (एक तरह का जुआ) खेलते थे। इमली का चीयां (बीज) भी खरीदते थे, जो जुआ के ही काम आता था। बरसात में एक बड़ी समस्या यह उत्पन्न हो जाती कि लगातार पानी बरसते रहने से सबकी झोंपड़ियों या खपरैल के घरों की बड़ेरों या छज्जों से अनेक जगहों पर पानी चूने लगता था। रात भर लोग एक पतेली या पतेला इधर तो दूसरा उधर, कहीं लोटा किसी तरफ तो कोई थाली कहीं और रखकर टपकते हुए पानी को भर-भरकर घरों से बाहर फेंकते रहते थे। प्रकृति की यह करतूत उस गरीबी में भिगो-भिगोकर मारती थी। यह सब बड़ा बुरा तथा उबाऊ लगता था। लोग दिन के समय अपने घरों के ऊपर चढ़कर कोई थपुवा इधर सरकाते तो कोई उधर, फिर भी टपकने की समस्या पूर्ण रूप से दूर करना बड़ा मुश्किल हो जाता था। जाड़े के दिन खाने-पीने के मामले में धान की फसल तथा गन्ना तैयार होने से काफी हितकारी होते थे, किन्तु रातें बड़ी कष्टदाई होती थीं। हमारा संयुक्त परिवार बहुत बड़ा था, किन्तु घर में एक भी रजाई या कम्बल नहीं था। वैसे भी घर में कपड़ों की कमी हमेशा रहती थी। मेरे पिता जी पूरी धोती कभी नहीं पहनते। वे एक ही धोती के दो टुकड़े करके बारी-बारी से पहनते। ओढ़ने का कोई इंतजाम न होने से गांव के लगभग सारे दलित रात भर ठिठुरते रहते। हमारे घर में सोने के लिए जाड़े के दिनों में घर की फर्श पर धान का पोरा अर्थात् पुआल बिछा दिया जाता था। उस पर कोई लेवा या गुदड़ी बिछाकर हम धोती ओढ़कर सो जाते। इसके बाद मेरे पिता जी पुनः ढेर सारा पुआल हम लोगों के ऊपर फैला देते। फिर स्वयं सोकर अपने ऊपर भी वैसा ही कर लेते थे। जाड़े में ऐसी दुर्दशा पर सबेरा होते ही दलित बच्चे धूप में बैठकर गाते : 'अर्जुन, भीम, नकुल, सहदेवा–ओढ़त लुगरी बिछावत लेवा' जाड़ा भगाने के लिए हम सभी बच्चे एक और गाना गाते : 'दऊ दऊ घाम करा, सुगवा सलाम करा, तोहरे बलकवन के जड़वत हौ'। इस तरह हमारी जाड़े की रातें कट जाती थीं। वे दिन आज भी जब याद आते हैं, तो मुझे लगता है कि मुर्दो-सा लेटे हुए हमारे नीचे पुआल, ऊपर भी पुआल और बीच में कफन ओढ़े हम सो नहीं रहे बल्कि रात भर अपनी अपनी चिताओं के जलने का इंतजार कर रहे हों। चाहे जो भी हो, उन दारुण दिनों में भी ग्रामीण जीवन के हर अंग में व्याप्त संगीतीय ध्वनि, चाहे वह उस हिंगुहारे या पटहारे या चुड़िहारे की हो या फिर उन जोगी बाबाओं की सारंगी या तुकबंदियों की या कि उस तूरमची बंकिया डोम के युद्धोन्मादी सिंघे की, इन सबके सहारे हंसते हुए दरिद्रता की धज्जियां उड़ाने में हमें बड़ी राहत की अनुभूति होती थी। इसी दौरान हमारे घर वालों की उस युगांतरकारी मनोकामना के साकार होने का अवसर तब प्रस्तुत हुआ जब खाकी टोपी और वर्दी पहने घुंघरू में लिपटे भाले वाली लाठी को जमीन पर पटकते हुए अंग्रेजों के जमाने वाला डाकिया चिरैयाकोट थाने से विभिन्न गांवों की

डाक लेकर हमारी दलित बस्ती में बड़े रुतबे के साथ दाखिल हुआ। उसे देखकर बच्चे अकसर पुलिस समझ डर के मारे घर में छिप जाते थे। उस दिन वह हमेशा की तरह जोर की हांक लगाते हुए चिल्लाया : "सुभगिया कौन है? चिट्ठी आई है।" दलित बस्ती में चिट्ठी किसी की भी हो, वह हमेशा चौधरी का घर होने के नाते हमारे घर उन्हें रखकर चला जाता था। मेरे वही अति गुस्सैल नग्गर चाचा ने उस चिट्ठी को सुभगिया के घर ले जाने के लिए कहने से पहले मुझसे कहा, "तनि पढ़ि के देख त रे, पढ़ि सकत हउवे कि ना।" यह घटना सन् 1957 के जाड़ों की ही है, जब मैं तीसरी कक्षा में पढ़ रहा था। मैंने धीरे-धीरे पोस्टकॉर्ड पर लिखी आधी चिट्ठी पढ़ दी। यह पहला अवसर था, जब वे मुझसे बेहद प्रसन्न होकर मेरा हाथ पकड़े स्वयं सुभगिया के घर की तरफ चल पड़े। रास्ते में जो भी मिलता, उससे वे बोल पड़तेः "हई अब चिठिया पढ़ि लेत हव।" सुभगिया हमारी बस्ती में रहने वाले जलंधर नामक बूढ़े दलित की जवान बेटी थी। वह बड़ी सुंदर थी। कुछ माह पूर्व उसका गौना बिसराम नामक एक ऐसे युवक के साथ हुआ था, जो कलकता के सियालदह स्टेशन के आसपास घोड़े की तरह खींचने वाला ठेला रिक्शा खींचता था। इस ठेले को बंगाल में 'टाना रिक्शा' कहते हैं। वह इधर से उधर टाना रिक्शा में यात्रियों को बैठाकर दौड़ते हुए गंतव्य स्थल पर पहुंचाया करता था। बिसराम गांव के कुछ अन्य मजदूरों के साथ कलकत्ता के शामबाजार नामक मोहल्ले में किराये की एक बाड़ी में रहते थे, जिसे वे लोग बासा भी कहते थे। वहीं से वह चिट्ठी आई थी। नग्गर चाचा ने चिट्ठी सौंपते हुए सुभगिया के पिता जलंधर से मेरी तरफ इशारा करते हुए कहा : "ये ही से पढ़वाय लिहा, ई पढ़ि ले ला।" यह कहकर नग्गर चाचा चले गए। इसके बाद थोड़ा सकुचाती हुई सुभगिया मुझे अलग ले जाकर धीरे से बोली कि ओहर चलि के चिठिया पढ़ त बाबू। उसकी झोंपड़ी के पिछवाड़े एक बड़ा नीम का पेड़ तथा उससे सटी घनी बंसवार थी। वहीं वह मुझे ले गई और चिट्ठी पढ़ने को कहा। उसके नाम से आई यह पहली चिट्ठी पूरी पढ़ी जाने के बाद उसके लिए एक दुर्दांत दुखांत और मेरे लिए एक आपदा सिद्ध हुई। गनीमत थी कि यह दुखांत आपदा कुछ घंटों तक ही सीमित रही, अन्यथा कुछ अनहोनी भी हो सकती थी। हुआ यह कि वह चिट्ठी कलकत्ते से आने वाली किसी भी अन्य चिट्ठी की ही तरह एक ही जैसे वाक्य से शुरू होकर अन्य समाचारों के साथ समाप्त हुई थी। पारम्परिक शब्दावली में चिट्ठी की पहली पंक्ति थीः 'श्री सोस्ती सर्व उपमा जोग खत लिखा बिसराम राम, हलदार बाबू की बाड़ी शामबाजार, कलकत्ता से...।' शेष चिट्ठी में हालचाल अच्छा बताने के अलावा आवश्यकता की चीजों की चाहत के बारे में लिखवाकर 'बैरन' चिट्ठी भेजने तथा आने वाले जेठ के महीने में गांव वापस आकर सुभगिया को कलकत्ता ले जाने आदि की बातें लिखी हुई थीं। किन्तु चिट्ठी की अंतिम दो पंक्तियां सुनते

ही सुभगिया पर कहर टूट पड़ा और वह चिल्ला-चिल्लाकर रोने लगी। मैं बिल्कुल डर गया। उसका रोना सुनकर बूढ़े जलंधर बिटिया-बिटिया कहते हुए दौड़ पड़े। वहां भीड़ जमा हो गई। न मैं कुछ बता पा रहा था, न रोने के अलावा कुछ सुभगिया। कई औरतें मेरे हाथ में चिट्ठी देखकर ताना मारने लगीं : "हाई बड़का पढ़वइता भयल हव, न जाने का पढ़ि देहले ह, ऊ रोय रोय के बेहाल होय गइल।" मेरे हाथ से चिट्ठी छीनकर जलंधर ब्राह्मणों के टोले की तरफ दौड़े ताकि कोई चिट्ठी को ठीक से पढ़कर सुना दे। वास्तव में हुआ यह था कि नई नई शादी हुई थी। बिसराम को कलकत्ता में अपने क्षेत्र के किसी अन्य युवक ने एक प्यार-मोहब्बत वाली दो लाइन की शायरी लिखकर दी थी, जिसे मैंने भी थोड़ा रुक-रुककर किन्तु पढ़ा बिल्कुल सही था। उस चिट्ठी के अंत में लिखा था :

लिखता हूं खत खून से स्याही न समझना।
मरता हूं तेरी याद में जिन्दा न समझना॥

यही शायरी सुनकर सुभगिया ने समझा कि उसके पति बिसराम अब जिन्दा नहीं हैं। बाद में जलंधर के पीछे-पीछे दलित बस्ती की कई औरतें सुभगिया को चुप कराते हुए राममूरत पांड़े के घर गईं। पांड़े ने हंसते हुए सबको समझाया और शायरी में छिपे मर्म का रहस्य खोला, तब जाकर मामला शांत हुआ। अन्यथा सुभगिया के साथ कोई अनहोनी अवश्य हो जाती और मैं एक सिद्धहस्त अपशकुन के अलावा कुछ और न बन पाता।

सन् 1957 का यह वर्ष भारत के लिए दो महत्त्वपूर्ण घटनाओं के चलते बहुत चर्चा में था। पहली घटना भारत का दूसरा आम चुनाव था तथा दूसरी थी सन् 1857 के गदर की सौवीं वर्षगांठ। जिस समय आम चुनाव की सरगर्मियां तेज हो रही थीं, उस समय बड़े कड़ाके का जाड़ा पड़ रहा था। हमारे घर के मुख्य दरवाजे के सामने एक बहुत बड़ा नीम तथा उसके करीब चालीस फीट की दूरी पर एक छोटा बरगद का पेड़ था। नीम के पेड़ के नीचे जाड़ों में प्रतिदिन चैला जलाकर कौड़ा तापा जाता था। गांव के पास के जंगल से रोज पलाश के हरे पेड़ों की डालियां काटकर उन्हें टांगा से चीरकर चैला बनाया जाता था। पलाश का ओदा (कच्चा) चैला बड़ी तेजी से जलता था तथा जलते समय उसमें से पतले लाशा के रूप में एक तरल पदार्थ पिघलने लगता था, जो आग में घी की तरह काम करता था। पलाश के जलने की प्रक्रिया को देखकर दलित बच्चे एक पंक्ति का एक गाना बार-बार गाते रहते थे जो इस प्रकार था : 'ओदा कांचा जरै पराशा ओदा कांचा जरै पराशा'। इस कौड़े के चारों तरफ गोल चक्कर में मेरे पिता के सारे भाई तथा दलित बस्ती के अनेक लोग बैठकर आग तापते थे तथा वहीं घंटों गांजा का दौर चलता रहता था। वहां मेरी पुरानी नौकरी—रस्सी की गांठ जला-जलाकर गांजे की चिलम में भरना—भी जारी रहती थी।

रात का खाना खाने के बाद गांव के करीब दर्जन भर प्रमुख ब्राह्मण रोज हमारे घर के सामने उस जलते हुए कौड़े के चारों तरफ बैठ जाते थे और वे चुनाव पर चर्चा शुरू कर देते थे। हमारे क्षेत्र के तमाम ब्राह्मण उस समय की दो बैलों की जोड़ी चुनाव चिह्न वाली कांग्रेस पार्टी के कट्टर समर्थक थे। हमारे गांव के ब्राह्मण भी कांग्रेस के ही समर्थक थे। उन्हें यह अच्छी तरह मालूम था कि मेरे सबसे बड़े चाचा बारहगांवा के चौधरी हैं, इसलिए वे सारे दलित उनके ही कहने पर किसी पार्टी को वोट डालेंगे। ब्राह्मणों के मुखिया यमुना पांड़े थे। उनके नेतृत्व में ब्राह्मणों का जत्था चुनाव सम्पन्न होने के एक दिन पहले तक प्रचार के दौरान रोज उसी कौड़े पर आकर कांग्रेस को वोट देने के लिए कहता था। उस समय हमारे जिले आजमगढ़ में भारतीय कम्युनिस्ट पार्टी का बहुत जोर था तथा अधिकतर दलित कम्युनिस्ट उम्मीदवारों को वोट देते थे। मेरे पिता जी अत्यंत धार्मिक होने के कारण हमेशा पूर्वोक्त बाबा हरिहर दास से पूछकर धार्मिक उम्मीदवारों को ही वोट देते थे। मुन्नर चाचा जवाहरलाल नेहरू के भक्त थे और वे कांग्रेस को तथा घर गांव के अन्य लोग प्रजा सोशलिस्ट पार्टी को वोट देते थे, जिसका सबसे बड़ा कारण यह था कि उसके उम्मीदवार का चुनाव चिह्न झोंपड़ी था। गांव के दलित अधिकतर झोंपड़ियों में ही रहते थे, इसलिए उन्हें इससे अपनत्व की अनुभूति होती थी। मुन्नर चाचा गांव के पश्चिम में स्थित अमठा गांव के मुरली सिंह नामक एक क्षत्रिय के यहां अक्सर जाते-आते रहते थे। मुरली सिंह अमठा के मुखिया थे तथा उनके यहां गांजा बिकता था। अतः मुन्नर चाचा की इसी कारण उनसे काफी दोस्ती हो गई थी। अमठा के एक वकील थे जो रोज आजमगढ़ (करीब 18 मील दूर) साइकिल से कचहरी आते-जाते थे और वे शहर से देश की उड़ती-पुड़ती खबरें लाया करते थे। मुन्नर चाचा मुरली सिंह की गांजा दोस्ती के परिणामस्वरूप उनके माध्यम से काफी खबरें लेकर आते और रात में कौड़ा तापते समय सबको बताते। गांव के ब्राह्मण भी उनसे ही कई खबरों को जान पाते थे। अतः मुन्नर चाचा हमारी बस्ती के असली 'राष्ट्रीय नेता' बन गए थे। राजनीति में सभी उनका लोहा मानते थे। कौड़ा के पास चुनाव के दौरान ब्राह्मणों के साथ गांजा की महफिल जमी रहती थी और मैं रस्सी की गांठ जलाते उनकी सारी बहसें ध्यान लगाकर सुनता रहता था। दूसरे दिन ये सारी बातें स्कूल जाकर अन्य बच्चों को बताता था। बच्चे मुझे कहते : "ई बड़ा गप्पी हउवै।" ऐसे ही एक दिन मुन्नर चाचा ने बताया कि जवाहरलाल नेहरू रूस से सीखकर आए हैं कि अब भारत में 'समोही खेती होई, अउर सब कमाई सब खाई, 'नेहरू जी करखन्ना खोलिहं आ पांचि साल में एक बेर योजना बनइहैं। पहिले हकबट होई फिर चकबट।' उनकी ये बातें मुझे बिल्कुल समझ में नहीं आती थीं, खास करके समोही खेती। वर्षों बाद जब हाई स्कूल में गया तो समोही का भेद सामूहिक खेती के रूप में मैं समझ पाया। किन्तु उस

समय 'हकबट' और 'चकबट' तथा 'सब कमाई सब खाई' मुझे बहुत अच्छी तरह समझ में आया था तथा यह भी कि यह सब रूस की देन है। यह मेरे जीवन की एक अति विशिष्ट घटना थी, जब मैं जाने या अनजाने में समाजवाद तथा सोवियत संघ से आठ वर्ष की उम्र में प्रभावित हुआ था। मेरे पिता जी प्रायः कहा करते थेः 'अधपेटवा खाना, बिरही बोल' किसी के लिए सहना मुश्किल होता है। ऐसी परिस्थितियों से गुजरने वाले वातावरण में 'हकबट' तथा 'सभी कमाएंगे सभी खाएंगे', इतना ज्यादा मेरे दिल को छू गए थे कि मैं आने वाली सारी जिन्दगी में समाजवाद तथा सोवियत संघ का अंधभक्त बना रहा। इसी चुनाव के दौरान हमारी दलित बस्ती में एक दिन आजमगढ़ के दो कम्युनिस्ट नेता चंद्रजीत यादव तथा सुरजन राम पार्टी के प्रचार के लिए आए। हंसिया गेहूं की बाली वाले छोटे-छोटे छपे हुए लाल कार्ड वे बच्चों को बांट रहे थे। एक मुझे भी मिला और मैंने सकुचाते हुए एक कार्ड और मांग लिया, उन्हें पाकर मुझे ऐसी अनुभूति हुई कि मानो हकबट हो चुका हो। साथ ही सुरजन राम, जो स्वयं आजमगढ़ के एक प्रख्यात दलित नेता थे, ने मेरे घर के सामने वाली दीवार पर गेरू से एक विशाल हंसिया पर चढ़ी गेहूं की बाली का चित्र बनाकर सबसे पार्टी को वोट देने की अपील की और पास वाले गांव में चले गए। मैं रोज सुबह-शाम दीवार पर उस निशान को सामने खड़ा होकर देखता रहता। साथ ही उन दोनों कार्डों को हमेशा अपने कुर्ते की पॉकेट में रखता और दिन में पचासों बार निकालकर बड़े गौर से हंसिया-बाली के निशान देखता रहता। इस प्रक्रिया में महीनों बाद वे दोनों कार्ड फटकर अस्तित्वविहीन हो गए। इन कार्डों के विलुप्त हो जाने पर मुझे बहुत दुख हुआ था और यह दुख उस समय और भी गहरा हो गया जब सुरजन राम द्वारा उस दीवार पर गेरू से बनाया हंसिया-बाली का निशान तेज बारिश के कारण धुल गया। इस दौरान हमारे गांव से कोई पंद्रह मील दूर सोढ़री गांव का सनई नामक दलित जो शिवनारायनी पंथ वाले मुनेस्सर चाचा का चेला था, और बाम्बे की किसी सूती मिल में काम करता था। वह गुरु से मिलने हमारे घर आया। उसने बताया कि लाल झंडे वाला एक नेता डंगरिया है, जो मजदूरों की हड़ताल कराकर मालिकों की नाक में एकदम फैर (फायर) कर दिया था। उसी का एक संगी नमरिया है, वह भी बड़ा फैरबाज है। मैं वर्षों बाद समझ सका कि वह डांगे को डंगरिया और नम्बूदरीपाद को नमरिया कहता था। सनई द्वारा इस वर्णन ने भी न सिर्फ मेरे अंदर कम्युनिस्ट पार्टी के प्रति असीम लगाव पैदा किया, बल्कि डांगे के प्रति भक्ति भाव भी।

उधर चुनाव के लिए हमारे प्राइमरी स्कूल में दो दिन की छुट्टी हो गई, क्योंकि वोट उसी स्कूल में पड़ने थे। मेरे पिता जी मां तथा मुझे लेकर वोट डालने गए थे। चुनाव स्थल के पास ही मेला लगा हुआ था। खाने-पीने के सामान भी बिक रहे थे।

दूर-दूर के गांव से लोग वोट डालने आ रहे थे। विशेष रूप से हर गांव की दलित महिलाएं लोकगीत गाती हुई और लाल चादर ओढ़े हुई आती थीं। उस समय सभी वर्गों के अधिसंख्य लोग 'अंगूठा निशानी' लगाकर वोट देते थे। चुनाव के दूसरे दिन अंग्रेजों के जमाने वाली एक लाल सी मिनी बस जिसे मेरे पिता जी 'लोरी' कहते थे, आई और मतपेटियों को लेकर आजमगढ़ जिला केन्द्र पर चली गई। यह चुनाव मेरे लिए इसलिए भी यादगार बन गया था कि पहली बार मैंने वह मोटर यानी 'लोरी' देखी थी और जब वह जाने लगी तो बहुत तेज फड़फड़ाकर धूल उड़ने लगी थी और कई बच्चों के साथ मैं भी उसके पीछे दौड़ता हुआ बहुत दूर तक गया था। उस समय यह फर्क करना मुश्किल था कि हम मोटर का पीछा कर रहे थे या उड़ते हुए बवंडर का। शुरू में कुछ दूर जाकर वह मोटर एक जगह घो-घो करके रुक गई। उस समय आसपास के ढेर सारे लोग इकट्ठा हो गए। लोग कहने लगे, जब तक मोटर गाना नहीं सुनेगी, वह चालू नहीं होगी। उस समय ऐसा ही अंधविश्वास गांवों में फैला हुआ था। उस मोटर की छत पर एक भोंपू लगा हुआ था तथा अंदर काले तवे वाला रिकार्ड बजाने वाला ग्रामीण भाषा में 'फोन गिलास' रखा हुआ था। उस पर तवा रखते ही गाना बजा : 'हे, हो संवरिया, जो जइहो बजरिया, तो लइहो चुनरिया खादी की, जय बोलो महतिमा गांधी की।' थोड़ी देर बाद मोटर चल पड़ी और चल पड़ा था हमारे साथ बवंडर भी।

दूसरी घटना सन् 1857 के गदर की सौंवी वर्षगांठ के बारे में मैं कुछ भी नहीं जानता या समझता था। मुन्नर चाचा वहीं मुरली सिंह के यहां से जो कुछ सुनते गांव में आकर सबको बताते। उन्होंने सबसे पहले यह बताया कि नौ ग्रह एक साथ मिलने वाले हैं, जिसके चलते गांव-गांव में महामारी आएगी और बड़े पैमाने पर आपस में लोग मरेंगे-कटेंगे। बाप बेटा को कुछ नहीं समझेगा और न बेटा बाप को, न मां बेटा-बेटी को न बेटा-बेटी मां को या आपस में कोई भी रिश्ता रिश्ता नहीं रह पायेगा। सभी एक दूसरे के पीछे पड़ जाएंगे और शीघ्र ही सारी दुनिया बर्बाद हो जाएगी आदि-आदि। उस समय जाड़ा जा रहा था और गर्मी दस्तक दे रही थी। फसलें भी तैयार हो रही थीं। लोग, खास करके बच्चे और औरतें डर के मारे फसल से ढके हुए खेतों में जाने से डरने लगे। गन्ने तथा अरहर के खेतों के पास तो कोई अकेला कभी जाता ही नहीं था। रात के समय गन्ने के खेतों से सैकड़ों सियारों का 'हुआं-हुआं' वाला शोर सोये हुए लोगों को डर से गनगना देता था। उस समय हमारे क्षेत्र में सियारों की भरमार हुआ करती थी। कभी-कभी गांव में 'सियार मरउवा' आते थे और गन्ने के खेतों से सियार मारकर ले जाते थे। उनकी खाल बेचकर वे खूब पैसा कमाते थे। गन्ने की फसलों को चूसकर सियार बहुत नुकसान पहुंचाते थे। गन्ने के खेतों की तरफ रात में बच्चे-बूढ़े सभी कभी-कभी घरों के बाहर से देखते।

हमें समय-समय पर आसमान से अचानक चिराग का जलता सफेद छोटा-छोटा या एक फीट लम्बाई वाला पुंज नीचे गन्ने के खेतों में गिरता दिखाई देता। लोग आंख मूंद लेते और कहते कि आसमान से भूत इधर-उधर दौड़ते हैं और जब अंधेरे में दिखाई नहीं देता, तो वे अपना मुंह बारते हैं जिससे आग निकलती है और उन्हें दिखाई देने लगता है। यह दृश्य हमें बड़ा ही डरावना लगता था। बाद में बड़े होने पर साइंस मास्टरों से पता चला कि ऐसा उल्कापिंडों के टूटने से होता है न कि भूतों से। इस चिराग पुंज को गांव वाले 'लूक' या 'लुक्का' (शायद उल्का) कहते थे। मैं भी जब तक गांव में रहा, इसे लुक्का ही कहता रहा। इसी बीच बड़ी तेजी से गांवों में एक अफवाह उड़ गई कि साधुओं के वेष में मुड़कटवा बाबा, घूम-घूमकर बच्चों का सिर काटकर ले जा रहे हैं। 'धोकरकसवा बाबा' तथा 'लकड़सुघवा बाबा' की भी अफवाह खूब फैली। कहा जाने लगा कि धोकरकसवा बाबा बच्चों को पकड़कर अपनी धोकरी (यानी भिखमंगे जोगियों के कंधे पर लटकने वाला बोरीनुमा गहरा झोला) में कसकर बांध देते हैं जिससे वे मर जाते हैं तथा लकड़सुघवा बाबा एक जादुई लकड़ी सुंघाकर बच्चों को बेहोश करके मार डालते हैं। हमारे गांव में अफवाह उड़ी कि ये तीनों प्रकार के बाबा लोग गांव के चारों तरफ विभिन्न सीवानों तथा मुर्दहिया के जंगल में छिपे रहते हैं और वे बच्चों को वहीं ले जाकर मारते हैं। मुर्दहिया में गांव के मुर्दे जलाए तथा दफनाये जाते थे। यहीं गांव का श्मशान था तथा गांव के आसपास पीपल के पेड़ों पर भूतों ने अपना अड्डा बना लिया है। ये घटनाएं भी नौ ग्रहों के मेल के कारण हो रही हैं, जिसके कारण एक भारी गदर होने वाला है। इन अफवाहों ने गांव के बच्चों से लेकर बूढ़ों तक की जान सुखा दी। लोग डर के मारे संध्या होते ही घरों-झोंपड़ियों में बंद हो जाते थे। उस समय दलितों के अधिकतर घरों में लकड़ी के दरवाजे या केवाड़ी नहीं होती थी। केवाड़ियों के नाम पर बांस के फट्ठों को कांटी ठोककर एक पल्ले को केवाड़ीनुमा बना लिया जाता था, जिसे 'चेंचर' कहा जाता था। इन चेंचरों को दरवाजों में फिटकर दिया जाता था तथा उन्हें बंद करने के लिए सिकड़ी की जगह रस्सी से काम लिया जाता था। अतः रस्सी से बंधे चेंचरों की आड़ में सो रहे दलित रात भर इस चिन्ता में पड़े रहते थे कि यदि मुड़कटवा बाबा आ गए तो बड़ी आसानी से चेंचरों को तोड़कर लोगों को मार डालेंगे। जहां तक इन बाबाओं के सीवानों तथा मुर्दहिया में छिपे रहने का सवाल है, हमारे गांव का भूगोल काफी रोचक है। उन दिनों यानी आज से ठीक पचास साल पूर्व हमारे गांव के पूर्व तथा उत्तर दिशा में पलाश के बहुत घने जंगल थे जिसमें, पीपल, बरगद, सिंघोर, चिलबिल, सीरिस, शीशम, अकोल्ह आदि अनेक किस्म के अन्य वृक्ष भी थे। गांव के पश्चिम तरफ करीब एक किलोमीटर लम्बा चौड़ा ताल था, जिसमें बारहों महीने पानी रहता था। इस ताल में बेर्रा, सेरुकी, पुरइन, तिन्ना

तथा जलकुम्भी आदि जैसी अनेक जलजीवी वनस्पतियां पानी को ढंके रहती थीं। रोहू, मंगुर, गोंइजा, बाम, पढ़िना, टेंगरी, गिरई, चनगा, टेंगना, भुट्टी, चल्हवा, सिधरी, कवई आदि जैसी अनेक मछलियों की भी भरमार थी। इस ताल की सबसे ज्यादा छटा बिखरती थी उसमें पनडुब्बी काली मुर्गियां, बिगौंचौ तथा अनगिनत सफेद बगुलों जैसे पक्षियों के निवास से। इस ताल के किनारे ढेर सारे पेड़ थे जिनमें एक बड़ा पीपल का भी पेड़ था जिस पर लोगों के विश्वास के अनुसार ताल का खतरनाक भूत रहता था। दक्षिण तरफ खेत ही खेत थे। इस भूगोल में विभिन्न दिशाओं में स्थित खेती लायक जमीन को पूरे क्षेत्र का सीवान कहते थे जिनके अलग-अलग नाम थे। हमारे गांव के सीवान क्रमशः पूरब में मुर्दहिया, उत्तर में भर्थैया, सरदवा, टड़िया, पश्चिम में समंडा, महदाई माई, परसा तथा दक्षिण में गुदिया के नाम जाने जाते थे। इसी तरह क्रमशः टड़वां, भुजही, लक्खीपुर, भटगांवा अमठा, दौलताबाद, मठिया, पारूपुर, परसूपुर तथा चतुरपुरा नामक विभिन्न पड़ोसी गांव थे। दौलताबाद के बाद वाला पश्चिमी गांव विश्वविख्यात बौद्ध तथा कम्युनिस्ट विद्वान महापंडित राहुल सांकृत्यायन का गांव कनैला था। इन्हीं सीवानों से घिरे हमारे धरमपुर गांव के सबसे उत्तर में अहीर बहुल बस्ती थी जिसमें एक घर कुम्हार, एक घर नोनिया, एक घर गड़ेरिया तथा एक घर गोड़ (भड़भूजा) का था। बीच में बभनौटी (ब्राह्मण टोला) तथा तमाम गांवों की परम्परा के अनुसार सबसे दक्षिण में हमारी दलित बस्ती। एक हिन्दू अंधविश्वास के अनुसार किसी गांव में दक्षिण दिशा से ही कोई आपदा, बीमारी या महामारी आती है, इसलिए हमेशा गांवों के दक्षिण में दलितों को बसाया जाता था। अतः मेरे जैसे सभी लोग हमारे गांव में इन्हीं महामारियों-आपदाओं का प्रथम शिकार होने के लिए ही दक्षिण की दलित बस्ती में पैदा हुए थे। साथ ही गांव का भौतिक भूगोल उन तमाम भुतही खूनी अफवाहों के लिए प्राकृतिक रूप से बेहद अनुकूल था। मुर्दहिया, भर्थैया तथा ताल के पास वाली सीवान परसा तो इन भूतों की भूमिगत बस्तियां थी ही। इन अफवाहों के बीच मुर्दहिया सबसे डरावनी बन गई थी। गर्मी के दिनों में वहां हजारों बड़े-बड़े पलाश के पेड़ एकदम सुर्ख लाल टेसुओं (फूलों) से लद जाते थे। दूर से देखने पर लगता था कि जलती हुई लाल आग की रक्तीली लपटें हिलोरें ले रही हैं। उन्हें देखकर ऐसी भी अनुभूति होती थी कि मानो मुर्दहिया की बुझी हुई चिताएं पलाश के पेड़ों पर चढ़कर फिर से प्रज्वलित हो गई हों। आम दिनों में भी गांव के लोगों का कहना था कि दोपहर के समय तो मुर्दहिया पर कदापि नहीं जाना चाहिए, क्योंकि भूत उस समय बहुत गुस्से में होते हैं और वे कटहवा कुत्तों के वेश में घूमते हैं। किसी के मिल जाने पर उसे नोच-नोचकर खा जाते हैं। लाल टेंसुओं से लदे ये पलाश के पेड़ जहां एक तरफ अत्यंत मनमोहक लगते थे, वहीं उनके मुर्दहिया पर होने के कारण इन पेड़ों की लालिमा बेहद डरावनी छवि प्रस्तुत

करती थी, विशेष रूप से चांदनी रात में वे खून में लथपथ किसी घायल व्यक्ति जैसे प्रतीत होते थे। इसी दौरान हमारे ग्रामीण क्षेत्रों में हैजे की महामारी आई जिसका सबसे जबर्दस्त असर पूरब में मुर्दहिया से थोड़ी दूरी पर पड़ोसी गांव टड़वां में पड़ा। हमारी मुर्दहिया और टड़वां के बीच से होकर वह नाला बहता था जो प्राइमरी स्कूल से होकर आगे बढ़ते हुए लगभग पांच मील दूर स्थित मंगही नदी में मिल जाता था। इन गांवों में किसी दिन किसी एक के भी हैजे से मरने पर पचासों के मरने की अफवाह उड़ जाती थी, जिससे बड़ा चिन्ताजनक माहौल पैदा हो गया था। फिर भी बड़ी भारी संख्या में लोग मरे थे। हमारी मुर्दहिया के आसपास की जंगली जमीन मुर्दों से पट गई थी, विशेष रूप से नाले के तीरे-तीरे अनेक कब्रें उग आई थीं। एक प्रथा के अनुसार दलितों की कब्रों पर छोटी-छोटी डंडियों में लाल कपड़े की झंडियां गाड़ दी जाती थीं। एक सिरे से देखने पर हवा के झोकों से फडफड़ाती ये झंडियां ऐसे लगती थीं कि मानो भूतों की लाल लाल फसलें तैयार होकर लहलहा रही हों। हैजे से मरे हुए लोगों की लाशों से लोग इतना डरे हुए थे कि बहुत छिछली सी कब्रें जल्दी-जल्दी खोदकर उन्हें दफना देते थे। गन्ने तथा अन्य बड़ी फसलों में बड़ी संख्या में छिपे हुए सियारों ने वहां से निकलकर मुर्दहिया तथा उस नाले के आसपास अपना बसेरा बना लिया था। ये सियार छिछली कब्रों को खोदकर अक्सर लाशों को चिचोरते हुए नजर आते थे। रोज स्कूल जाते हुए ऐसा नजारा देखना हमें अत्यंत भयभीत कर देता था। उनके बारे में अफवाह फैली हुई थी कि मुर्दा खाने से ये सियार पागल हो जाते हैं इसलिए आदमी को दौड़ाकर वे काटकर खा जाते हैं। इस डर से कोई उन्हें भगाने नहीं जाता था और न कोई उन बचीखुची लाशों को फिर से दफनाने ही जाता। यह बड़ा ही हृदय विदारक दृश्य होता। जिनकी लाशों को सियारों के खूंखार जबड़ों से गुजरना पड़ता, पता चलने पर उनके सगे-संबंधियों का, विशेष रूप से औरतों का वर्णनात्मक शैली में गा-गाकर रोना दिल को दहला देता था। उधर रातों में मुर्दाखोर सियारों का हुआं-हुआं वाला शोर बच्चों को बहुत डराता था, किन्तु मेरी दादी कहती कि मुर्दहिया के सारे पुराने भूत अपनी बढ़ती हुई आबादी से खुश होकर नाचते हुए सियारों जैसा गाना गाते हैं। दादी द्वारा प्रस्तुत भूतों की इस नृत्य विद्या तथा गायन शैली से मैं बहुत घबरा जाता था। दादी यह भी कहती थी कि महामारी में मरने वाली औरतें नागिन बनकर घूमती हैं। उनके काटने से कोई भी जिन्दा नहीं बचता। दादी मुझे अक्सर याद दिलाती कि किसी झाड़ी-झंखार से गुजरते हुए 'जै राम जमेदर' जरूर दोहराते जाना। ऐसा कहने से नाग-नागिन भाग जाते हैं। मैं दादी की सारी बातों को इस धरती का अकाट्य अंतिम सत्य मानता था। इसलिए अक्षरशः उसका पालन करता था और जब भी किसी कंजास से गुजरता, मैं 'जै राम जमेदर, जै राम जमेदर' रटता जाता, किन्तु इस मंत्र की गुत्थी

न दादी जानती थी और न गांव का कोई अन्य। दादी इस तरह की अनसुलझी गुत्थियों की 'इनसाइक्लोपीडिया' थी। अतः मेरे समझने का तो सवाल ही नहीं खड़ा होता था। जब मैंने काफी बड़ा होकर 'महाभारत' पढ़ा तब जाकर यह गुत्थी सुलझ पाई, वह भी यह जानने पर कि पौराणिक वीर अर्जुन के पौत्र राजा परीक्षित के बेटे का नाम जनमेजय था, जिन्होंने सांपों को मारने का एक 'सर्पयज्ञ' कराकर उन्हें हवनकुंड में जला दिया था। तभी से धरती के सारे सांप जनमेजय का नाम सुनते ही अपनी जान बचाने के लिए भाग जाते हैं। जनमेजय ने सांपों से क्रुद्ध होकर इस सर्पयज्ञ को इसलिए कराया था क्योंकि तक्षक नाग के काटने से उनके पिता परीक्षित की मृत्यु हो गई थी। दादी इसी पौराणिक गाथा को सम्भवतः अपनी दादी से सुनकर जनमेजय का तद्भव अपनी भाषा में 'जमेदर' कहती थी। दादी के इस मंत्र की सच्चाई चाहे जो भी हो, मैं जब तक गांव में रहा, 'जै राम जमेदर' के दम पर ही भुतनी नागिनों को भगाता रहा।

छुट्टी के दिन दलित बस्ती के अन्य बच्चों के साथ मैं भी गोरू यानी घर के पालतू जानवरों गाय, भैंस और बकरियों को चराने के लिए ले जाता था, या यूं कहिए कि चराने जाना पड़ता था। संयोगवश दूब वाली घास की चरागाहें मुर्दहिया के ही जंगली क्षेत्र में थीं। इसलिए वहीं चराने की मजबूरी थी। गर्मियों के दिन में इन जानवरों को चराते समय कभी-कभी एक अनहोनी हो जाती थी, वह थी सियारों द्वारा बकरियों का अचानक मुंह से गला दबाकर मार डालना। हम बच्चे जानवरों को चरने के लिए छोड़ छोटे-छोटे पेड़ों पर चढ़कर 'लखनी' अथवा 'ओल्हापाती' नामक खेल खेलने लगते थे। इस खेल में एक-दो फीट-पतली लकड़ी पेड़ के नीचे रख दी जाती, फिर एक लड़का पेड़ से कूदकर उस लकड़ी जिसे 'लखनी' कहा जाता था, को उठाकर अपनी एक टांग ऊपर करके उसके नीचे से फेंककर पेड़ पर पुनः चढ़ जाता था। जहां लखनी गिरती थी, पेड़ के नीचे खड़ा दूसरा लड़का उसे उठाकर दौड़ता हुआ पुनः पेड़ के नीचे आकर उसी लखनी से पहले वाले को जमीन से ऊपर कूदकर छूने की कोशिश करता, वह भी सिर्फ एक बार में। यदि उसे छू लिया तो पेड़ चढ़े लड़के को मान लिया जाता कि वह अब 'मर' चुका है, इसलिए वह खेल से बाहर हो जाता था। फिर लखनी से छूने वाला लड़का विजेता हो जाता। इस 'मरे' हुए लड़के को पेड़ के नीचे खड़ा होना पड़ता तथा विजेता पेड़ पर चढ़ जाता और खेल की वही प्रक्रिया पुनः दोहराई जाती। परिणामस्वरूप कोई मरता और कोई विजेता बनता रहता। मुर्दहिया पर खेला जाने वाला यह खेल हम बच्चों के बीच अत्यंत मनोरंजक होता था, किन्तु इसी मनोरंजन के दौरान प्रायः सियारों का बकरियों पर हमला हो जाता था और बकरियों का गला उनके तेज जबड़ों में दबते ही वे मुश्किल से मात्र एक बार जोर-जोर से बें-बें करके शांत हो जाती। उनकी ये बें-बें सुनकर जब तक

हम बच्चे अपनी लाठियां लेकर सियारों को दौड़ाकर भगाते, तब तक उन बकरियों की कथित 'आत्मा' को वास्तविक शांति मिल चुकी होती। लखनी का हमारा यह खेल भुतही मुर्दहिया को फिर से मंचित कर देता। हम सभी बच्चे मरी बकरी को ठिठराते हुए बस्ती में डरते-डरते आते। ऐसी बकरियों की मसालेदार दावतें तो लोग खूब उड़ाते, किन्तु बकरी चराने वाले बच्चे की पिटाई हर दावत के पहले एक आवश्यक कर्मकांड बन चुका था। एक बार हमारा एक बकरा इसी लखनी के खेल में सियारों का शिकार बन गया। यह बकरा मनौती वाला था, जिसकी बलि चमरिया माई को देनी थी। जब मैं उसी ठिठराने की प्रक्रिया से बकरे को लेकर घर पहुंचा तो वही पूर्वोक्त आवश्यक कर्मकांड शुरू हो गया। ऐसे कर्मकांडों के शास्वत पुरोहित वही मेरे अति गुस्सैल नग्गर चाचा हुआ करते थे। मेरी तत्काल जो धुनाई हुई, वह तो हुई ही, किन्तु कई दिनों तक समय-समय पर चेचक की शिकार मेरी ज्योतिविहीन दाईं आंख उनके रौद्र संचालित जबान का असली निशाना बनी रही। बार-बार दोहराई जाने वाली वह पुरानी 'कनवा-कनवा' की बौछार उन सियारों के जबड़ों से कई गुना ज्यादा तेजी से मेरे मस्तिष्क को बेधती थी। चूंकि वह चमरिया माई को बलि चढ़ाने वाला मनौती का बकरा था, इसलिए किसी अनहोनी का मानसिक भय काफी दिनों तक मुझे सताता रहा। दादी ने अगियारी करनी शुरू कर दी। उसने चमरिया माई का बार-बार जाप करते हुए एक दूसरे बकरे के साथ छौना, यानी सूअर के बच्चे की भी बलि चढ़ाने की मनौती की, साथ ही मुझे माफ कर देने की भी विनती की। दादी कहती थी कि चमरिया माई को छौना बहुत पसंद है, इसलिए उसकी बलि पहले दी जाएगी। कुछ दिनों के बाद लगभग चार किलो का एक छौना खरीदा गया। दादी ने कहा कि इसकी बलि मेरे ही हाथों दी जाएगी, तभी चमरिया माई मुझे माफ करेंगी। मैं बहुत घबराया हुआ था। इसलिए बलि देने में मुझे जरा भी हिचक नहीं हुई। उस छौने को हम चमरिया माई के उसी कंटीली झाड़ी वाले टीले पर ले गए। इस टीले को 'कोटिया माई' का थान भी कहा जाता था। मेरे एक चचेरे भाई चौधरी चाचा के सबसे छोटे बेटे सोबरन मेरे साथ लाठी लेकर गए। वे छौना को लिटाकर लाठी को उसके पेट के बीचोबीच रखकर ताकत के साथ उसे दबा रखा ताकि वह उछले नहीं। लाठी से दबाते समय छौना जोर-जोर से चोकरने लगा। मैं बिल्कुल डर गया, किन्तु दादी की हिदायत के अनुसार मैंने हिम्मत जुटाकर साथ ले गए एक छोटे से गड़ासे को फिर से पत्थर पर घिसकर उसकी धार को और तेज किया और एक बार जोर से बोला : "बोला बोला चमरिया माई की जै।" मेरे साथ यह नारा सोबरन भैया ने भी दोहराया, फिर मैंने गंड़ासे को छौने की नटई की तरफ खड़ा करके आंखें मूंदकर अधाधुंध रेतने लगा। छौने का चोकरना कई बार तेज होकर शीघ्र ही शांत हो गया और उसकी गर्दन बिल्कुल अलग। मैंने दादी के कहने के ही

अनुसार बहते हुए खून को हाथ में रोप कर चमरिया माई के थान पर रखे हुए मिट्टी के हाथी घोड़ों के ऊपर छिड़क दिया और सियार द्वारा बलि के बकरे को मार डालने के अपने गुनाह के लिए उनकी विनती की। इसके बाद हम बलि चढ़ाये छौने को लेकर घर वापस आ गए। हमारे घर के सभी लोग सूअर का मांस खाते थे, किन्तु एक परम्परा के अनुसार जहां रोज का खाना मिट्टी से बने चूल्हे पर लकड़ी जलाकर पकाया जाता, वहां इसे कभी नहीं पकाया जाता, जबकि मुर्गा, मछली तथा बकरे का मांस वहां पकता था। सूअर का मांस हमेशा घर के बाहर खुले मैदान में ईंट का चूल्हा बनाकर बड़े हंडे में पकाया जाता था। सूअर का मांस हमेशा मुन्नर चाचा पकाते और सबको वे ही बांटते भी थे। उस दिन जब मेरे द्वारा बलि वाला छौना पकाया जा रहा था, तो मुन्नर चाचा ने मुझे एक छोटा-सा बांस का सोटा पकड़ाकर कहा कि बटुले (हंडा) की तरफ ध्यान से देखते रहना, वरना सूअर का बच्चा निकलकर भाग जाएगा। मैं छौने के भाग जाने की उस कल्पित सम्भावना से चिन्ताग्रस्त होकर बड़ी मुस्तैदी से वहां खड़ा रहता। मुझे बार-बार यह संदेह होता कि जिस छौने को मैंने ही काटा है, वह पकते समय बटुले से निकलकर कैसे भाग सकता है, किन्तु घर के उस घोर अंधविश्वासी वातावरण में मैं इस कोरी कल्पना को भी अकाट्य सत्य समझने पर मजबूर था। मुझे यह मनोवैज्ञानिक भय भी सताता रहता कि यदि छौना बटुले से भाग गया, तो गुसौल नगार चाचा का मुकाबला कैसे करूंगा? मुझे बाद में समझ में आया कि मुन्नर चाचा का वह एक निर्दोष मजाक था। बाद में बस्ती के अन्य लोगों में यह मजाक फैल गया और लोग इस घटना को दोहरा-दोहराकर खूब मजा लेने लगे। किन्तु जब तक मैं इस मजाक में निहित मनोरंजन की सच्चाई को समझूं, उसके पहले लाठी लेकर सूअर पकते बटुले की कई बार रखवाली कर चुका था। मेरी दादी भी खूब हंसती और कहती : "त मुरूख हउवे रे।" इस तरह की एक विचित्र मूर्खता का शिकार मैं लगभग उसके कुछ ही दिन बाद कक्षा तीन में पढ़ते हुए स्कूल में बन गया था। मेरी कक्षा के सहपाठी मुल्कू ने एक दिन अपने गांव हनौता से बड़े-बड़े बेर के फल लाए थे। उन्होंने कुछ बेर मुझे भी दिया। एक बेर खाते खाते उसका बीज भी अचानक घोंट लिया। साथ ही बेर खा रहे मुल्कू ने जब बेर का बीज घोटते हुए देखा, तो तुरंत उन्होंने अन्य बच्चों से कहना शुरू कर दिया कि इसने (मैंने) बेर का बीया (गुठली) घोंट लीया है और अब इसके पेट को फाड़कर बेर का पेड़ निकलेगा। इतना सुनते ही अन्य बच्चे भी इस 'सत्य' को दोहराने लगे। डर के मारे मैं बेहाल हो गया। कई दिनों तक पेट से पेड़ निकलने की आशंका से ग्रस्त होकर ठीक से सो नहीं सका। डर के मारे घर में भी किसी से कुछ न बताया। चुपके से चमरिया माई को धार और पुजौरा चढ़ाने की मनौती माना और विनती की कि हे चेमरिया माई! उस सम्भावित पेड़ को पेट में नष्ट कर दे। कई दिनों बाद कक्षा

के मेरे सबसे गहरे साथी संकठा सिंह, जिन्होंने मुझे अक्षर लिखना सिखाया था, के समझाने पर मैं समझ पाया कि पेट में किसी भी बीज से पेड़ नहीं निकलता। मैंने बाद में चमरिया माई को मनौती वाला धार-पुजौरा उसी स्थान पर जाकर चढ़ाया। इस घटना के बाद कई वर्षों तक मैं मनोवैज्ञानिक भय के कारण बेर खाने से घबराता रहा। सूअर पकते बटुले की रखवाली तथा पेट से बेर के पेड़ के उगने की सम्भावना वाली मूर्खताओं को याद करके मैं आज भी एक विचित्र ढंग से स्वयं को गौरवान्वित महसूस करता हूं।

सन् 1957 का वर्ष मेरे साथ-साथ गांव की सारी बस्ती के लिए बहुत घटनाप्रधान था। मुर्दहिया के पास वाली सीवान भर्थैया के घने जंगल में हमारे गांव के एक अहीर पौहारी बाबा (पावहारी बाबा) एक झोंपड़ी बनाकर रहते थे। उनकी झोंपड़ी से आधा किलोमीटर दूर एक पेड़ के नीचे मचान बनाकर पड़ोसी गांव टड़वां के एक 'फक्कड़ बाबा' रहते थे। फक्कड़ बाबा लगभग नंग-धड़ंग रहते थे। वे सिर्फ एक डेढ़ फीट लम्बी पतली-सी कपड़े की चीर आगे-पीछे अपनी करधनी में लपेटे रहते थे। पूरी देह में वे कंडे की राख हमेशा पोते रहते थे। जाड़े के दिनों में भी वे बिना कुछ ओढ़े सोते थे तथा किसी से कभी कुछ नहीं बोलते। वे पूर्णरूपेण मौनव्रती थे। उनके बारे में तरह-तरह की किंवदंतियां फैली हुई थीं। कोई कहता कि वे भूतपूजक हैं, तो कोई उन्हें साक्षात जिन्दा भूत समझता। उनके मचान के आसपास कोई कभी नहीं जाता, खास करके जंगल में घास काटने वाली औरतें उनसे बहुत डरती थीं, क्योंकि उनके बारे में यह भी प्रचलित था कि वे औरतों को सम्मोहित करके देह शोषण करते हैं। वे कभी-कभी घूमते हुए हमारे गांव भी आते थे और लोग उन्हें पैसा और सिद्धा (आटा, दाल आदि) देते। वे बिना कुछ बोले उसे लेकर वापस चले जाते। वे प्रतिदिन मिट्टी की हंड़िया में कंडे की आग पर दिन में सिर्फ एक बार खाना पकाकर खाते। इन तमाम विचित्रताओं के बीच एक दिन फक्कड़ बाबा को घसियारों ने मचान के बाहर मरा पड़ा देखा। शीघ्र ही उनके मरने की खबर क्षेत्र के अनेक गांवों में फैल गई। धीरे-धीरे उनके मचान के पास गांव का गांव उमड़ पड़ा, हजारों की भीड़ लग गई। क्योंकि फक्कड़ बाबा इन तमाम विवादमय अफवाहों के बीच चहुंदिश चर्चा में हमेशा बने रहते थे। मेरे पिता जी भी उनकी लाश को देखने गए थे। लौटकर उन्होंने बताया कि कुछ आदमी रात में उन्हें 'घाठा लउर' देकर मार डाले थे, शायद पैसों के लालच में। 'घाठा लउर' के बारे में पिता जी ने परिभाषित करते हुए बताया कि दो लाठियों के बीच आदमी की नटई दबाकर उसका दम घोट दिया जाता है। इसी को घाठा लउर कहा जाता है जिससे बहुत घुट-घुटकर तकलीफ के बाद कोई आदमी मरता है और आवाज नहीं निकलती। पिता जी ने यह भी बताया कि 'घाठा लउर' से मारे जाने की पहचान मृतक के गले में नीला निशान

बन जाने तथा जीभ के मुंह से बाहर निकल जाने से होती है, जैसा कि फक्कड़ बाबा के साथ हुआ था। फक्कड़ बाबा की हत्या से हमारे गांव में बड़ी दहशत फैल गई। अफवाह उड़ गई कि इलाके के सारे भूत आएंगे और इकट्ठा होकर लोगों से चुन-चुनकर फक्कड़ बाबा की हत्या का बदला लेंगे। भूतों का भय इतना फैल गया कि लोगों का भर्थैया की तरफ जाना बंद हो गया। हमारे गांव के कई दलित भूतों की पूजा करते थे और उनमें से हर एक के भूत बाबा अलग-अलग पीपल के पेड़ों पर रहते थे। हमारे घर के भूतबाबा वहीं पड़ोसी गांव दौलताबाद के पास वाले पुराने पीपल के पेड़ पर रहते थे। उस भूतबाबा को खुश करने के लिए फक्कड़ बाबा की हत्या के बाद पहली बार मुन्नर चाचा मुझे अपने साथ ले गए। हम लोग साथ में एक हंड़िया दूध, एक सेर चावल तथा कुछ भेली और गाय-बैल के गोबर से बने हुए सूखे गोइंठे को भी ले गए थे। गोइंठे का अहरा लगाकर हंड़िया के दूध में चावल और भेली डालकर 'जाउर' (खीर) पकाई गई, जिसमें से थोड़ा उस भूतबाबा वाले पीपल के पेड़ की जड़ पर चढ़ाया गया तथा एक लंगोट उसकी एक डाली में उस पर चढ़कर मैंने बांध दिया। शेष जाउर को घर लाया गया जिसे परिवार के सभी लोग प्रसाद के रूप में खाये। इस चढ़ावे के बाद दादी का कहना था कि अब फक्कड़ बाबा की हत्या का बदला लेने वाले किसी अन्य भूत को हमारे खानदानी भूतबाबा हमारे परिवार के आसपास नहीं फटकने देंगे। दादी की इस बात से घर के सारे लोग पूर्णरूपेण आश्वस्त हो गए थे। बाद में ऐसी पूजाओं के लिए मुझे अकेला भेजा जाने लगा था। इस तरह की पूजाओं में भाग लेने के कारण मेरे अंदर एक अलग ढंग का विश्वास जगने लगा जिसके कारण धीरे-धीरे मेरे मस्तिष्क से भूतों का डर दूर होने लगा। क्योंकि मुझे पूरा विश्वास होने लगा कि जब मैं स्वयं भूतबाबा को जाउर तथा लंगोट चढ़ाने जाता हूं, तो फिर उनसे डर कैसा? इसी बीच वर्षा के दिनों में मेरे सिद्धहस्त 'मछरमरवा' पिता जी ने गांव के ताल के अंदर एक अखन्हा बांधा। पानी के अंदर गीली मिट्टी से गोल दीवार उठाकर पानी की सतह तक लाकर उसके ऊपर का हिस्सा हाथ से लीपकर चिकना बना दिया जाता है तथा गोल गड्ढे से छोटी हंड़िया से पानी निकालकर खाली कर दिया जाता है। इसी को अखन्हा बांधना कहते हैं। इस तरह के अखन्हा में मछलियां वहां से गुजरते हुए उसमें कूदने लगती हैं। पिता जी एक दिन रात में ऐसे ही ताल के एक अखन्हा से गगरी भरकर मंगुर तथा गिरई लेकर आ रहे थे। ताल के पास ही परसा नाम की सीवान में स्थित उस भुतहे पीपल के पास ही कुछ आम के पेड़ थे। रास्ता इन्हीं पेड़ों से होकर हमारे घर की तरफ आता था। पेड़ के पास पहुंचते ही पिता जी गगरी भरी मछलियां पटककर हांफते हुए भागकर घर पहुंचे। उनकी हालत बहुत खराब थी। पूछने पर घरवालों को उन्होंने डरते हुए बताया कि परसा का भूत आम के पेड़ों पर एक-एक पत्ती पर दीया

जलाए हुए था। इसलिए किसी अनहोनी से डरकर मैं गगरी वहीं पटक भाग आया। लोग बड़ी आसानी से विश्वास कर लिये। मैं भी उस रात बहुत डरा हुआ था। किन्तु यह तथ्य मेरे दिमाग में एक संदेह अवश्य पैदा किये हुए था कि इतने अधिक चिराग पेड़ पर कैसे जलेंगे? ठीक दूसरे दिन दलित बस्ती के आसपास के पेड़ों पर रात में देखा कि हजारों जुगनू जलते-बुझते, चमकते हुए साफ नजर आ रहे थे। मैंने दादी को बताया कि लगता है, इन्हीं जुगुनुओं को पिता जी ने परसा के भूत का दीया जलाना समझ लिया था। दादी ने मेरा हवाला देकर यह बात घर में सबको बताई। यह बात सुनकर नग्गर चाचा अपने पुराने ढर्रे वाली शाबाशी देते हुए बोल पड़े : ''कनवा एकदम सही कहत हौ।'' शायद यह मेरे जीवन की पहली बुद्धिवादी तर्कणा थी।

हमारे गांव की बभनौटी के पूरब दो पोखरे थे जिनमें से एक पुराना पोखरा दलित बस्ती के उत्तर में बहुत पास ही उसी चमरिया माई के स्थान के पास था। इस पोखरे के चारों तरफ भीटे के ऊपर बहुत पुराने बड़े इमली, पीपल और चिलबिल के पेड़ थे, जिन पर अनेक किस्म के पक्षियों के खोते थे। एक इमली के पुराने पेड़ पर मात्र एक जोड़ा उल्लुओं का था, किन्तु चमगादड़ों का बहुत बड़ा जमघट था। थोड़ी दूर पर दलित बस्ती के पास एक बहुत पुराना बरगद का पेड़ था जो धीरे-धीरे ठूंठा होता जा रहा था। इस ठूंठे बरगद पर सैकड़ों गिद्धों का बसेरा था। रात में अचानक मादा गिद्धों की चोकराहट से सारा वातावरण बड़ी कर्कशता के साथ जाग्रत् हो जाता था। गांव के लोग कहते गिद्धों का प्रेमालाप चल रहा है। कई अवसरों पर गांव के अल्पवयस्क ब्याहता युवक आपस में बतियाते हुए सुनाई देते कि अमुक रात को गिद्धों से प्रेरित होकर वे ठीक से नहीं सो सके। किन्तु उस पुराने पोखरे के पेड़ों पर कभी-कभी देर रात को किसी कारणवश दूसरे पक्षी भी चें'चें कर उठते, विशेष रूप से जब उल्लुओं का वह जोड़ा कुडुक-कुडुक करके जोर से चहकता तो उनकी एकदम अलग आवाज बड़ी दूर तक सुनाई पड़ती। उस आवाज को पूरा गांव अपशकुन मानता था। मेरी दादी की तरह अनेक औरतें यह कहतीं कि भूतों की पोखरे पर जब पंचायत होती है, तो उल्लू कुडुकते हुए शंख बजाते हैं जिससे पता चलता है कि ब्राह्मण भूतों की पंचायत हो रही है। हमारे गांव के पेड़ों पर एक चिड़िया महोखा जैसी लगती थी, वह खो-खो करते हुए बोलती थी जिसे औरतें मरखउकी कहती थीं। यह मरखउकी भी बड़े अपशकुन की प्रतीक थी। इस मामले में गांव के कौए पार्ट टाइम अपशकुन थे। जब कभी कोई उड़ता हुआ कौआ किसी को पैरों या चोंच से मार देता था, तो इसे भी अपशकुन माना जाता। यह अपशकुन इतना खतरनाक मान्ना जाता था कि तुरंत घर के किसी व्यक्ति को सबसे नजदीकी रिश्तेदार के घर भेजकर यह संदेश दिया जाता कि अमुक व्यक्ति की मृत्यु हो गई। मृत्यु की खबर सुनकर रिश्तेदार

औरतों का तत्काल रोना शुरू हो जाता, लेकिन शीघ्र ही उन्हें बता दिया जाता कि मृत्यु नहीं, बल्कि कौए ने चोच मारी है। इस विधि से कौए का अपशकुन दूर किया जाता था। किन्तु ये कौए स्थायी अपशकुन नहीं होते थे, बल्कि जब वे किसी के घर या झोंपड़ी की बड़ेर पर चढ़कर कांव कांव करते, तो घर की औरतें खुश होकर कौओं को दाने खिलातीं, क्योंकि उनको विश्वास था कि बड़ेर पर कांव-कांव में किसी नजदीकी रिश्तेदार के घर आने की सूचना होती थी। वैसे सच्चाई तो यह थी कि हमारे गांव में निर्वंश जंगू पांड़े, विधवा पंडिताइन, पोखरे वाला उल्लू, खो-खो करने वाली मरखउकी चिड़िया और मैं स्वयं, हम पांचों असली अपशकुन थे जिन्हें देख-सुनकर लोगों की रूह कांप जाती थी। उधर मुर्दहिया के पलाश के टेसू जब मुरझाकर जमीन पर गिरने लगते तो उनकी जगह सेम की चिपटी फलियों की जैसी पलाश की भी छह-सात इंच लम्बी-चिपटी फलियां जिन्हें दादी टेसुल कहती थी, निकलने लगतीं। कुछ दिन बाद ये टेसुल सूखकर गिर जाती थीं। मेरी दादी इन टेसुलों को मुझसे घर पर लाने के लिए कहती। वह टेसुलों को फाड़कर उसी तांबे के बड़े सिक्कों डब्बल की तरह दिखाई देने वाले बीजों को निकालकर एक बड़ी सींग में रखती। जब किसी बच्चे के पेट में केंचुआ या अन्य कीड़े पैदा हो जाते तो दादी सींग से पलाश के कुछ बीज निकालकर देती और सिल लोढ़े से थोड़े पानी के साथ उसका रख यानी घोल बनाकर पिलाने को कहती जिससे सभी कीड़े मरकर बाहर निकल जाते थे। पलाश के बीज पेट के कीड़ों को मारने की एक अचूक दवा थे। दादी घर में बड़ी पुरानी-पुरानी बैलों की बड़ी-बड़ी सींगें रखे हुए थी। इन सींगों में वह हींग समेत अनेक प्रकार की खरबिरिया दवाएं रखती थी। एक सींग में वह साही नामक जानवर की सूखी हुई अंतड़ियां-पोटियां भी रखती थी। हमारे गांव की मुर्दहिया के जंगल में साही पाई जाती थी। कभी-कभी गांव के युवक मिल-जुलकर साही को ढूंढ़कर दौड़ा-दौड़ाकर लाठियों से मार डालते थे। साही का मीट बहुत स्वादिष्ट होता था। मैंने भी कई बार साही का मीट खाया था। जब भी साही मारी जाती, दादी उसकी अंतड़ियों पोटियों को खूब साफ करवाकर पानी में धुलवा लेती और सूखने के बाद ये अंतड़िया सूखी लकड़ी की तरह चटाचट टूट जातीं। दादी इन्हें सींग में भरकर रख लेती। जब किसी का पेट दर्द करता, थोड़ी सी अंतड़ी-पोटी तोड़कर उसे सिल पर दो चम्मच पानी डालकर वही रख बनाकर सुतुही से पिला देती। पेट दर्द तुरंत बंद हो जाता। दालचीनी तथा बांस का सींका पीसकर ललाट पर लगाने से सिरदर्द बंद हो जाता था। दादी इस तरह एक बैद्य भी थी। वह पैसों की रेजगारी को भी सींग में रखती थी। दलित बस्ती की कुछ अन्य बुढ़िया औरतें भी इस तरह के काम के लिए सींग का इस्तेमाल करती थीं। जाहिर है मरे पशुओं का डांगर खाने वाले दिनों में दादी बड़ी बड़ी सींगों को भी मुर्दहिया से काट लाती थी। वर्षों बाद जब मैंने बौद्ध

त्रिपिटक पढ़ा तो उससे पता चला कि गौतम बुद्ध के महापरिनिर्वाण के ठीक सौ साल बाद करीब चौबीस सौ वर्ष पूर्व वैशाली में विद्वान भिक्षुओं की द्वितीय महासंगीति यानी बुद्ध के उपदेशों का संगायन हुआ तो उसमें दस संशोधन किये गए थे, जिनमें पहला ही संशोधन था 'सिडि.लोण काप्प' यानी भिक्षा के समय जानवर की एक खाली सींग में नमक भरकर ले जाना। विनय पिटक में किसी बौद्ध भिक्षु के लिए किसी भी प्रकार की खाद्य सामग्री या धनसंचय की मनाही है, किन्तु इस संशोधन से मौलिक बौद्ध नियमों का उल्लंघन हुआ। इसका मूल कारण यह था कि भिक्षा में अकसर नमक नहीं मिलता था, इसलिए भिक्षु लोग बिना नमक का ही खाना पकाकर खाते थे। इस व्यावहारिक कठिनाई से बचने के लिए यह संशोधन किया गया था, ताकि नमक मांग या खरीदकर सींग में रखा जा सके। तभी से सींग में संचय की यह बौद्ध प्रथा जारी हुई। दादी द्वारा दवाएं तथा पैसा, यहां तक कि सूई-डोरा भी रखना सिद्ध करता है कि हमारे खानदान वाले सदियों पूर्व कभी खांटी बौद्ध अवश्य रहे होंगे। दादी की वे सींगें इसका प्रमाण हैं।

मुर्दहिया के संदर्भ में सन् 1957 का 'भादों' का महीना मेरे जीवन का एक विशेष यादगार वाला महीना है। उस समय हिन्दू धर्म के अनुसार 'खरवांस' यानी बहुत अपशकुन वाला महीना था। इस बीच मेरे पिता जी जिस सुदेस्सर नामक ब्राह्मण की हरवाही करते थे, उनकी बुढ़िया मां मर गई। उनके ही पट्टीदार अमिका पांड़े ने 'पतरा' देखकर बताया कि अभी पंद्रह दिन खरवांस है, इसलिए मृत मां का दाह-संस्कार नहीं हो सकता। यदि ऐसा किया गया तो माता जी नरक भोगेंगी। उन्होंने सुझाव दिया कि माता जी की लाश को मुर्दहिया में एक जगह कब्र खोदकर गाड़ दिया जाए, तथा पंद्रह दिन बाद निकालकर लाश को जलाकर दाह-संस्कार हिन्दू रीति से किया जाए। मेरे पिता जी मुझे लेकर मुर्दहिया पर कब्र खोदने गए। वे फावड़े से कब्र खोदते रहे और मैं मिट्टी हटाता रहा। जब कब्र तैयार हो गई तो सुदेस्सर पांड़े अपने पट्टीदारों के साथ लाश को लाकर उस कब्र में डाल दिए। तुरंत उसको मिट्टी से पाट दिया गया। दफनाने से पहले टोटकावश सुदेस्सर पांड़े ने कफन के एक कोने में सोने की मुनरी गठिया दी थी। एक अंधविश्वास के अनुसार किसी लाश के कफन में सोना बांधने से वह जल्दी नहीं सड़ेगी। ऐसा ही ब्राह्मणों के सुझाव पर किया गया था। पिता जी ने कुछ कंटीली अकोल्ह की झाड़ियां काटकर कब्र के ऊपर डाल दी थीं, ताकि लाश को सियारों से बचाया जा सके। ऐसा करके सभी अपने घर लौट आए। सुदेस्सर पांड़े रोज मेरे पिता जी को मुर्दहिया पर भेजते कि वे कब्र को देख आवें, क्योंकि सियारों द्वारा खोदकर लाश को खा जाने की आशंका हमेशा बनी रहती थी। पिता जी काम में व्यस्तता के कारण दो-चार दिन बाद स्वयं न जाकर मुझे कब्र देखने के लिए शाम के समय स्कूल से लौटते हुए मुर्दहिया पर जाने की हिदायत देते

रहे। मैं वैसा ही करता था किन्तु कब्र के नजदीक नहीं जाता। थोड़ी दूर से ही देख लेता। वैसे स्कूल का रास्ता भी मुर्दहिया के पास से ही गुजरता था। इस तरह पंद्रह दिन जैसे-तैसे बीत गए और पिता जी के साथ मेरी भी कब्र की रखवाली की अवधि समाप्त हो गई, साथ ही खरवांस भी गुजर गया। अब बारी थी पांड़े की माता जी को कब्र से बाहर निकालकर उनकी लाश को जलाने की। मेरे पिता जी उन पंद्रह दिनों के दौरान प्रायः यह कहते थे कि कहीं कोई चोर-डाकू उस सोने की मुनरी के लालच में कब्र खोदकर लाश को बाहर न कर दे। यदि ऐसा हुआ तो बड़ा अनर्थ होगा। सुदेस्सर पांड़े की हरवाही से पिता जी का इतना लगाव था कि वे उनकी माता जी की लाश को लेकर पांड़े से कहीं ज्यादा चिन्तित रहते थे। आखिर लाश निकालने का समय अमिका पांड़े के उस दैवी पतरा के अनुसार निर्धारित किया गया। सुदेस्सर पांड़े दो-चार फावड़ा मिट्टी हटाकर दूर खड़े हो गए। सडायंध आने के डर से उनके पट्टीदार भी दूर भाग गए। पिता जी कब्र की मिट्टी फावड़े से हटाते रहे। किनारे लाई गई भुरभुरी मिट्टी फिर से कब्र में न गिरने पावे, इसके लिए पिता जी मुझे मिट्टी पीछे ठेलने के लिए कहते रहे। मैं वैसा ही करता रहा। अंततोगत्वा कब्र में कफन वाला सफेद कपड़ा दिखाई देने लगा। यकायक उस सड़ी लाश की दुर्गन्ध से सारा वातावरण डगमगा गया। सुदेस्सर पांड़े भी मुंह पर गमछा बांधे दूर भाग गए, और वहीं से पिता जी से कहते रहे कि वे सोने वाली मुनरी को पहले ढूंढ़कर कफन से निकाल लें। यह एक अजीब स्थिति थी। उस दिन मेरे मन में पहली बार यह बात समझ में आई थी कि किसी के लिए मां की लाश की अपेक्षा सोना कितना प्रिय था। पिता जी ने मुझे भी गमछा मुंह पर बांध लेने को कहा। मैंने वैसा ही कर लिया। उस समय सारे ब्राह्मण वहां से चम्पत हो गए। सुदेस्सर पांड़े भी दूर ही खड़े रहे। पिता जी ने जैसे-तैसे सड़ी लाश को पैर की तरफ से उठाकर मेरे हाथों में पकड़ा दिया और स्वयं सिर की तरफ से पकड़ लिया। आपार दुर्गन्ध और घृणा से मजबूर हम दोनों ने उस लाश को बाहर निकालकर पहले से ही पास में सजाई चिता पर रख दिया। कफन से छुड़ाकर उस सोने की मुनरी को धूल से रगड़कर पिता जी ने सुदेस्सर पांड़े के हवाले कर दिया। वे बड़ी मुश्किल से मुंह-नाक बांध लाश के पास आए और आग जलाकर चिता को जला दिए। पांड़े पुनः भागकर दूर चले गए। वहां सिर्फ मैं और पिता जी खड़े रहे और लाश को जलाते रहे। इस बीच आग कम होती देखकर पिता जी ने पलाश की डालियां तोड़कर चिता में डाल दीं। उधर सूरज डूबने वाला था। धीरे-धीरे अंधेरा फैल रहा था। बड़ा डर लगने लगा। जैसे-तैसे लाश जलाई गई और हम घर फावड़ा लेकर वापस आ गए। हमारे घर के पीछे एक छोटी-सी पोखरी थी। हम उसमें जाकर खूब नहाये। पिता जी ने नहाने के बाद उसी अपने द्वारा लगाए गए पीपल के पेड़ की जड़ के पास घी का दीया जलाकर पूजा की। पूजा की विधि

उनकी वही चिर-परिचित रो-रोकर किसी से बातें करने वाली जैसी उस दिन भी रही। मुर्दहिया न जाने कितने वर्षों से अनगितन लोगों के दुख-दर्द को जलाकर राख करती आ रही थी। और न जाने कितने लोगों के दुख को अपनी धरती में दफना लिया था। और आगे भी इन दुखों को जलाती-दफनाती रहेगी। उस दिन मुझे भी बड़ी गहराई से अनुभूति हुई थी कि मेरे भी अंदर एक मुर्दहिया जन्म ले चुकी थी, जिसमें भविष्य के न जाने कितने ही दुख-दर्द जलने और दफ्न होने वाले थे। जब मैं पंद्रह वर्ष की अवस्था में हाई स्कूल पास करने के बाद पढ़ाई छूट जाने के कारण घर से 1964 में भागा तो उसी मुर्दहिया से होकर अंतिम बार गुजरा था। वैसे तो मैं अकेला ही था, किन्तु हकीकत तो यही थी कि चल पड़ी थी मेरे साथ मुर्दहिया भी। जब मुझे यह मालूम हुआ कि दुनिया में दुख है, दुख का कारण है और उसका निवारण भी, तो ऐसा लगा कि इस सत्य को ढूंढ़ने से पहले तथागत गौतम बुद्ध कभी न कभी मेरी मुर्दहिया से अवश्य गुजरे होंगे।

3

अकाल में अंधविश्वास

जैसे-तैसे अपरम्पार भय और दहशत के बीच सन् सत्तावन बीता। गांव वाले कहते थे कि यह संख्या सताने वाली होने के कारण ही सत्तावन कहलाती है। किन्तु सन् अट्ठावन भी सत्तावन से भिन्न नहीं था। नौ ग्रहों के मेल से उत्पन्न अनिष्टकारी सम्भावना तथा मुड़कटवा, धोकरकसवा एवं लकड़सुंघवा बाबाओं का आतंक जारी रहा। किसी भी साधु या लम्बी दाढ़ी वाले व्यक्ति को देखते ही लोग इधर-उधर भागने लगते थे। सबसे बुरा हाल छोटे-छोटे बच्चों का था। स्कूल जाने वाले बच्चे सबसे ज्यादा डरते थे। मैं उस समय कक्षा चार में पहुंच गया था। बहुत दिनों तक आसपास के गांवों के बच्चों के साथ हम झुंड बनाकर स्कूल जाते थे। हमारा स्कूल मिट्टी की दीवार वाला चार कमरों का एक खपड़ैल मकान था जिसके एक कमरे में एक तरफ ढेर सारा चैला तथा गोहरा रखा हुआ होता तथा दूसरी तरफ खाना बनाने के लिए मिट्टी का चूल्हा होता था जिस पर प्राइमरी स्कूल के पांचों अध्यापकों का रोज दोपहर का खाना पकाया जाता था। अतः पांच कक्षाओं में से सिर्फ तीन कक्षाओं के ही छात्र स्कूल में बैठ सकते थे। वैसे भी खाना पकाने से उठते धुएं के फैल जाने से छात्रों को बहुत परेशानी होती थी, इसलिए अधिकतर कक्षाएं स्कूल के पास स्थित शिव मंदिर के बगल में पोखरे के किनारे पेड़ों के नीचे लगती थीं। हम सुबह स्कूल पहुंचते ही पोखरे पर दौड़ते हुए जाते और किसी घनी छाया वाले पेड़ के नीचे जगह छेंकते ताकि धूप से बचते हुए दिन भर वहां पढ़ सकें। कभी-कभी घनी छाया वाले पेड़ के नीचे कब्जा करने की होड़ में अन्य कक्षाओं के छात्रों से मार-पीट तक हो जाती थी। इसकी शिकायत हेडमास्टर तक पहुंच जाती। एक दिन हेडमास्टर परशुराम सिंह ने फैसला दिया कि कोई भी घनी छाया वाला पेड़ किसी एक कक्षा के लिए निर्धारित नहीं रहेगा, बल्कि जिस किसी कक्षा के छात्र वहां पहले पहुंचेंगे, वे ही उस पेड़ के नीचे बैठेंगे। हम सिर्फ कक्षा दो तक स्कूल के अंदर बैठकर पढ़े थे। बाकी पांचवीं तक विभिन्न पेड़ों के नीचे हमारी शिक्षा जारी रही। इन पेड़ों पर गौरैया तथा कौओं

की भरमार थी। ये ही हमारे सहपाठी होते थे। वर्षों बाद यह समझकर बड़ी संतुष्टि की अनुभूति हुई कि पूरा का पूरा भारतीय दर्शन ही पेड़ों के नीचे सोचा गया था, जिनमें सर्वोपरि थे गौतम बुद्ध जिन्होंने 'निर्वाण' यानी हमेशा के लिए दुखों से छुटकारा की विधि एक पेड़ के नीचे ही ढूंढ़ निकाला था। अतः ज्ञान की उस महान परम्परा का एक सूक्ष्मतम अणु भी बनकर किसे गर्व नहीं होगा? इसलिए अब स्कूली इमारत न होने की शिकायत करने की हिम्मत नहीं होती है। घोर जाड़े के दिनों में स्कूल के सामने तथा बगल में स्थित बड़े मैदान में खुली धूप में कक्षाएं लगती थीं। मैदान में कक्षा लगने से मुझे एक बड़ा फायदा होता था। मैं गणित के प्रश्नों को चिकनी जमीन पर खपड़े से लिखकर हल कर लेता था। फिर उसे छोटे-छोटे अक्षरों में पटरी या कॉपी पर उतार लेता था। इसका एकमात्र कारण यह था कि मेरे पास कॉपी का हमेशा अभाव रहता था। इसलिए रफ के कागज बचाने के लिए जमीन पर गणित हल कर लेता था। उस समय पुड़िया में स्याही बाजार में बिकती थी जिसे पानी में घोलकर लिखा जाता था। हमें पुड़िया वाली स्याही खरीदना एक बड़ी समस्या लगती थी। अतः मेरे जैसे लगभग सभी गरीब बच्चे घर में चावल को तवे पर खूब जलाकर कोयले जैसा कर देते थे, फिर उसे सिल पर लोढ़े से पीसकर पाउडर बनाकर पानी में घोलकर स्याही बना लेते थे। इसी से हमारा काम चल जाता था। गर्मी के दिनों में प्यास लग जाना एक बड़ी समस्या थी। स्कूल के पास एक कुआं था, जिसके चबूतरे तक को हम दलित बच्चे छू नहीं सकते थे। पानी पिलाने की विनती मुंशी जी से की जाती। वे हमारी कक्षा में पढ़ने वाले परसूपुर गांव के मिसिर बाबा को पानी पिलाने के लिए कहते। मिसिर बाबा उम्र में काफी बड़े थे। वे लगभग नौ वर्ष की उम्र में पढ़ने आए थे। इसलिए मुंशी जी उनको कुएं से बाल्टी खींचकर पानी पिलाने को कहते थे। वे पानी पिलाते समय खूब खिलवाड़ करते थे। हम अंजुरी मुंह से लगाए झुके रहते, और वे बहुत ऊपर से चबूतरे पर खड़े-खड़े पानी गिराते। वे पानी बहुत कम पिलाते थे किन्तु सिर पर गिराते ज्यादा थे जिससे हम बुरी तरह भीग जाते थे। इस खेल में मिसिर बाबा का बड़ा मनोरंजन शामिल था। मुंशी जी भीगे कपड़ों को देखकर हमें खूब गाली देते और कहते कि ठीक से पानी क्यों नहीं पीते। उल्टे बाबा शिकायत करते कि यह बाल्टी की तरफ मुंह कर रहा था, इसलिए भीग गया। इस शिकायत पर और भी गाली पड़ती। पानी पीना वास्तव में एक विकट समस्या थी। कभी-कभी तो हम चुपके से पोखरे पर चले जाते; जिसका पानी गहन जलकुम्भियों से ढका रहता था। हम जलकुम्भियों को हटाकर उसका पानी पीते।

उधर साल में तीन दिन, 15 अगस्त, 26 जनवरी तथा 2 अक्तूबर के दिन पूरे प्राइमरी पाठशाला के छात्रों को गांधी टोपी पहनकर तथा हाथ में घर से बनाकर लाए हुए कागज के तिरंगे झंडे को लेकर आसपास के गांवों में प्रभातफेरी निकालना पड़ता

था। हम जुलूस में अलग झंडियां लेकर 'गांधी, नेहरू तथा सरदार पटेल जिन्दाबाद' का नारा लगाते हुए चलते तथा साथ में यह भी गाते : 'हिन्दू, मुस्लिम, सिख, ईसाई सब हैं भाई भाई।' वैसे भी प्राइमरी स्कूल में हमें गांधी टोपी रोज पहनकर आना पड़ता था। इन दिनों खासतौर पर मास्टर साहब लोग भाषण में कहते कि गांधी जी ने अछूतोद्धार के लिए लड़ा था तथा उन्होंने छुआछूत हटाया था। गांधी जी ने ही हमें आजादी दिलाई अतः हमें उनके कदमों पर चलना चाहिए। ये बातें सुनकर मैं बहुत खुश होता था किन्तु मुझे जब भी गांधी जी याद आते, अविलम्ब मुंशी जी तथा मिसिर बाबा याद आने लगते थे। विशेष रूप से एक घटना मुझे नहीं भूलती। कक्षा चार में ही एक बार मिसिर बाबा पानी पिलाने कुएं पर गए। घिर्री पर डोर चढ़ाकर बाल्टी को कुएं में डाला। मैंने कुतूहलवश कुएं के चबूतरे को एक उंगली से क्षण भर के लिए छू दिया। किन्तु मिसिर बाबा बाल्टी को कुएं में डुबाते हुए नीचे से कनखिया पीछे देख रहे थे और मुझे उंगली चबूतरे से लगाते हुए उन्होंने देख लिया। मेरे द्वारा इस महापातकी क्रिया से उनका ब्राह्मणत्व इतना आहत हुआ कि उनके हाथ से डोर छूट गई और बाल्टी कुएं की तलहटी में जा पहुंची। मिसिर शोर मचाते हुए मुंशी जी के पास दौड़े और चिल्लाते रहे कि चमरा ने कुआं छू लिया। मैं बहुत डर गया था। उस दिन मुंशी जी दिन भर रुक-रुककर गालियां देते रहे। इसके बाद मैं कभी पानी पिलाने के लिए कहने की हिम्मत नहीं जुटा पाया। मिसिर एक विचित्र किस्म के व्यक्ति थे। उनके पिता जी का बचपन में ही देहांत हो चुका था। उनकी एक बहन और चार भाई थे। उनके चाचा सिंगापुर में कोई छोटी-मोटी नौकरी करते थे इसलिए सिंगापुर से इन सबके लिए वे अच्छे-अच्छे कपड़े भेजा करते थे। मिसिर अक्सर एक सिंगापुरी चारखाने की जांघिया तथा अधबहियां पहनकर स्कूल आते थे। हमारे साथ पढ़ रही तीन लड़कियों में एक हनौता गांव की सतिया नोनियाइन थी, जो उम्र में उनकी ही तरह बड़ी थी। एक दिन सतिया के सामने वाली दूसरी कतार में बैठे मिसिर बेकाबू होकर जांघिया के नीचे से अपना एक अंग विशेष बाहर कर दिए। सतिया जोर से चिल्ला उठी, मुंशी जी! देखा ई हम्मै...देखावत हउवै। इतना सुनते ही मुंशी जी ने उस दिन मिसिर की जबर्दस्त पिटाई की। उन्होंने एक अरहर के डंडे से उन्हें बेतहाशा मारा। वे हाथ-पैर जोड़ते रह गए। उस दिन चौथी कक्षा के सारे बच्चे बुरी तरह डर गए थे। उन दिनों सवर्णों में मृत्युभोज के अवसर पर ब्राह्मणों को बुलाकर खिलाने का बड़ा प्रचलन था। मिसिर अक्सर मृत्युभोज के लिए जाया करते थे और वे कक्षा में बड़े शान से बताते रहते थे कि जब भी मृत्युभोज में निमंत्रण मिलता, वे दो दिन पहले से घर में खाना बंद कर देते थे तथा दांत में एक लौंग दबाकर रहते थे। जब कभी निमंत्रण मिले काफी दिन बीत जाते तो वे प्रायः कहते, केतना दिन होय गयल, सरवा कौनो ना मरत हौ।

पांचवीं कक्षा में जाते-जाते, हर साल दशहरा के अवसर पर मंदिर के पास लगने वाले मेले में खेली जाने वाली रामलीला में, मिसिर बाबा को सीता जी की भूमिका के लिए चुन लिया गया। स्कूल के मास्टर जी लोग ही मंदिर के बाबा हरिहर दास के सहयोग से रामलीला करवाते थे। सीता जी के वेश में साड़ी पहने मिसिर बाबा एकदम युवती कन्या जैसे दिखाई देते थे। तमाम दलित लड़कों को रावण की सेना में विभिन्न राक्षसों की भूमिका दी जाती थी। हम राक्षस बने रामलीला में रोज मरते रहते थे। बाद में रामलीला तथा मेला समाप्त होने के बाद सबसे बुरी हालत सीता जी बनने वाले की होती थी। पास ही हाई स्कूल में पढ़ने वाले छात्रों में से कई गुंडा किस्म के लड़के वास्तव में उसका अपहरण करके पास के अरहर या गन्ना की खड़ी फसलों में अंतर्धान हो जाते। असली सीता जी तो सिर्फ एक बार अपहृत हुई थीं, किन्तु यह रामलीला वाली सीता अनेक बार अपहृत हुई। बाद में मिसिर को समय-समय पर अपहृत होने में बड़ी ख्याति मिली, किन्तु किसी 'जटायु' से इसकी शिकायत उन्होंने कभी नहीं की।

उन दिनों प्राइमरी स्कूल में पढ़ते समय 'सिरगोदवा बाबा' का बड़ा आतंक था। कई बार स्कूल में अफवाह उड़ गई कि 'सिरगोदवा बाबा' आने वाले हैं। इतना सुनते ही सैकड़ों बच्चे स्कूल से भागकर दूर-दूर फैले गन्ने के खेतों में जाकर दिन भर के लिए छिप जाते। शाम होने पर सभी डरते हुए घर जाते। कई बार मैं भी गन्ने के खेतों में छिपा रहा। वास्तव में यह सिरगोदवा बाबा कोई और नहीं बल्कि स्कूलों में सरकार द्वारा भेजे गए चेचक का टीका लगाने वाले कम्पाउंडर होते थे जिन्हें मेरे पिता जी कम्पोटर बाबू कहते थे। ये टीके जबरन छात्रों को लगाए जाते थे। इन टीकों के लगाने का तरीका बड़ा दुखदाई होता था। बांहों के ऊपरी हिस्से पर त्रिकोण में तीन बड़े-बड़े छेद होकर उभड़ जाते थे और जिन्दगी भर के लिए बड़े-बड़े दाग पड़ जाते। जिन्हें ये टीके लगाए जाते, वे कई दिन तक बुखार से भी पीड़ित रहते। अतः इन टीका लगाने वालों से सभी लोग भयाक्रांत रहते। लोग इन टीका लगाने वालों को सिरगोदवा बाबा कहते थे।

आजादी के बाद स्कूली छात्रों के बीच 'श्रमदान' एक आवश्यक क्रिया होती थी, जिसके तहत हम स्कूल पहुंचते ही पूरे स्कूल की सफाई करते। सभी बच्चे अपनी कमीज या कुर्ते से झाड़ू लगाते। स्कूल से करीब एक किमी. दूर एक बावली थी, जिसमें चिकनी मिट्टी पाई जाती थी। दीपावली आने से पहले हर साल वहां से हम सभी गीली मिट्टी अपने कपड़ों में बांधकर लाते और स्कूल की पुताई करते। श्रमदान करने से जमींदारों के बच्चे बहुत घबराते थे, किन्तु दलित बच्चे इसमें सबसे आगे होते थे। गैर-दलित बच्चों के लिए एक श्रमदान था स्कूल के पांचों अध्यापकों को बारी-बारी से कुएं से पानी निकालकर दोपहर के समय नहलाना तथा उनकी धोती

कचारकर दोनों तरफ से धोती का एक एक खूंट पकड़कर मैदान में दौड़ते हुए सुखाना। एक धोती को दो बच्चे पकड़कर तब तक दौड़ते रहते थे जब तक कि वह सूख न जाए। छुआछूत के चलते यह काम दलित बच्चों से नहीं लिया जाता था। दोपहर के समय रोज एक घंटे का लेजर होता था जिसके दौरान बच्चे अपने घर से लाई गई खाद्य सामग्री को खाते। गरीबी के चलते दलित बच्चे प्रायः दो मुट्ठी दाना लाते थे जिसे वे छिपा-छिपाकर खाते थे। मेरी तरह कुछ बच्चे 'लाटा' लाते थे। जौ के सत्तू में महुवे के फूल, जिसे गोदा कहते थे, को सुखाकर थोड़ा गुड़ डालकर सान लिया जाता था। इसे लाटा कहते थे। महुवे का फूल कठजमुनियां की तरह गोल तथा बड़ी गुरिया की तरह एकदम सफेद होता था, जो गर्मी के दिनों में सुबह-सुबह हजारों की संख्या में पेड़ों के नीचे बिछ जाता था जिसे दलित बटोरकर घर लाते और धूप में सुखाकर गगरी में रख देते थे। यह खाने में बड़ा मादक तथा मीठा होता था। महुवा ही एक ऐसा पेड़ होता है जिसका फूल ही फल की तरह होता है। इसी से देशी शराब भी बनाई जाती थी। किन्तु लाटा खाना एक तरह से दरिद्रता का प्रतीक था। इसलिए मैं अक्सर लाटा अंगोछे में बांधे स्कूल के पास वाले नाले के किनारे एकांत में चला जाता था, जहां अनेक कब्रें थीं। वहीं एक खेत की मेड़ पर बैठकर लाटा खाने के बाद नाले का दो-चार घूंट पानी पीकर स्कूल आ जाता था। लाटा आदि खाने के बाद लेजर के दौरान प्रायः रोज हम बच्चों के लिए एक खास मनोरंजन का केन्द्र था—स्कूल से करीब पचास गज की दूरी पर स्थित दो पक्के कमरों वाली एक वैदिक संस्कृत पाठशाला। इस पाठशाला में दो पंडित अध्यापक थे तथा करीब बीस बड़े-बड़े छात्र। ये सभी आधी धोती पहने और आधी ओढ़े बिना किसी अन्य वस्त्र के सिर मुड़ाए, किन्तु गाय की पूंछ के बराबर चुर्की रखे, ललाट पर त्रिपुंड्र टीका लगाए साक्षात पाणिनि के अग्रज लगते थे। वे दिन भर विभिन्न संस्कृत के सूत्रों को रटते रहते थे। इनकी रटंत विद्या में 'खट् चटत् पटत्' जैसी शब्दावली बार-बार सुनाई देती थी। हम प्राइमरी स्कूल के बच्चे उनके इन सूत्रों को तोड़-मरोड़कर अपना एक नया 'सूत्र' बना लिये थे, जो इस प्रकार था : 'खट् चटत पटत-खट् चटत् पटत्-अगड़म् बगड़म् स्वाहा। हम कई बच्चे एक साथ संस्कृत पाठशाला की पिछली दीवार के जंगले के पास जाकर उपरोक्त 'सूत्र' को जोर-जोर से दोहराते, जिसे सुनकर अंदर बैठे पंडित छात्र अपना रटना बंद करके गालियां देते हुए हमें दूर-दूर तक दौड़ाकर खदेड़ते थे, किन्तु वे शीघ्र ही थककर चूर हो जाते। इसलिए वापस आ जाते। हमें उक्त 'सूत्र' द्वारा उन्हें चिढ़ाने में बहुत मजा आता। कभी-कभी ये पंडित स्कूल में आकर अध्यापकों से शिकायत करते। अध्यापकों के डांटने पर दो-चार दिन तक हम नहीं जाते, किन्तु पुनः सब कुछ शुरू हो जाता। इस संदर्भ में एक रोचक बात यह होती थी कि जब भी हम उस जंगले के पास उक्त चिढ़ाने वाले सूत्र को दोहराते, पाठशाला के अंदर

बैठे सारे पंडित सबसे पहले चिल्लाते हुए यह बोलते : 'अशुद्धम् वर्तते-अशुद्धम् वर्तते' इसके बाद वे गालियां देते हुए हमें खदेड़ते थे। सभी बच्चे शुरू में 'अशुद्धम् वर्तते' का अर्थ नहीं समझते थे, किन्तु एक दिन हाई स्कूल के संस्कृत अध्यापक चंद्रशेखर पांडे से कुछ बच्चों ने 'प्रणाम पंडित जी' कहते हुए अशुद्धम वर्तते का अर्थ पूछा। उन्होंने बताया कि अशुद्धम् वर्तते का मतलब 'गलत' है। ये बच्चे सारे बच्चों को लेजर के समय 'अशुद्धम वर्तते' का असली अर्थ बता दिए। इतना जानने के बाद सभी बच्चे पुराने 'सूत्र' को छोड़कर उसी जंगले के पास खड़े होकर रटंत विद्या में व्यस्त पंडितों को चिढ़ाने के लिए 'अशुद्धम् वर्तते-अशुद्धम् वर्तते' की रट लगाने लगे। इस नए 'सूत्र' को सुनकर सारे पंडित क्रोध से पीड़ित होकर अंधाधुंध गालियां देते हुए दूर तक खदेड़ने लगे। बच्चों के इस नये हथियार से पंडित आगबबूला तो अवश्य हो जाते, किन्तु उसकी प्रतिक्रिया में संस्कृत की कोई अन्य शब्दावली उनके मुंह से नहीं निकल पाती। धीरे-धीरे थक-हारकर पंडितों ने बच्चों को खदेड़ना बंद कर दिया, जिसके बदले बच्चे भी उन्हें चिढ़ाना कम कर दिए। सच मानिए, तो पंडितों द्वारा क्रोधित होकर गालियां देते हुए खदेड़ने से बच्चों का काफी मनोरंजन होता था, किन्तु जब खदेड़ना बंद हो गया, तो बच्चे भी उदास होकर चुप रहने लगे। संस्कृत पाठशाला के सामने एक छोटा-सा पीपल का पेड़ था। जाड़े के दिनों में सारे पंडित उसी पेड़ के इर्द-गिर्द बैठकर अपनी पढ़ाई करते थे। लेजर के समय जब प्राइमरी स्कूल वाले कुछ बच्चे उनके सामने से चुपचाप गुजर जाते, तो ये पंडित स्वयं बच्चों द्वारा चिढ़ाने वाली पहली शब्दावली...'अगड़म् बगड़म् स्वाहा' आपस में दोहराते हुए खूब ठहाका लगाते। वास्तव में वह संस्कृत पाठशाला प्राइमरी स्कूल के चौथी और पांचवीं कक्षा के बच्चों के लिए एक विचित्र मनोरंजन का केन्द्र थी। पाठशाला में छुट्टियां बहुत रहती थीं, क्योंकि हिन्दू पंचांग के अनुसार अनेक व्रत वाले दिन होते थे। अतः जिस दिन पंडित नहीं आते, उस दिन संस्कृत पाठशाला सूनी-सूनी लगती और प्राइमरी स्कूल वाले बच्चे इस सूनेपन से काफी निराश हो जाते, क्योंकि उनकी चिढ़ाने वाली सामग्री का उपयोग नहीं हो पाता था। हम जब तक उस प्राइमरी स्कूल में पढ़ते रहे, तब तक हमारे और संस्कृत पाठशाला के पंडितों के बीच यह रोचक आंखमिचौनी जारी रही। आज भी वे गाय की पूंछ के बराबर चुर्कीधारी पंडित मुझे बहुत याद आते हैं और मन करता है कि यदि वे पुनः मिल जाएं तो मैं...अगड़म् बगड़म् स्वाहा दोहराऊं, जिसके बदले गालियां सुनते हुए दूर तक खदेड़ा जाऊं।

चौथी-पांचवीं कक्षा में जाते-जाते मैं बहुत कुछ सीख चुका था, इसलिए पढ़ाई में बहुत मन लगने लगा था। गणित में मुझे हमेशा शत प्रतिशत अंक मिलते थे। इन दोनों कक्षाओं में शाम के समय अंतिम घंटा मेंटल का होता था, जिसके तहत गणित के जबानी प्रश्न पूछे जाते थे तथा सोचने के लिए मुश्किल से एक मिनट का समय

दिया जाता था। जवाब न दे पाने वाले छात्रों को खड़ा रहना पड़ता था। फिर अध्यापक पूरी कक्षा से कहते जो उत्तर देना चाहता है, वह तुरंत बताए। मैं हमेशा उत्तर सबसे पहले बता देता था। इसके बाद अध्यापक मुझे आदेश देते कि जिन छात्रों ने उत्तर नहीं दिया है, उन्हें मैं एक-एक झापड़ या मुक्का मारूं। मैं अक्सर रोज ही इस प्रक्रिया में अनेक छात्रों की पिटाई कर देता, जिसके कारण छात्र, खास करके सवर्ण जातियों के बच्चे, मुझसे बहुत घृणा करने लगे थे, जिसका प्रमुख कारण था मेरा अछूत होना तथा ऊपर से चेचक वाला चेहरा तथा एक आंख का खराब होना। ऐसे छात्र लेजर के दौरान मुझे इंगित करके बाजार में सामान बेचने वालों की बोली की नकल पर कहते : ले अमरूद ए काना ए काना। यानी एक आना का बिगड़ा हुआ रूप 'ए काना'। ऐसा सुनकर मुझे बहुत बुरा लगता, किन्तु कुछ बोल नहीं पाता था जिसकी खास वजह थी मेरे घर का वातावरण जिसमें मुझे इस तरह की शब्दावली से अक्सर जूझना ही पड़ता था। किन्तु मैंने स्कूल में इससे निपटने का एक उपाय ढूंढ़ लिया था। जो छात्र वैसा कहकर मुझे चिढ़ाते थे, उन्हें मेंटल के दौरान अध्यापक द्वारा झापड़ मारे जाने के लिए कहने पर मैं बहुत जोर से मारता था जिससे वे तिलमिलाकर रह जाते थे किन्तु वे अध्यापकों के डर से कुछ कर नहीं पाते थे। बाद में कई छात्र मेंटल वाला घंटा आने से पहले मुझसे गिड़गिड़ाते हुए कहते : आज जोर से मत मरिहा। मेरा यह हथियार बड़ा काम का सिद्ध हुआ और धीरे-धीरे सामान बेचनेवाली बोली बंद हो गई।

चौथी कक्षा के बाद मुंशी जी से छुटकारा मिल गया था, क्योंकि पांचवीं कक्षा को हमेशा हेडमास्टर परशुराम सिंह पढ़ाते थे। हेडमास्टर साहब प्रायः सवर्ण छात्रों से कहते : ठीक से सवाल पढ़िके ना अइबा त येही चमरै से रोज पिटवाइब। यह सुनकर मैं बहुत खुश होता और इससे मुझे गहन अध्ययन की बहुत प्रेरणा मिलती। पढ़ाई के दृष्टिकोण से हेडमास्टर परशुराम सिंह मेरे सबसे बड़े प्रेरणास्रोत थे। वे हमेशा कक्षा में मेरी प्रशंसा करते और जब ज्यादा खुश होते तो कहते : ई चमरा एक दिन हमरे स्कूले क इज्जत बढ़ाई। उन दिनों प्राइमरी स्कूलों में 'डिप्टी साहेब' यानी स्कूल इंस्पेक्टर का बहुत खौफ रहता था। तीन-चार माह में एक बार जिला केन्द्र से कोई न कोई डिप्टी साहब अवश्य स्कूल का दौरा करने आ जाते तथा नियमित रूप से वे पता लगाते कि स्कूलों में पढ़ाई-लिखाई ठीक से चल रही है या नहीं। एक बार एक डिप्टी साहब आने की तारीख निर्धारित कर दिए थे। स्कूल के अध्यापकों के बीच बड़ा हड़कम्प मच गया था, जिसका प्रमुख कारण था कि डिप्टी साहब चमार थे। हड़कम्प इस सवाल पर सबसे ज्यादा मचा हुआ था कि खाना तो रोज की तरह अध्यापकों के चौके में बन जाएगा, किन्तु अपनी थाली में कैसे खिलाएंगे? हेडमास्टर साहब ने मुझसे कहा कि मैं अपने घर से एक लोटा तथा थाली लाऊं, किन्तु यह

बात किसी को भी न बताऊं। मैंने वैसा ही किया और उसी में डिप्टी साहब को खाना दिया गया। चमार डिप्टी साहब से सबसे ज्यादा डर इस बात के लिए था कि यदि वे स्कूल से नाराज हो गए तो जिला केन्द्र पर शिकायत कर देंगे और सारे अध्यापकों की तनख्वाह रोक दी जाएगी। वैसें जब भी कोई डिप्टी साहब आते, हमेशा तीसरी से पांचवीं कक्षा के बीच किसी कक्षा का चयन करके उसके बच्चों से कुछ सवाल पूछते। मुआयना करने का उनका यही तरीका होता था। ऐसे अवसरों पर हेडमास्टर साहब हमेशा मुझे मुआयना वाली कक्षा में सबसे पीछे बैठा देते। मुझे उनका निर्देश होता था कि डिप्टी साहब जब भी कोई सवाल किसी से भी पूछें, तो तुम तुरंत खड़े होकर उत्तर दे देना। मैं ऐसा ही करता था। ऐसा करने पर डिप्टी साहब अक्सर चिढ़कर कहते कि तुमसे तो हमने सवाल पूछा नहीं था? इस पर हेडमास्टर साहब हमेशा डिप्टी साहब से कहते कि साहब यह एक 'हरिजन' का बेटा है जो हमारे स्कूल का सबसे अच्छा विद्यार्थी है और आदतन हर काम पहले करता है। उनके इस तर्क पर डिप्टी साहब का पूरा ध्यान 'हरिजन' के इर्द-गिर्द चला जाता और वे तुरंत पूछने लगते कि और कितने हरिजन यहां पढ़ते हैं तथा वे पढ़ने में कैसे हैं, आदि आदि? इस तरह मुआयना समाप्त हो जाता। हेडमास्टर साहब की यह रणनीति हमेशा सफल होती, किन्तु एक बार वही पुराने वाले डिप्टी साहब दोबारा आ गए। उस समय हेडमास्टर साहब बहुत घबर गए थे क्योंकि पहले वाली रणनीति दोहरा नहीं सकते थे। जैसे-तैसे मुआयना हुआ और अच्छा ही रहा। किन्तु इस बार मेरा उपयोग न हो पाने से मुझे थोड़ी निराशा जरूर हुई थी।

उस जमाने में डिप्टी साहब का स्कूलों में काफी भय समाया रहता था। एक बार मैं चौथी कक्षा (1958) में पढ़ रहा था। स्कूल के बाहर एक टूटी दीवारों वाला बिना छत का खंडहर था, जिसमें हमें बैठाकर मुंशी जी पढ़ा रहे थे। इस खंडहर का फर्श समतल था। मुंशी जी आदतन हमेशा हुक्का पीते रहते थे तथा बच्चों से आग जलवाकर अपनी तम्बाखूवाली बड़ी-सी चिलम भरवाते रहते थे। उस खंडहर के बगल में कई बीघा खेतों में बड़ी-बड़ी अरहर की फसल खड़ी थी। हुक्का पीते हुए मुंशी जी ने अचानक देखा कि एक बीघा दूरी पर एक आदमी धोती-कुर्ता पहने किन्तु सिर पर हैंट लगाए स्कूल की तरफ चला आ रहा है। मुंशी जी ने हैटधारी होने का मतलब यह निकाला कि डिप्टी साहब बिना सूचना दिए स्कूल का मुआयना करने आ रहे हैं, क्योंकि उस समय डिप्टी साहब लोग हमेशा हैट पहनकर आते थे। वास्तव में 'हैट' अफसर होने का सबसे बड़ा प्रतीक था, क्योंकि अभी कुछ ही वर्ष पूर्व हैटधारी अंग्रेज भारत छोड़कर वापस इंग्लैंड गए थे, किन्तु अपनी विरासत पढ़े-लिखे भारतीयों के लिए बरकरार रखी थी। अतः उस धोती-कुर्ते वाले हैटधारी को मुंशी जी ने डिप्टी साहब समझकर डर के मारे आग जलती हुई चिलम समेत हुक्के को अरहर की खड़ी फसलों

के बीच फेंक दिया। उस खेत में अरहर की सूखी पत्तियां बड़ी मात्रा में गहनता के साथ फैली हुई थीं। कुछ ही पलों में चिलम की आग से सूखी पत्तियां जलने लगीं और उसकी लपटें बड़ी तेजी से फैलने लगीं। कुछ पल तक तो कुछ भी समझ में नहीं आ रहा था कि क्या किया जाए? उधर डिप्टी साहब के डर से जोर-जोर से बोलकर मुंशी जी किताब पढ़ाने लगे। इसी बीच हैटधारी व्यक्ति स्कूल के पास से गुजरने वाली पगडंडी से होता हुआ आगे निकल गया। इसके बाद मुंशी जी ने सारे बच्चों को अपनी-अपनी पटरी से आग बुझाने के लिए दौड़ा दिया। जैसे-तैसे पटरी से पीट-पीटकर ढेर सारे बच्चों ने आग बुझाई। गनीमत यह थी, कि अरहर के डंठल अभी कच्चे थे, इसलिए उसमें आग नहीं लग पाई, वरना कई बीघा में फैली फसलें जलकर राख हो चुकी होतीं। मुंशी जी समेत पूरे स्कूल ने राहत की सांस ली। इस बीच मुंशी जी धड़कते हुए दिल के साथ बोल पड़े : "सरवा! डेरवाय देहलै।" बाद में पता चला कि वे स्कूल के पास वाले टड़वा गांव के तेजई सिंह नामक जमींदार थे, जो सिर्फ पांचवीं तक पढ़े थे किन्तु हैट लगाकर हमेशा साहबी रोब झाड़ा करते थे। उस दिन मुंशी जी को हेडमास्टर साहब ने बहुत धिक्कारा था।

डिप्टी साहब की कड़ी में, एक दिन जब मैं पांचवीं कक्षा में पढ़ रहा था, अचानक असली डिप्टी साहब स्कूल का मुआयना करने आ गए। उस दिन हेडमास्टर परशुराम सिंह पांचवीं कक्षा के सारे विद्यार्थियों को अपने गांव जिगरसंडी ले गए थे, जहां उनसे कई गाड़ी गन्ना छिलवाया गया था। कारण यह था कि हेडमास्टर साहब इस क्षेत्र के सबसे बड़े जमींदार थे, जिनके घर बाईस जोड़ी बैलों की खेती होती थी। जाड़े के दिनों में उनका गन्ना चिरैयाकोट थाना स्थित चीनी मिल में बैलगाड़ियों पर लदकर जाता था। अतः एक दिन जल्दी-जल्दी गन्ना छीलकर गाड़ियों में लादने के लिए वे छात्रों को अपने गांव ले गए। गनीमत यह थी कि पहली से चौथी कक्षा के छात्र एवं अध्यापक स्कूल में ही थे। उस दिन डिप्टी साहब ने हेडमास्टर साहब के बारे में पूछा तो अन्य अध्यापकों ने बता दिया कि वे पांचवीं कक्षा के विद्यार्थियों को लेकर पास वाले गांव में 'श्रमदान' के लिए गए हैं। स्मरण रहे कि आजादी के पहले दशक में स्कूलों में श्रमदान का प्रचलन था जिसके तहत बच्चों को आसपास के गांवों में श्रमदान करना पड़ता था। डिप्टी साहब हेडमास्टर तथा छात्रों के आने का इंतजार करने लगे। काफी देर बाद, दोपहर के बाद, हम लोग स्कूल वापस आए। डिप्टी साहब स्कूल के बाहर ही बैठकर हमें आते हुए देख रहे थे। पास आने पर अचानक हेडमास्टर साहब से बिना कुछ पूछे, कुछ छात्रों से ही पूछ लिया कि वे कौन सा 'श्रमदान' करके आ रहे हैं? छात्रों ने बिना सोचे-बिचारे सही-सही बता दिया। गन्ना छीलने की बात सुनकर डिप्टी साहब आगबबूला हो गए और वापस जाने लगे। उस दिन हेडमास्टर साहब बहुत गिड़गिड़ाए थे तथा बड़ी मुश्किल से डिप्टी साहब को मनाकर स्कूल में

वापस ले आए थे। बाद में बच्चों के बीच अफवाह उड़ी कि हेडमास्टर साहब ने डिप्टी साहब को एक महीने की तनख्वाह घूस में देकर मनाया था। इस घटना के बाद कभी दोबारा गन्ना छीलने वाला 'श्रमदान' नहीं हुआ।

उधर वापस गांव में देखा जाए तो सन् 1958-59 लगभग 1957 का ही अग्रसारित रूप था। इस अवधि में हमारे पूरे क्षेत्र में भयंकर सूखा पड़ गया तथा दोनों वर्ष बहुत कम बारिश हुई थी। चारों तरफ हाहाकार मचा हुआ था। उचित सिंचाई के साधनों की निहायत कमी के कारण अधिकतर फसलें सूख गई थीं। अतः 1957 में नौ ग्रहों के मिलने से होने वाले अनिष्ट की अफवाहों का 'साकार रूप' सूखे से उत्पन्न स्थिति में लोगों को साफतौर पर दिखाई देने लगा था। इसलिए अंधविश्वासों का हद से ज्यादा बोलबाला हो गया था। खाद्यान्नों की कमी के कारण लोग भुखमरी के शिकार होने लगे थे। अनेक गांवों में विशेष रूप से दलित परिवार के लोग रात में अक्सर फाका करने लगे थे। हमारे घर वालों की भी यही स्थिति थी। हमारी दादी हुक्की पीने की बड़ी शौकीन थी। इसलिए एक बोरसी में हमेशा कंडे की आग सुरक्षित रहती थी। दलित बस्ती की अनेक औरतें चूल्हा जलाने के लिए प्रायः रोज दादी से आग मांगकर ले जाती थीं। उस समय अनेक घरों में फाका के कारण चूल्हे नहीं जलते थे, इसलिए दादी से कोई जब आग मांगने नहीं आता तो वह बड़ी दुखित होकर कहती कि लगता है उसके घर खाना नहीं पकेगा। दादी की इस उक्ति में अत्यंत करुणा का भाव छिपा रहता था, किन्तु जिस दिन स्वयं हमारे घर में चूल्हा नहीं जलता, उसके बारे में वह कोई प्रतिक्रिया नहीं देती थी। दादी की इस चुप्पी के बारे में जब आज मैं सोचता हूं, तो लगता है कि उसके अंदर कितनी भारी पीड़ा सुलगती रही होगी। उस अकाल के दौरान सबसे सस्ती वस्तु चीनी मिल से निकला हुआ चोटा होता था। अधिकतर दलित बाजार से चोटा लाकर सुबह और दोपहर को उसका रस घोलकर पीते थे तथा उसके साथ मटर की दाल पानी में भिगोकर एक-दो मुट्ठी खा लेते थे। रात के समय यदि उपलब्ध हुआ तो आटे की मोटी लिट्टी बनाकर नमक-प्याज से लोग गुजारा करते थे। चोटा लगातार पीते रहने से विशेष रूप से बच्चों को अक्सर पेचिश की बीमारी हो जाती थी। ऐसा होने पर दादी प्रायः गांव की औरतों को कहती कि वे अमरूद या अमलताश की पत्ती पीसकर छानने के बाद उसका रस पेचिश पीड़ितों को पिलावें। इस रस से पेट हमेशा ठीक हो जाता था। गांव के आसपास के छोटे-मोटे जलस्रोतों के सूख जाने के कारण दलित बच्चे अक्सर बहुत कम नहा पाते थे, इसलिए खुजली की बीमारी बड़ी तेजी से फैल जाती थी। दादी खुजली ठीक करने के लिए भंगरैया नामक पौधे की पत्तियां पीसकर उस पर छोपने के लिए कहती थी, जिससे खुजली ठीक हो जाती थी। फोड़े-फुंसी के ऊपर वह अकोल्ह के पत्ते पर मदार के दूध को पोतकर चिपकवा देती थी, जिससे उसका इलाज हो जाता था। इस

प्रकार के अनेक नुस्खों से उस अकाल में दादी अनेक लोगों का मुफ्त में इलाज कर देती थी। सबसे मजेदार बात तो यह थी कि दीवाली का त्योहार आने पर मेरी मां परम्परा के अनुसार अनाज पछोरने वाले सूप को एक लकड़ी से भद-भद पीटते हुए रात की अंतिम घड़ी में घर के एक-एक कोने में जाती और साथ में जोर-जोर से अर्द्ध गायन शैली में 'सूप पीटो दरिद्दर खेदो' का जाप भी करती रहती। गांव की अन्य महिलाएं भी ऐसा करती थीं, किन्तु कोई घर से दरिद्रता भगा पाने में कभी सफल नहीं हुई। उस अकाल में भी खूब सूप पीटे गए, किन्तु हर घर के कोने-कोने में वही समाई हुई थी। ऐसा लगता था कि मानो धरती की सतह से पानी कहीं उड़ गया था, किन्तु हर बड़े-छोटे भूखे की आंखों में तो एक-एक समंदर हिलोरें ले रहा था। गांव के जमींदारों के पास अन्न के भंडार हमेशा होते थे। वे कई मन अनाज अलग से रखते थे जिसे 'बेंगही' कहते थे। बेंगही का मतलब था खेत में बोने के लिए बीज। वे हर साल दलितों को हर फसल के बोने के लिए 'सवय्या' पर बेंगही देते थे। सवय्या का मतलब था कि यदि एक सेर बेंगही दिया गया तो फसल कटने के बाद सवा सेर अनाज लौटाना पड़ेगा। यह बेंगही सारे दलित हरवाही के बदले उन्हीं जमींदारों द्वारा दिए गए छोटे-छोटे खेत के टुकड़ों में बोने के लिए लाते थे। किन्तु उस अकाल में पेट भरने के उद्देश्य से जब उनसे बेंगही मांगी जाती, तो वे 'डेढ़िया' पर देने को तैयार होते। 'डेढ़िया' का मतलब था एक सेर के बदले डेढ़ सेर वापस करना। उस भुखमरी के दौर में यह अमानवीय डेढ़िया की मुनाफाखोरी बड़ी दुखदाई सिद्ध होती थी। अधिकतर दलित डेढ़िया न चुका पाने के भय से बहुत कम बेंगही उधार ले पाते थे। ऐसी बेंगही न चुका पाने पर दिन भर जमींदारों के खेत पर 'बनि' के बदले कई दिन तक मुफ्त में काम करना पड़ता था। 'बनि' का मतलब होता था दिन भर काम के बदले एक सेर अनाज की मजदूरी। उन दिनों किलो या ग्राम का प्रचलन नहीं था। अतः सारी तौल सेर तथा छटांक में होती थी। एक सेर का बटखरा एक टूटा हुआ पत्थर का टुकड़ा होता था जो सरकारी सेर से बहुत छोटा होता था। हमारे गांव के ब्राह्मण तो ईंट तोड़कर अपना सेर चलाते थे जो असली सेर से लगभग एक-चौथाई कम का होता था। वे बनि इसी ईंट से तौलकर, वह भी सबसे खराब अनाज, दलितों को देते थे, किन्तु बेंगही वापस असली सेर से तौलते थे। अतः बेंगही तथा कम तौली हुई बनि का मिलना भी दूभर हो जाता था।

डेढ़िया बेंगही का चक्रविधि भुगतान और ईंट वाली तौल से चुकाई जाने वाली बनि आदि को लेकर दलितों तथा ब्राह्मणों के बीच अक्सर बड़ी तनातनी हो जाती थी। प्रायः हर साल दलित कुछ दिनों के लिए हड़ताल कर देते थे। हड़ताल के दौरान कभी-कभी लाठी-डंडे तक चल जाते थे। जब भी लाठी-डंडे चलने की नौबत आती, गांव के सारे दलित पंचायत के लिए हमारे घर चौधरी चाचा के यहां आते। उसी कुएं

के चबूतरे पर पंचायत होती और चौधरी चाचा सबकी राय से 'कूर' बांध देते थे। 'कूर' बांधने का मतलब था किसी निर्धारित समय तथा स्थान पर जमीन पर खपड़े से एक खूब लम्बी रेखा खींच देना। उस रेखा के दोनों तरफ काफी दूर पर दोनों परस्पर विरोधी पक्ष खड़े होते। रेखा के इस पार खड़े दलित उस पार खड़े ब्राह्मणों को चुनौती देते कि यदि हिम्मत हो तो रेखा पार करके दिखावें। यदि ब्राह्मण रेखा पार कर लेते, तो तुरंत दलितों से लड़ाई शुरू हो जाती। ब्राह्मण हमेशा भाले और बल्लम से लैस रहते थे किन्तु दलित सिर्फ लाठियां रखते। ऐसी कूर बंधी लड़ाइयों में दलित महिलाओं की वीरता देखते ही बनती थी। ये सारी महिलाएं मरे हुए बैलों तथा गायों की बड़ी-बड़ी तलवारनुमा पसलियां अपने घरों में अवश्य हथियार के रूप में रखती थीं। कुछ दलित औरतें गांव के पास वाले गड्ढों में फेंकी हुई 'बियाना' कमाने वाली हांड़ियों को उठा लातीं। गांव की ब्राह्मणियों को जब बच्चे पैदा होते तो ये दलित महिलाएं उन्हें पैदा करवाकर उनकी नाल-खेरी काटकर एक हंड़िया में भरकर गड्ढे में फेंक आती थीं तथा बारह दिनों तक जच्चा-बच्चा दोनों की वे लगातार मालिश आदि करती थीं। यहां तक कि उनके मल-मूत्र भी वे हंड़िया में भरकर फेंकती थीं। इन्हीं सारी क्रियाओं को 'बियाना' कमाना कहते थे। हमारे घर में चौधरानी चाची बियाना कमाने में सिद्धहस्त थी तथा गांव के अधिकतर बच्चों को वही पैदा करवाती थी। कूर की लड़ाई के दौरान जब दलित महिलाएं इन हांड़ियों तथा गाय-बैलों की पसलियों को लेकर ब्राह्मणों को मारने के लिए दौड़तीं तो वे जान बचाकर भाला-बल्लम फेंककर बड़ी तेजी से पीछे भागने लगते, क्योंकि बियाना की हांड़ियों और मरे बैलों तथा गायों की पसलियों से छू जाना वे महापाप समझते थे। ये औरतें कुछ हांड़ियों तथा पसलियों को जोर लगाकर दूर फेंकतीं, जिससे ब्राह्मण अत्यंत भयभीत हो जाते थे। इस प्रक्रिया में हमेशा दलितों की जीत होती थी। 'कूर' बधी लड़ाइयों की परंपरा दलितों के बीच संभवतः 'महाभारत' की 'कुरुक्षेत्र' में संपन्न कौरव-पांडव युद्ध से आई थी। इसके बाद कई ब्राह्मण गिड़गिड़ाते हुए पुनः काम शुरू करने के लिए राजी करते थे। तथा कुछ दिनों तक असली सेर से तौल कर बनि देते थे, किन्तु बाद में फिर वही ईंटों वाला सेर हावी हो जाता था। फसल कटाई के दौरान सेर भर अनाज बनि में देने का प्रचलन नहीं था, बल्कि बीस 'केड़ा' फसल पर एक केड़ा बनि के रूप में मिलता था। 'केड़ा' का मतलब था दोनों बांहों के बीच जितनी फसल अंट जाती थी, उसे एक केड़ा कहते थे। अतः फसल काटते समय दलित केड़ा बना-बनाकर खेत में रखते जाते थे तथा पूरे खेत की कटाई के बाद सारे केड़ों को गिनकर बनि वाले केड़े बीस पर एक के हिसाब से निर्धारित होते थे। इन केड़ों में से एक या दो केड़े दलित अपनी मर्जी से चुनते थे तथा बाकी ब्राह्मण मालिकों की मर्जी से। जिस केड़े को दलित अपनी मर्जी से लेते उसमें रखी जाने वाली खूब दानेदार

फसलों को दबा-दबाकर रखते थे। अधिकतर दलितों को ठीक से गिनती नहीं आती थी, इसलिए ब्राह्मण केड़ा गिनने में चालाकी कर जाते थे, किन्तु दूसरी कक्षा के बाद मेरे घर वालों के लिए केड़ा गिनने में मेरी गणित हमेशा काम आती रही। गांव के कुछ अन्य दलित भी मुझे केड़ा गिनने के लिए ले जाते थे। किन्तु उस अकाल के दौरान बहुत कम फसलें उत्पन्न हुईं इसलिए बनि के केड़े भी कम ही मिले।

इन अकाल के दिनों में दलितों को बहुत ज्यादा श्रम करना पड़ता था, किन्तु कमाई बहुत कम हो पाती थी। विशेष रूप से जमींदारों के खेतों की सिंचाई के लिए बहुत मेहनत करनी पड़ती थी। दलितों को जमींदारों द्वारा काम पर बुलाने के लिए एक विचित्र परम्परा थी। हर रोज रात के पिछले पहर में जब भी विभिन्न गांवों में पालतू मुर्गे जोर-जोर से 'कुकड़ू कू' की आवाज निकालते हुए बोलते थे, सारे जमींदार अपने-अपने घरों के बाहर खड़े होकर हरवाहों के नाम लेकर जोर-जोर से बुलाने लगते थे। हर दलित हरवाहा अपने मालिक की आवाज सुनकर जोर से चिल्लाकर उत्तर देता : 'आवत हई मालिक'। जमींदारों द्वारा बुलाए जाने वाले शब्द प्रायः बड़े ही निरादरपूर्ण होते थे। पहली आवाज पर कुछ उत्तर न मिलने पर वे गालियां देते हुए दोबारा आवाज लगाते थे। दलित इन गालियों का जवाब नहीं दे पाते थे। इस तरह प्रतिदिन सूर्योदय से एक दो-घंटे पहले ही मुर्गों की बांग पर दलित काम पर चले जाते थे और शाम तक श्रम करते रहते थे। अत्यधिक काम के बाद थककर अधपेट खाकर रात में सोये हुए दलित मुर्गे की आवाज के बाद बिना नींद पूरी हुए मजबूरी में जागने पर प्रतिदिन दुखित होकर उन मुर्गों को गालियां देते थे। अतः वे जमींदारों का सारा गुस्सा मुर्गों पर ही उतारकर संतुष्ट हो जाते थे। इस सन्दर्भ में राजस्थान के ग्रामीण दीवारों पर रँगी गई एक लोककला दृश्यपटल पर उभरकर सामने आती है जिसके अनुसार मुर्गे की बांग पर प्रेमी-प्रेमिका को छोड़कर अपने घर चला जाता है और प्रेमिका गुस्से में लाल होकर मुर्गे पर तीर से निशाना साध लेती है। इतना ही नहीं, हल जोतते समय अनेक दलित बैलों को खूब गालियां सुनाते थे। ये गालियां बैलों के 'गोसयां' यानी मालिक की बहन-बेटी की ऐसी की तैसी कर देने वाली होती थीं। युवा हरवाहे ऐसी गालियां कुछ ज्यादा ही देते थे। किन्तु पुराने लोग शांत रहते थे। मेरे पिता जी बहुत शांत प्रकृति के थे। अतः वे कभी भी ऐसा नहीं करते थे। उनके परोपकारी स्वभाव की प्रतीक उनकी एक आदत मुझे आज भी प्रेरणा देती रहती है। वे जब भी कहीं जाते, हमेशा रास्ते में पड़े कंकड़-पत्थर तथा कांटे आदि को उठाकर दूर फेंकते जाते, ताकि उनसे कोई घायल न होने पाए। उनकी इस करतूत का अनुसरण करते हुए मुझे आज भी बहुत संतुष्टि मिलती है।

जहां तक उस अकाल में सिंचाई का सवाल है, वह बहुत मेहनत का काम था। सिंचाई बड़े ही आदिम तरीके से होती, जैसे–'दोन' चलाना, 'ओड़िचा' चलाना,

'ढेकुल' चलाना, 'पूर' नाघना तथा 'घर्रा' खींचना। इन कामों में हरवाहे का पूरा परिवार शामिल हो जाता था। टिन से बनी लम्बी नालीनुमा आकृति जो बीच से थोड़ा टेढ़ी होती थी, उसे 'दोन' कहते थे। किसी जलस्त्रोत के किनारे लगभग 10 फीट लम्बे तीन बांसों के ऊपरी छोर को त्रिभुज आकार में रस्से बांधकर गहुवा बनाकर तीन कोनों में खड़ा कर दिया जाता था। उसके ऊपर एक काफी लम्बा बांस ढीला करके बांध दिया जाता था। बांस का अगला हिस्सा पानी के किनारे रखी दोन से एक पांच फीट लम्बी मोटी रस्सी से बंधा रहता था। बांस के पिछले हिस्से में एक बड़ी टोकरी ईंट-पत्थर से भरकर बांध दी जाती थी। इस तरह दोन का संतुलन कायम हो जाता था। दो आदमी रस्सी पकड़ दोन को पानी में डुबाकर भरते फिर उसे ऊपर की तरफ ठेलते। इस प्रक्रिया में बांस के पीछे बंधी ईंट-पत्थरों वाली टोकरी नीचे की तरफ जाती और इस संतुलन द्वारा दोन का पानी जमीन पर बनी नाली में गिरता रहता। इसे ही दोन चलाना कहते थे। अतः दोन का पानी नाली द्वारा दूर-दूर स्थित खेतों में सिंचाई के लिए चला जाता था। हमारे गांव के ताल में दोन चलती थी। 'ओड़िचा' बांस की खपच्चियों से बना छातानुमा दउरा या टोकरा होता था, जिसकी मेहखड़ पर दो तरफ दो-दो मोटी रस्सियां बांध दी जाती थीं, उसे दो आदमी या औरतें पकड़कर संतुलन के साथ पानी के किनारे आमने-सामने खड़े होकर ओड़िचा को पानी में डुबाडुबाकर जमीन पर बनी नाली पर गिराते। रस्सियों के संतुलन से पानी आसानी से ओड़िचा के बाहर हो जाता था। इस तरह नालियों से होकर पानी खेतों में चला जाता था। 'ढेकुल' दोन की तरह ही चलाई जाती थी, किन्तु वह हमेशा कुएं से पानी निकालती थी। सारा तरीका दोन जैसा ही होता था, किन्तु दोन के बदले बटुला की आकृति में बनी लोहे के चादर की ढेकुल बड़ी मोटी डोर से बांस में बंधी होती थी। 'पूर' नाधना दो बैलों की जोड़ी द्वारा होता था। जुआठा में बैलों को नाधकर बरहा (मोटा रस्सा) से बांध दिया जाता था फिर बरहे के दूसरे हिस्से में चमड़े से बनी एक बड़ी मोट या चरसा को बांधकर कुएं के ऊपर रखी घिर्री से पानी में लटका दिया जाता था। कुएं के सामने ऊपर से नीचे की तरफ तिरछी बनी पौदर, जिसका अगला हिस्सा काफी गहरा होता था, में बैलों को एक आदमी हांकते हुए ले जाता था। इस प्रक्रिया द्वारा मोट का पानी ऊपर आता था जिसे हमेशा एक औरत मजदूर पकड़कर नाली में गिरा देती थी। इस औरत के काम को मोट छीनना कहते थे। घर्रा खींचने की सारी प्रक्रिया पूर जैसी ही होती थी, किन्तु पौदर में बैलों के बदले स्वयं आदमी बरहे को पकड़कर मोट को खींचते थे। पूर और घर्रा दोनों में औरत ही मोट छीनती थी। छुट्टियों के दिन मैं भी पिता जी के साथ घर्रा खींचने में सहायता करता था और मेरी मां हमेशा मोट छीनती थी। अपनी मां को मजदूरी करते देखकर मुझे बहुत दुख होता था। उस अकाल में सिंचाई के ये आदिम तरीके बहुत श्रम वाले होते थे, जबकि

खेतों की सिंचाई अत्यंत अपर्याप्त हो पाती थी। क्योंकि ताल में बहुत कम पानी रह गया था तथा कुओं में पानी बहुत नीचे चला गया था।

वैसे गांव में कुओं की संख्या भी काफी कम थी। हमारे पूरे गांव में सिर्फ छह कुएं थे, जिनमें से सिंचाई के लिए तीन कुओं का ही उपयोग होता था, क्योंकि शेष तीन कुएं ब्राह्मणों के पानी पीने के लिए थे तथा उन्हें दलित छू नहीं सकते थे। गांव वाले कुओं को 'इनार' कहते थे। एक तो अकाल, दूसरे छुआछूत के चलते ब्राह्मणों के कुओं का इस्तेमाल न हो पाने के कारण स्वयं उनकी ही फसलों को नुकसान झेलना पड़ता था। विशेष रूप से धान की फसलों की सिंचाई बिल्कुल नहीं हो पाती थी, क्योंकि इनके खेत गांव के पूरब मुर्दहिया के जंगलों के पास होते, जबकि सारे कुएं पश्चिम तरफ अन्य फसलों वाली सीवानों में थे। अतः धान की सिंचाई असम्भव थी। इसलिए अकाल के दौरान धान की सारी फसलें सूख जाती थीं तथा उनमें बालियां नहीं लग पाती थीं। सूखने के बाद मुश्किल से उनके तने सात-आठ इंच का होकर मुरझा जाते थे। इन मुरझाए हुए तनों को कूसी कहा जाता था। फसलें सूखने के कारण पशुओं को खिलाने के लिए चारा ठीक से नहीं मिल पाता था। इसलिए लोग इन पशुओं को कूसी चराने के लिए खेतों में ले जाते थे। मैं भी कूसी चराने जाया करता था। पानी की कमी के कारण धान के खेत, जिन्हें 'कियारा' कहा जाता, की जमीन फटकर चारों तरफ विभिन्न प्रकार की दरारों में बदल जाती थी। कियारों की इन फटी दरारों से अनेक जगहों पर तरह-तरह की प्राकृतिक कलाकृतियां बन जाती थीं। सारे खेत रेखागणित के नमूने लगते थे। कई दरारों में तो चिड़ियों की चोंच, ऊंट की गर्दन समेत मुंह तथा हाथी के सूंड़ नजर आते थे। उस अकाल का यह एक अनोखा सौन्दर्य था, जिसमें मानव की भुखमरी और असीम पीड़ा का साम्राज्य था। धान की रोपनी करती हुई दलित मजदूरिनें हमेशा एक लोकगीत की कुछ पंक्तियां दिन भर गाती रहती थीं, जो इस प्रकार थीं : 'अरे रामा परि गय बलुआ रेत, चलब हम कइसे ऐ हरी।' इसी तरह जब ये मजदूरिनें पूर तथा घर्रा के दौरान मोट छीनते हुए कुएं से पानी निकालतीं तो दलित मजदूर एक लोकगीत गाते :

'ऊंचे ऊंचे कुअना क नीची बा जगतिया रामा
निहुर के पनिया भरै, हइ रे साँवर गोरिया
पनिया भरत कै हिन कर झुमका हेरैले रामा
रोवत घरवां आवै ले रे साँवर गोरिया।'

पनिया भरत कै हिन कर टीकवा हेरैले रामा रोवत घरवां आवै ले रे साँवर गोरिया। इस तर्ज पर औरत के सारे आभूषणों के कुएं में गुम हो जाने का वर्णन हो जाता था। इस प्रकार श्रम के अनेक सौन्दर्य गीत भुखमरी के शिकार दलितों के जीवन के अभिन्न अंग थे, जो किसी कालिदास या जयदेव के बस की बात नहीं थी।

ऐसे ही दलित महिलाएं मेले-ठेले या राह चलते जब भी अपने किसी नजदीकी महिला से मिलतीं, तत्काल वहीं खड़ी होकर परस्पर गले मिलकर देर तक गायन शैली में रोते हुए अपने दुख-दर्द को आपस में बांट लेती थीं। ब्याहता युवतियां भाइयों के मिलने पर उनके घुटने पकड़कर इसी शैली में अपना दुखड़ा सुना देती थीं। भारत के इस दुखियारे समाज की यह एक अनोखी कला है। जहां तक श्रमगीतों का सवाल है, कियारों में दरारें फटने से पूर्व रोपनी के समय भी गाए गए थे। विरोधाभास सिर्फ यह था कि फसलों के सूख जाने के कारण उन जमींदारों से कहीं ज्यादा दुख इन दलितों को होता था, क्योंकि उनके बनि के केड़े मिलने अब दुर्लभ हो गए थे। गांव के इर्द-गिर्द के अनेक जलस्रोतों के सूखने के साथ ही मुर्दहिया के जंगलों में रहने वाले विभिन्न प्रकार के पक्षियों के संगीतमय कलरव अब कर्कशता में बदल गए थे। विशेष रूप से कौओं का कोलाहल बहुत कर्कश लगता था। ये प्यासे कौवे चोंच फैलाए हांफते हुए घरों के आसपास मंड़राते रहते थे, क्योंकि जंगल में खाद्य सामग्री मिलनी तो दूर, उन्हें पानी भी नहीं मिलता था। मेरी दादी समेत अनेक बूढ़ी महिलाएं मिट्टी के बर्तन में पानी भरकर घर के बाहर रख देती थीं, जहां अनेक पक्षी चें-चें करते हुए आ जाते थे। छोटी-छोटी अनेक चिड़ियां पेड़ों से गिरकर मर जाती थीं। दलित बच्चे उन्हें भूनकर खा जाते थे। एक बार हमारे घर के पास एक नीम के पेड़ से गिरकर एक भूखा-प्यासा कौआ मर गया। अचानक कुछ ही घंटों में वहां न जाने कहां से हजारों कौए इकट्ठा होकर कांव-कांव करने लगे। दो दिन तक ये कौए उसी पेड़ पर मंड़राते रहे तथा दिन भर चिल्लाते रहते थे। कौओं का यह अनोखा शोक किसी अन्य जीव में नहीं मिलता।

गांव में स्थित पोखरियों जैसे अनेक जलस्रोतों के सूखने से कुछ दिन पूर्व मछलियों को मार लिया जाता था। मछली मारने के संदर्भ में दलितों के बीच एक अनोखी परम्परा थी, जिसका पूर्ण रूप से हमेशा पालन किया जाता था। जब भी मछली मारना होता दलित बस्ती का एक नौजवान जोर-जोर से चिल्लाकर उस पोखरी या बावली का नाम लेकर कहता : 'चिल्हिया चिल्होर, मछरी क झोर।'

यह नारा सुनते ही गांव के सारे दलित जाल, ताप, पहरा आदि उपकरण लेकर मछली मारने दौड़ पड़ते। इस तरह सामूहिक रूप से एक साथ सभी लोग मछली मार लाते। मछली मारते समय एक अनोखा दृश्य होता था। समय-समय पर लोग 'चिल्हिया चिल्होर मछरी क झोर' वाला नारा लगाते रहते। उस समय चील और कौए बड़ी संख्या में वहां मंड़राते। जब सारी मछली मार ली जाती, तब अंत में सभी लोग एक साथ 'चिल्हिया चिल्होर' वाला नारा लगाकर मछली के साथ अपने-अपने घर वापस चले जाते। लोगों के वहां से चले जाने के बाद शाम तक उस पोखरी के किनारे चील, कौए बैठे रहते थे, सम्भवतः इस आशा में कि कोई न कोई बची हुई मछली

उन्हें अवश्य मिलेगी। चिल्हिया चिल्होर वाले नारे का उपयोग दलित बच्चे अपने एक खेल के लिए भी करते थे। बच्चों का दो ग्रुप विपरीत दिशा में दौड़कर जाता और किसी मेड़ या झाड़ी के पीछे छिपकर चिकनी जमीन पर खपड़े से अधाधुंध बाएं से दाएं की तरफ समानांतर छोटा-छोटा चीन्हा खींचता। करीब पांच मिनट बाद पुनः वही नारा लगाते हुए दोनों ग्रुप एक-दूसरे द्वारा खींचे गए चिह्नों को ढूंढ़कर मिटाते। थोड़ी देर बाद फिर वही नारा लगाकर एक-दूसरे द्वारा बनाए गए बिना मिटे चिह्नों को गिना जाता। मान लीजिए एक ग्रुप का 50 चिह्न बचा तथा दूसरे का 100 तो पचास को सौ में से घटाकर शेष पर प्रति 10 पर एक के हिसाब से पांच थप्पड़ का दंड दिया जाता था। इसका मतलब हारा हुआ पक्ष पांच थप्पड़ खाता था। यह खेल हमारे बीच अत्यंत लोकप्रिय था। उस अकाल की भुखमरी के दौरान भी हमें 'चिल्हिया चिल्होर' का खेल बहुत अच्छा जगता था।

अकाल के बावजूद उन दिनों बड़े कड़ाके का जाड़ा पड़ा। जाड़ों में हम स्कूल से आते ही गांव के अन्य बच्चों के साथ घर से नमक लेकर विभिन्न सीवानों में खड़ी चने की हरी-हरी फसलों के बीच उसकी फुनगी खोंट-खोंटकर खाते। सभी बच्चे इस कच्चे साग से पेट भर लेते थे। कोई भी अपने चने से साग खोटने से मना नहीं करता था, क्योंकि खोंटने से कंछियां ज्यादा निकलती थीं, इसलिए पैदावार अधिक होती थी। शाम को दलित औरतें मटर तथा सरसों का साग खोंटकर घर लातीं तथा सभी लोग उसे पकाकर रात में खाते। किन्तु अकाल की गर्मियों के दिन बहुत कष्टदाई हो गए थे।

सन् 1959 की गर्मियों के शुरू में ही एक बार बड़ी-बड़ी टिड्डियों का बड़ा भारी प्रकोप आया। अभी'अभी जौ तथा गेहूं की फसलें पककर तैयार होने वाली थीं। विभिन्न गांवों में खबर फैल गई थी कि अफ्रीका से टिड्डियां आ रही हैं और वे जहां उतरती हैं, वहां पूरे खेत के दानों को साफ कर देती हैं। हमारे गांव में भी हड़कम्प मच गया था। दलित बस्ती में शीघ्र ही जमींदार आकर सबको टिड्डियां उड़ाने की तैयारी करने के लिए कहने लगे। सभी दलित बच्चे, बूढ़े, जवान जिसको जो भी बजाने के लिए मिला, जैसे—थाली, बाल्टी, लोहे की चादर, गगरा, गगरी, टिन, कनस्तर, डब्बे आदि लकड़ी से जोर-जोर पीटते हुए खेतों में फैल गए। मैं भी एक थाली पीटते हुए अपने पिता तथा मां के साथ ब्राह्मण जमींदारों के खेत से टिड्डियां भगाने गया था। उक्त 'वाद्ययत्रों' को पीटते हुए हम सभी जोर-जोर से 'हा-हा' करते हुए लगातार चिल्लाते रहते थे। इन तमाम बेसुरे वाद्यों के स्वर तथा हाहाकार के शोर से पूरा क्षेत्र गूंज उठा था। लाखो-लाख टिड्डियों के एक साथ अत्यंत तेज गति से उड़ने की सांय-सांय करती हुई आवाज बहुत विचित्र-सी लगती थी। जिस खेत में वे उतर जातीं, अविलम्ब उसकी सारी फसलें ठूंठी हो जातीं। बालियां गायब हो जातीं। उनके चले

जाने के बाद सारे सीवानों में हजारों टिड्डियां उड़ते समय एक-दूसरे से टकराकर गिरकर मर गई थीं तथा काफी संख्या में वे मरने के लिए छटपटा रही थीं। ऐसी टिड्डियों का खेतों में जाल-सा बिछ गया था। शीघ्र ही इन खेतों में मरी हुई टिड्डियों को खाने के लिए चीटियों की भरमार हो गई थी। बड़ा विचित्र नजारा था। फसलों का बहुत नुकसान हुआ था। ये टिड्डियां काफी बड़ी-बड़ी थीं। करीब करीब छह इंच लम्बी थीं। उनके मरने के बाद सारे खेतों से एक विचित्र सड़ांध आती रही, जो कई दिनों तक जारी रही। दूसरी तरफ बिना बालियों वाली खड़ी ठूंठी फसलें अनेक लोगों को रुलाती रहीं। टिड्डियां तो अंततोगत्वा न जाने कहां चली गईं, किन्तु अपने पीछे काफी तबाही छोड़ गईं।

उन गर्मी के दिनों में हमारी दलित बस्ती में चोटे का रस, मंटर की भिगोई दाल तथा महुवे का लाटा एक बार फिर हावी हो गया। साथ ही डेढ़िया वाली बेंगही भी वापस आ गई। इतना ही नहीं, पेचिश तथा खुजली भी और साथ में इलाज के लिए दादी द्वारा बताए गए नुस्खों की भी वापसी हो गई। दलित औरतें और बच्चे प्रायः मुर्दहिया के जंगलों तथा गांव के ताल से खाने योग्य वनस्पतियों को ढूंढ़ने निकल जाते। जंगल में तो कुछ भी नहीं मिलता किन्तु झाड़ियों में चूहों को मारकर घर लाया जाता। कई बिलों में पानी डालकर उसमें छिपे चूहों को बाहर निकलने पर मजबूर किया जाता था, इसके बाद उन्हें मार डाला जाता। कभी-कभी इन बिलों से जहरीले सांप भी निकलकर भागते। जंगल में खरगोश तथा साही भी ढूंढ़कर मारे जाते किन्तु इनकी संख्या बहुत कम होती थी। इधर ताल से सेरुकी नामक पौधे की जड़ें उखाड़ ली जातीं जो एक बड़ी प्याज के बराबर चुकंदर जैसी लगती थीं। इन्हें पानी में उबालकर खाया जाता था। ताल के किनारे कर्मी के पौधे तथा दुधिया नामक बड़ी-बड़ी लताएं होती थीं, जिनके पत्ते पान जैसे होते थे। कर्मी तथा दुधिया की लताओं का साग बड़ा स्वादिष्ट होता था। इन प्राकृतिक स्रोतों से दलितों को बहुत राहत मिलती थी। साथ ही जब ये प्राकृतिक खाद्य सामग्री समाप्त हो जाती, तो असाढ़ का महीना आते-आते घरों के पास की जमीनों पर फेंकी गई आम की गुठलियों से पौधे निकलने लगते थे। दो-चार पत्तियों के पनप जाने के बाद बैंगनी रंग के ये पौधे बहुत मनमोहक लगते थे। इन्हें अमोला कहा जाता था। बच्चे जमीन से गुठली समेत इन अमोलों को उखाड़ लाते तथा गुठली के ऊपर का फटा हुआ कड़ा छिलका हटाकर अंदर से कच्ची गुठली निकाल लेते। बच्चे इन कच्ची गुठलियों को आग में भूनकर खा जाते थे तथा कई अमोलों वाली गुठलियों से पौधे तोड़कर फेंक दिए जाते। गुठली के जिस हिस्से से पौधे निकलते थे, उस तरफ से उसमें छेद बन जाते थे। छेद वाले हिस्से को बच्चे पत्थर पर रगड़कर बांसुरी के मुंह जैसा सपाट बना लेते। मुंह से फूंककर इन्हें बजाने पर शहनाई जैसी सुरीली आवाज निकलती। बच्चों का यह

वाद्ययंत्र 'अमौली' के रूप में जाना जाता था। जब भी बच्चे भुनी हुई गुठलियों को खाते, उसके बाद इन अमौलियों को वे देर तक अवश्य बजाते। दलित बच्चों द्वारा अमौली से निकाले गए इस सुरीले स्वर में हमेशा गुठली खाने से प्राप्त संतुष्टि की उद्घोषणा समाहित होती थी। मुझे भी अमौली बजाना बहुत अच्छा लगता था।

इस दौरान सबसे बुरी हालत नाइयों, धोबियों, मुसहरों तथा नटों की होती थी। हमारे पूरे क्षेत्र में मात्र एक परिवार बगल के टड़वां गांव में नाई का था। उसी गांव में दो परिवार धोबियों का रहता था। उस क्षेत्र के करीब एक दर्जन गांवों के बाल काटने का काम वही नाई परिवार करता था तथा धोबी इन सभी गांवों के लोगों के कपड़े धोते थे। हैरत में डालने वाली परम्परा यह थी कि ये सभी सारा काम मुफ्त में करते थे। मजदूरी के रूप में इन्हें साल भर में रबी तथा खरीफ की फसलों से सिर्फ एक-एक केड़ा हर घर से मिलता था। किन्तु उस अकाल में धान के केड़े इन्हें नहीं मिले, क्योंकि सारी फसलें सूख गई थीं। अतः इन परिवारों की बड़ी दुर्दशा होती थी। विशेष रूप से धोबियों को प्रतिदिन सैकड़ों कपड़े, वह भी साड़ी तथा धोती जैसे बड़े कपड़े, धोने पड़ते थे। कपड़ा धोने में जाति-भेद नहीं था। हर जाति के कपड़े इन्हें धोने पड़ते थे। धोने का काम वे 'रेह' से करते थे। ऊसर की एक विशेष प्रकार की भुरभुरी मिट्टी जो धरती की सतह पर धूल जैसी बिखरी होती थी, जिसमें चूने की तरह कोई प्राकृतिक रसायन मिला रहता था, उसे 'रेह' कहते थे। रेह से कपड़े साफ हो जाते थे। हमारे गांव तथा टड़वां गांव के बीच स्थित भर्थैया की झील थी जिससे हमारे स्कूल वाला नाला निकलता था, वहीं पाटा पर पीट-पीटकर कपड़े धोए जाते थे। एक ढाई फीट लम्बे तथा डेढ़ फीट चौड़े पत्थर को भर्थैया के किनारे थोड़ी-सी ऊंचाई पर रखकर धोबी पानी में खड़े होकर उस पत्थर पर पीट-पीटकर कपड़े धोते। इसी पत्थर को धोबियों का पाटा कहा जाता था। वे हमेशा पाटे पर कपड़ों को पीटते हुए एक विशेष नारे को विचित्र स्वर-शैली में दिन भर गाते रहते थे। काम करते हुए धोबी पुरुष तथा महिला दोनों ही एक नारे का संगायन करते रहते। वह नारा था : 'सिउ राम सिउ - सिउ राम सिउ'। यानी 'सिया राम' का बिगड़ा हुआ रूप। जब भर्थैया में कई धोबी तथा धोबिनें पाटा पीटते हुए एक साथ सिउ राम सिउ गाते तो पास से गुजरने वाले राही अचानक वहां थोड़ी देर तक रुककर इस अनोखे स्वर को अवश्य सुनते। इन धोबियों का वार्तालाप शैली का एक लोकगीत अत्यंत लोकप्रिय था, जिसे धोबी पुरुष बैलों के गले में पहनाई जाने वाली बड़ी-बड़ी घंटियों का घुंघरू बनाकर कमर में बांधकर एक अनोखी नृत्य शैली में नाच-नाचकर गाते थे। साथ में घंटा तथा लोहे के करताल नामक वाद्य भी खूब जोर से बजते रहते थे। यह नृत्य तथा लोकगीत बेहद आकर्षक होते थे। आम भाषा में 'धोबियउवा नाच' कही जाने वाली यह दुनिया की एकमात्र ऐसी नृत्य शैली है जिसमें घंटियों वाला घुंघरू पैर के

बदले कमर में बांधा जाता है। इस नाच के साथ वार्तालाप के रूप में गाए जाने वाले लोकगीत का संदर्भ यह है कि गांवों में एक कहावत के अनुसार 'धोबी की बिटिया के न नइहरे सुख न ससुरे सुख'। अर्थात् धोबी की बेटी को मायके तथा ससुराल दोनों जगह कपड़े धोने पड़ते हैं। अतः नव ब्याहता धोबिन का अपने पति से झगड़ा होता है और वह मायके चले जाने की धमकी देती है, जिसके बाद दोनों के बीच सवाल-जवाब के रूप में यह लोकगीत शुरू हो जाता है जिसकी कुछ पक्तियां इस प्रकार हैं :

– "जो तैं धोबिनी जइबी अपने नइहरवा
कि ह-म धोबिया अइबै अपनी ससुररिया
कि ह-म धोबिया।
– जो तैं धोबिया अइबे अपने ससुररिया
कि ह-म धोबिनी सुतबै अम्मा जी की गोदिया
कि ह-म धोबिनी।
– जो तैं धोबिनी सुतबी अम्मा जी की गोदिया
कि ह-म धोबिया सुतबै तोहरी गोड़वरिया
कि ह-म धोबिया।
– जो तैं धोबिया सुतबे हमरी गोड़वरिया
कि ह-म धोबिनी, मरबो लतवा क मरिया
कि ह-म धोबिनी।"

आदि-आदि।

इसी तरह पास वाले पारूपुर नामक गांव में सिर्फ एक परिवार मुसहरों का था। उस परिवार में एक दर्जन से ज्यादा बेटे-बेटियां थे, जिन्हें एक छोटी-सी झोंपड़ी में रहना पड़ता था। उनकी जीविका का मात्र एक ही साधन था–पलाश के पत्तों से पत्तल बनाकर शादी-विवाह आदि के अवसर पर खेप पहुंचाना। वे इन अवसरों पर खाने के बाद फेंके गए जूठे पत्तलों से बचे हुए भोजन को झाड़-झाड़कर कपड़े बिछाकर इकट्ठा करके अपने परिवार को खिलाते थे। यह एक अत्यंत अमानवीय परम्परा थी। कोई उन्हें कभी निमंत्रित करके नहीं खिलाता था और न कोई समाज सुधारक उनकी इस प्रथा को छुड़ाने के लिए प्रयास ही करता था। उन अकाल के दिनों में बहुत कम विवाह सम्पन्न हो पाते थे, क्योंकि खाद्यान्नों की कमी से इन्हें भविष्य के लिए स्थगित कर दिया जाता था। सिर्फ मृत्युभोज ही सम्पन्न हो पाते थे। अतः इन मुसहरों की बहुत दयनीय हालत हो गई थी। वे मेढक तथा चूहे खाने के लिए भी जाने जाते थे, किन्तु बरसात न होने के कारण उस वर्ष मेढकों का कहीं अता-पता नहीं था, इसलिए उनकी परेशानी बहुत ज्यादा बढ़ गई थी। खेत मजदूरी की भी परम्परा उनके बीच

नहीं थी, वे बड़ी कड़ाई के साथ अपने पेशे से कटिबद्ध थे। वे अक्सर फाका करते थे किन्तु कभी किसी से कुछ मांगते नहीं थे। ऐसे ही स्वयं हमारे गांव में एक परिवार नट का था। सोफी नामक इस नट के तीन बड़े बेटे, एक बहू तथा दो जवान होती बेटियां थीं। उनकी पत्नी भी थी। सोफी शादी-विवाह में ढोल बजाते हुए आल्हा गाकर भीख मांगते थे। कभी-कभी वे बकरा काटकर गांव में मांस भी बेचते थे। उस अकाल में विवाहों के बंद हो जाने से उनका आल्हा भी बंद हो चुका था। उनकी जीविका का कोई अन्य साधन नहीं था। यह नट परिवार हमारी दलित बस्ती के पूरब में मुर्दहिया के प्रवेश क्षेत्र में झोंपड़ी बनाकर रहता था। एक तरह वे मुर्दहिया के मुहाने पर रहते थे। ऐसा लगता था कि भूत-भूतनियों की चौकीदारी वे ही करते थे। सोफी की बहू तथा दोनों बेटियां सौन्दर्य के मामले में अपरम्पार सम्पन्न थीं, किन्तु भूख उन्हें भी लगती थी, पर उसे मिटाने के लिए उनके पास कुछ भी नहीं होता था। धीरे-धीरे मजबूरी में उनका सौन्दर्य काम आने लगा। गांव के कुछ अभद्र ब्राह्मण युवक संध्या के समय मुर्दहिया के उस मुहाने पर लगता था कि स्वयं भूतों की चौकीदारी करने लगे। उन नटनियों का सौन्दर्य मुर्दहिया की उन्हीं कंटीली झाड़ियों के पीछे प्रायः गुम होता रहा।

इसी बीच हमारी दलित बस्ती में एक अनहोनी हो गई। बस्ती के एक पुराने कुएं से पानी निकालते समय एक औरत उसमें फिसलकर गिर गई। जब तक लोग उसे निकालें वह मर चुकी थी। उसकी लाश को मुर्दहिया पर दफना दिया गया। पहले से ही घोर अंधविश्वासों तथा भूत-भूतनियों के आतंक से पीड़ित हमारी दलित बस्ती में कुएं में गिरकर मरी हुई, इस नई चुड़ैल का भय बुरी तरह से छाने लगा। लोगों ने उस कुएं का पानी पीना बंद कर दिया तथा संध्या होते ही उसके पास कोई नहीं जाता। चुड़ैल के भय से लोग इतना आतंकित हो गए थे कि कई लोग दावा करने लगे कि रात में उन्हें कुएं से जोर-जोर से पानी के हलकने की आवाज सुनाई देती है। हमारे घर में वह गुस्सैल नग्गर चाचा का छोटा बेटा, जिसका नाम कुद्दन था, एक अजीब भुतहे रोग से पीड़ित हो गया। वह अचानक रात में नींद से जागकर जोर-जोर से चिल्लाने लगता था कि वह चुरइन (चुड़ैल) सामने खड़ी है। घर के सभी लोग लाठी लेकर उठ जाते थे, किन्तु किसी को कुछ भी दिखाई नहीं देता। वह फिर भी कहता रहता कि देखिए वह उधर खड़ी है। उसकी इस मनोरोगी समस्या से हमारे परिवार में आतंक छा गया था। मजबूरी में ओझा बुलाकर चुरइन को भगाने के लिए ओझैती कराई जाने लगी। एक ओझा और दूसरे सोखा से यह ओझैती होने लगी। ये ओझा और सोखा हमारे रिश्तेदार थे। इनका नाम था दौलत तथा किसोर। स्वयं नग्गर चाचा के दोनों बेटों की शादी इसी ओझा की दो सगी बेटियों से हुई थी। सोखा उसी ओझा के छोटे भाई थे। ये दोनों ओझैती से बहुत पैसा कमाते थे। वास्तव में

ओझैती सम्पूर्ण रूप से एक अंधविश्वासी मनोवैज्ञानिक जालसाजी होती है, जिसका सच्चाई से कोई संबंध नहीं होता है। हमारे ये दोनों ओझा-सोखा ओझैती के बाद चुड़ैल या भूत बैठाने के लिए बनारस स्थित पिचाश मोचन नामक पोखरे पर जाते थे। वहां वे एक लाल कपड़े में 'भूत' को गठियाकर ले जाते थे। हमारे घर से वे 'चुरइन' तथा 'भूत' को पकड़कर इसी तरह से ले गए थे। वे पहले लौंग तथा जौ के अक्षत से काली तथा दुर्गा का नाम विचित्र शैली में बोल-बोलकर हिचकी लेते तथा कांपते, गिनगिनाते हुए उठ-उठकर खड़े होते। उनके इस रूप को देखकर डर लगने लगता था। इस तरह के कर्मकांड के बाद वे धार लेकर हमारे मकान के पीछे लगी 'केरवट' यानी केले के पेड़ों के झुंड के पास जाते और धार को समर्पित करके एक विशेष जगह की मिट्टी खोदने लगते थे। थोड़ी देर तक खुदाई की क्रिया करने के बाद उसमें से चांदी का एक रुपया वाला सिक्का (वही 'बिस्टौरिया') ढूंढ़ निकालते थे और कहते थे कि भूत मिल गया। वास्तव में 'बिस्टौरिया' की यह भुतही खुदाई एक जालसाजी वाला नाटक होता था। वे स्वयं पहले से ही उस 'केरवट' के पास 'बिस्टौरिया' गाड़ आते थे जिसे बाद में नाटकीय ढंग से ढूंढ़ निकालते थे। इसके बाद वे इस बिस्टौरिया वाले सिक्के के साथ, लौंग, जायफल तथा अक्षत समेत कुछ अन्य सामग्री लाल कपड़े में बांधकर पिशाच मोचन ले जाते। इस प्रक्रिया के पहले वे एक मिट्टी की हंड़िया में कंडा जलाकर उसमें ढेर सारे सूखे लाल मिर्चे डालकर उसका जहरीला धुआं चुड़ैल या भूत से पीड़ित व्यक्ति को सुंघाते। फिर ओझा उसी नाटकीय शैली में ओझैती करते हुए जोर-जोर से चुरइन या भूत को सम्बोधित करके पूछता—बोल दुष्ट भागती या भागता है कि नहीं? जाहिर है कि जहरीले धुआं से पीड़ित व्यक्ति स्वयं उससे छुटकारा पाने के लिए चिल्लाने लगता कि हां, हां अब मैं भाग रही या रहा हूं। कभी भी वापस नहीं आऊंगी या आऊंगा। ऐसा कबूलने के बाद पीड़ित व्यक्ति स्वयं संतुष्ट हो जाता है कि अब चुरइन या भूत भाग गया। हमारे घर में इसी ढंग से उस चुड़ैल से छुटकारा मिला था। बाद में उन ओझा ने पिशाच मोचन में भूत को बैठाकर वापस आने के बाद देवी दुर्गा को एक बकरे की बलि दिलवाई।

उधर बस्ती में जब भी कोई बीमार पड़ता, इसकी सारी जिम्मेदारी उसी कुएं वाली चुड़ैल पर थोप दी जाती खास करके जब छोटे बच्चे ज्वर से पीड़ित होते, तो यह अंधविश्वास बहुत गहरा हो जाता था। एक अंधविश्वास के चलते लोग बत्तख नामक पालतू पक्षी को बच्चे के ऊपर बैठने पर मजबूर करते। इसमें मान्यता यह थी कि चुड़ैल भाग जाएगी। इन बीमार बच्चों को कोई दवा नहीं दी जाती। इस तरह कई बच्चे मर जाते, फिर हुल्लड़ मच जाता कि चुड़ैल ने बच्चे को खा डाला। बीमार औरतों को चुड़ैल से छुटकारा दिलाने के लिए ओझा लोग 'बिरई' लगाते थे। उसी कुएं के पास पीड़िता को ले जाकर उसके कान में बरगद की एक कोमल लिपटी हुई

पंखुड़ी डालकर वही मिर्चे के धुएं वाली हांड़ी उसे सुंघाकर कबूल करवाते कि वह भाग रही है। धुआं सुंघाते समय ओझा उस पीड़िता का बाल पकड़कर कुएं में गिराने का नाटक करते हुए बार-बार पूछता कि चुरइन तू भागती है कि नहीं? वास्तव में गिरने से डरकर तथा धुएं के आतंक से पीड़िता भयंकर रूप से चिल्लाकर भागने वाली बात बोल देती थी। इसे ही बिरई लगाना कहते थे। उस समय एक बार मेरी मां को भी बिरई लगाई गई थी, जिससे मैं बुरी तरह डर गया था। कई ओझा तो पीड़िता को थप्पड़ों से मारते भी हैं। इस प्रक्रिया में भूत भगाने के लिए कुछ लोग 'मटुवाही' भी कराते थे। मटुवाही कराने वाले एक तरह से ओझा ही होते थे, किन्तु उन्हें 'मटुवाह' कहा जाता था। मटुवाही हमेशा मुर्दहिया के पास एक पेड़ के नीचे सम्पन्न होती थी। इसके लिए एक विशेष दिन निर्धारित किया जाता। उस दिन वहां सैकड़ों लोग आसपास के गांवों से भी मटुवाही देखने आ जाते थे। इस प्रक्रिया में सनी मिट्टी का, छोटी गेंद के बराबर, एक गोला बनाकर जमीन पर रख दिया जाता। मटुवाह ओझा की शैली में हिचकते-गिनगिनाते आगे-पीछे, दाएं बाएं नाटकीय ढंग से डग भरते घंटों गाते हुए देवी का गुणगान करता रहता। उसका यह गायन बड़ा आकर्षक लगता था। इस प्रक्रिया में देवी प्रसन्न होकर उस मटुवाह से पूछती कि आखिर उस मिट्टी की गेंद में कौन-सी वस्तु छिपाकर रखी हुई है। यदि इस छिपी वस्तु का नाम मटुवाह बता देता तो मान लिया जाता कि भूत अब पकड़ में आ गया है। इसी को 'मटुवाही' कहते हैं। मटुवाही सम्पन्न होने में पांच-छह घंटे का समय लगता था। वास्तव में मटुवाही भी पूर्णरूपेण एक मनोवैज्ञानिक जालसाजी होती थी। षड्यंत्र के माध्यम से मिट्टी की गेंद में कोई वस्तु छिपाई जाती थी, जो काम मटुवाह का कोई एजेंट करता था तथा छिपी हुई वस्तु के बारे में मटुवाह को पूरी जानकारी होती थी। वह तो सिर्फ लोगों को मनोवैज्ञानिक रूप से संतुष्ट करने के लिए घंटों तक मटुवाही का नाटकीय कार्य सम्पन्न करता था, ताकि लोग आश्वस्त हो सकें कि वास्तव में मटुवाह ने अपने दैवी चमत्कार से भूत को पकड़ लिया है। हमारे गांव वाले साल में एक-दो बार मटुवाही अवश्य ही कराते थे।

इस भूत-चुड़ैल भगाने की प्रक्रिया में एक विशेष तांत्रिक क्रिया का भी आयोजन हर साल किया जाता, जिसे 'कराहा चढ़ाना' कहा जाता था। कराहा हमेशा गांव के अहीर लोग एक 'पौहारी बाबा' (पावहारी) द्वारा चढ़वाते थे। पौहारी बाबा हमारे गांव के एक अहीर ही थे तथा भर्थैया झील के पास वाले जंगल में एक झोंपड़ी बनाकर रहते थे। उनकी पूजा पद्धति या तांत्रिक सिद्धि के बारे में किसी को कुछ भी पता नहीं चल पाता था। क्योंकि वे सब कुछ गुप्त रूप से अपनी झोंपड़ी में करते रहते थे। वे झोंपड़ी के बाहर हमेशा हंड़िया में अहरा लगाकर खाना पकाते और रखाते। वे सुबह-शाम देशी घी की अगियारी करते तथा किसी भी रोगी को दवा के नाम पर अगियारी से बनी राख को खाने के लिए देते। इस राख को 'भभूत' कहा जाता था।

उनकी यह भभूत भूत-भूतनी भगाने के लिए भी दी जाती थी। गांव के लोगों का विश्वास था कि उनकी भभूत चमत्कारी होती थी। इस चमत्कार को सिद्ध करने के लिए वे कराहा चढ़ाते थे। इसके लिए वे अहिरौटी के अंदर खुले मैदान में गोहरे (यानी गोबर का उपला) का अहरा लगाते थे। फिर कुछ भवानी देवी का जाप करते हुए एक गोहरा को ओझाओं की तरह गिनगिनाते हुए आसमान में फेंकते। गोहरा शीघ्र ही जलता हुआ नीचे गिरता जिसे वे हाथों से पकड़कर अहरे में आग लगा देते। गोहरे को आसमान में फेंककर जलाने वाले तंत्र से वहां उपस्थित सैकड़ों लोग वशीभूत होकर भवानी देवी की जयकार करने लगते। इसके बाद वे जलते हुए बड़े अहरे पर कराहा (यानी कड़ाहा) रखकर उसमें कई बाल्टी दूध पकाते। शीघ्र ही खौलते हुए दूध से पौहारी बाबा लोटा भर-भरकर नहाने लगते। नहाते समय भवानी देवी का नाटकीय मुद्रा में हिचक-हिचककर जाप भी करते थे। साथ ही अपनी तेल पिलाई लाठी को भी वे उस खौलते दूध से धोते, फिर लाठी को कंधे पर रखकर एक खतरनाक पहलवानी मुद्रा में अहरे के चारों तरफ घूमते। उस समय ऐसा लगता था कि मानो वे सारी दुनिया को उसी लाठी से मिटा देंगे। बीच-बीच में वे पुनः खौलते दूध से नहाते रहते। घंटों तक चलने वाली इस तांत्रिक क्रिया को दूर-दूर से लोग देखने पहुंचते थे तथा चमत्कृत होकर वापस जाते। कराहा चढ़ाने के बाद पौहारी बाबा का तांत्रिक चमत्कार और भी ज्यादा स्थापित हो जाता तथा उनके यहां भभूत लेने वालों की संख्या बढ़ती रहती। मैंने स्वयं दो बार पौहारी बाबा के इस 'कराहा चमत्कार' को देखा था। आज के जमाने में आग जलाने या आग पर चलते हुए भी न जलने का रहस्य विज्ञान द्वारा उजागर हो चुका है। यह किसी भी तरह से चमत्कार नहीं है, किन्तु उस समय अंधविश्वासी मान्यताओं के चलते मूर्खतावश इसे चमत्कार समझा जाता था। वास्तव में ये सारी क्रियाएं ठगबाजी की ही परम्पराएं थीं। एक तो अकाल की महामारी दूसरे अंधविश्वासों का बोलबाला दलितों के लिए 'गरीबी में आटा गीला' करने वाला साबित होता था।

उन्हीं दिनों अकाल की खबर सुनकर हमारे मुनेस्सर चाचा कलकत्ता से आठ सप्ताह की छुट्टी लेकर गांव आए तथा साथ में एक टिन की बाल्टी और छाता भी लाए थे। बाल्टी में एक भारी-भरकम लाल कपड़े में चौकोर बंधी एक गठरी थी, जिसे बाहर निकालकर हाथ-पैर धोकर खोला तो उसमें से एक मोटी लाल जिल्द वाली एक फीट लम्बी तथा पौन फीट चौड़ी किताब निकली, साथ में लकड़ी का बना किताब रखकर पढ़ने वाला उपकरण भी, जिसे वे रीहल कहते थे। मैंने किताब का चढ़ौना पढ़ा तो उस पर मोटे अक्षरों में लिखा था : 'प. ज्वाला प्रसाद शर्मा द्वारा टीकाकृत रामचरितमानस'। उस पर बम्बई का पता भी लिखा था। मुनेस्सर चाचा ने तुरंत मुझसे कहा कि बिना हाथ-पैर धोए इसे कभी नहीं छूना तथा इसे कभी जमीन पर भी नहीं

रखना। हमेशा रीहल पर रखकर लोगों को गा-गाकर सुनाना। मुनेस्सर चाचा अनपढ़ थे और पढ़ नहीं सकते थे। वे कलकत्ता में रहने वाले हिन्दीभाषी लोगों को हिन्दुस्तानी कहते थे। उन्होंने बताया कि अनेक हिन्दुस्तानी अपनी बाड़ी में इस किताब को कपड़े में बांधकर खूंटी पर टांगकर रखते हैं तथा छूट्टी के दिन किसी पढ़वैता से पढ़वाकर सुनते हैं। मुनेस्सर चाचा ने यह भी बताया कि हमारी जूट मिल में काम करने वाले एक हिन्दुस्तानी पंडित ने कहा है कि जिस घर में यह किताब रहती है, उस घर में चुड़ैल और भूत कभी नहीं आते। इसलिए हिन्दुस्तानी लोग इसे अपने घर में जरूर रखते हैं, चाहे भले ही वे अनपढ़ क्यों न हों। मुनेस्सर चाचा की यह बात सुनकर न सिर्फ हमारे घर वाले, बल्कि दलित बस्ती के अनेक लोग बहुत राहत महसूस करने लगे और उनका यह विश्वास गहराने लगा कि अब यह किताब भूतों को भगाने में मददगार सिद्ध होगी।

गर्मी का दिन था। पहले ही दिन मुनेस्सर चाचा ने मुझसे कहा कि आज ही शाम को कुएं की जगत पर बैठकी होगी, वहीं पढ़कर सुनाना। उन्होंने बस्ती के लोगों को भी कह दिया कि वे शाम को कुएं पर आवें और 'रामायण' सुनें। मैंने शाम के समय हाथ-पैर धोकर कुएं पर बैठकर रीहल पर 'रामायण' को रखा। साथ ही मेरा दिल जोर-जोर से धड़कने लगा। डर इस बात का था कि इसे ठीक से पढ़ पाऊंगा कि नहीं। मुनेस्सर चाचा निर्देश दिए कि सुंदरकांड खोलो। वे इसे कलकत्ता में किसी से सुन चुके थे तथा उनका यह बहुत ही पसंदीदा कांड था। मैंने लालटेन की रोशनी में विषयसूची देखकर सुंदरकांड खोला। कुएं की जगत पर करीब 25-30 आदमी बैठे थे। सभी ने हाथ जोड़ लिए। शुरू में मंगलाचरण के रूप में कुछ संस्कृत के श्लोक थे, जिन्हें देखकर मैं एकदम घबरा गया और मेरी जबान तुतलाने लगी। यह मेरे लिए बहुत बड़ा संकट था। मैं चौथी कक्षा में ही पढ़ रहा था। मुझे यह भी पता नहीं था कि संस्कृत क्या होती है। सिर्फ स्कूल के पास वाले संस्कृत पाठशाला के पंडितों को चिढ़ाने वाले सूत्रों के अलावा कुछ भी पता नहीं था। तुतलाते हुए मैंने शुरू के दो-तीन संस्कृत वाले छंदों का लिखा हुआ सिर्फ अर्थ पढ़ा, जिनमें राम तथा अंत में हनुमान जी की वंदना थी। यह सुनते ही मुनेस्सर चाचा ने जोर से नारा लगाया : 'सिया वर रामचंद्र की जय, हनुमान की जय।' इसी नारे को सारे लोगों ने दोहराया। शुरू में ही ऐसा सुनकर मेरा तुतलाना कम हो गया और विश्वास लगने लगा कि रामायण पढ़ सकता हूं। बीच-बीच में मुनेस्सर चाचा कहते थे कि गा-गा के सुनाऊं। यद्यपि स्कूल के मंदिर पर लगने वाले रामनवमी मेले के अवसर पर साधुओं द्वारा रामायण गायकी मैं सुन चुका था जिसकी एक खास शैली थी, किन्तु गाते हुए मुझे बड़ी हिचक होती थी। इसलिए शुरू के दिनों में सिर्फ गद्य रूप में पढ़ता था, किन्तु कुछ दिन बाद गाने भी लगा। सुंदरकांड के शुरू में रावण द्वारा अपहृत सीता को ढूंढ़ने हनुमान जी

के लंका जाने का वर्णन तथा सर्पो की माता 'सुरसा' नामक चुड़ैल से मुलाकात एवं छाया पकड़ने वाली एक अन्य राक्षसी की हत्या वाले प्रकरण थे जिन्हें सुनकर कुएं पर बैठे श्रोताओं की उत्सुकता बहुत तेज हो गई। चौपाइयों के साथ मैं अर्थ भी पढ़ता जाता था, इसलिए सभी लोग बड़े ध्यान से सुनते थे। चुड़ैल के प्रकरण से उनकी रुचि हद से ज्यादा बढ़ने लगी। जिसका मूल कारण था दलित बस्ती में पहले से ही व्याप्त चुड़ैल का आतंक। कुछ और राक्षसों की हत्या तथा लंका दहन का वर्णन सुनकर उपस्थित लोग बहुत रोमंचित हो उठे और सभी लोग हनुमान जी की जयकार करने लगे। पहले जब भी कुएं पर बैठकी होती, लोग हमेशा लगातार गांजा पीते रहते तथा मुझे स्वयं रस्सी की गांठ जला-जलाकर चिलम भरनी पड़ती थी, किन्तु रामायण बाचने वाला वह पहला दिन एक ऐसा दिन था, जब किसी ने भी गांजा नहीं पिया। पहले दिन का वाचन लंका दहन के बाद समाप्त हो गया। लोग अगले दिन पुनः कुएं पर आने का वचन भी दे गए। उस रात बस्ती में मेरी बहुत प्रशंसा हुई थी। शुरू के कुछ महीनों तक रोज ही शाम को मजदूरी करके वापस आने के बाद थोड़ी देर तक लोग मुझसे रामायण सुनते, सम्भवतः इस विश्वास के साथ कि उन्हें भूत अब तंग नहीं करेंगे।

उसी दौर में गांव में एक अलग किस्म की डरावनी घटना हुई। हमारे गांव के सबसे ज्यादा धनवान ब्राह्मण जमींदार निरंजन पांड़े थे। इनके बड़े भाई विसर्जन पांड़े जटाधारी साधु बनकर बभनौटी से एक फर्लांग पश्चिम तरफ बरम बाबा के चौरा के पास कुटी बनाकर रहते थे। रूप-रंग से वे पौराणिक विश्वामित्र की तरह लगते। उन्हें लोग पंडित जी के नाम से जानते थे। 'बरम बाबा' के चौरा के पास एक छोटा चबूतरा था, जिसे सत्ती माई का चौरा कहते थे। बरम बाबा के चौरे पर गांव के लोग सत्य नारायण की कथा का आयोजन करते रहते थे। वास्तव में 'बरम बाबा' कोई विशेष देवता नहीं थे, किन्तु बगल में सत्ती माई के चौरे से पता चलता था कि बरम बाबा गांव के ही बहुत पहले के कोई ब्राह्मण थे, जिनकी मृत्यु के बाद उनकी पत्नी उनकी चिता में जलकर सती हो गई थी। इसलिए दोनों का वहां बहुत पुराना चौरा बना दिया गया था। बरम बाबा के चौरे पर एक बहुत मोटा और विशाल पीपल का जर्जर पेड़ था जिसे देखने से पता चलता था कि वह पेड़ 19वीं सदी के पूर्वार्ध का अवश्य होगा, किन्तु गांव में किसी को यह नहीं पता था कि ये दोनों चौरे सती प्रथा के प्रतीक थे। यह रहस्य कभी नहीं खुल पाया। सभी ब्राह्मण यह कहते थे कि सदियों पूर्व आंधी में उड़ते हुए एक पीपल का पौधा आकर वहीं खड़ा हो गया, जिसे ईश्वर का चमत्कार मानकर लोग पूजने लगे। अतः वह चौरा तथा पीपल बहुत पवित्र माने जाते थे। निरंजन पांड़े के बड़े भाई का जटाधारी वेश में वहां निवास करने से अंदाजा लगाया जा सकता है कि बरम बाबा और सत्ती माई उन्हीं के पूर्वज रहे होंगे। किन्तु इस रहस्य से भी पर्दा कभी नहीं हटा।

गांव में चुल्ली नामक दलित अपने दो बेटों के साथ निरंजन पांड़े की हरवाही करते थे। चुल्ली की पत्नी का नाम सोमरिया था। वह भी एक अनोखी महिला मजदूरिन थी। सप्ताह के हर दिन के नाम वाली औरतें, जैसे–सोमरिया, मंगरी, बुधिया, बेफइया, सुखिया, सनीचरी तथा अतवरिया ये सभी हमारी बस्ती में रहती थीं। सोमरिया, गांव में चुगलखोरी के लिए बहुत प्रसिद्ध थी। उसकी एक अनोखी आदत यह थी कि उसके घर से कोई भी छोटी-मोटी चीज खो जाती, तो वह अपनी झोंपड़ी के पास वाले कुएं पर रात में सबके सो जाने के बाद सन्नाटे में खड़ी होकर जोर-जोर से भद्दी-भद्दी गालियां देते हुए खोये हुए समान का नाम लेकर बिना किसी को इंगित किए उसे लौटा देने का हांका लगाती थी। अगर एक गांठ लहसुन या प्याज भी उसके घर से गायब हो जाती, तो उसके लिए भी उसी शैली में वह रात के सन्नाटे में वापस करने की मांग दोहराती रहती। उसकी यह शैली इतनी आतंकित कर देती थी कि कई बार गांव के लोग उस छोटी-मोटी सामग्री को अपने घर से ले जाकर उसकी झोंपड़ी के पास रख देते थे, ताकि वह रोज-रोज कुएं पर सोता पड़ने पर शोर न मचावे। गांव में लगभग सभी का विश्वास था कि सोमरिया को जब भी किसी चीज की आवश्यकता होती, वह एक जालसाजी के तहत उसे चोरी चले जाने का नाटक करते हुए उस कुएं पर हांका लगाती थी, ताकि लोग उसकी मांग को मुफ्त में पूरा कर दें। उसकी यह रणनीति बड़ी कामयाब रहती थी। एक दिन उसने रात में हांका लगाते हुए एक विचित्र सूचना दी, जिसमें उसने बताया कि निरंजन पांड़े के घर डाका पड़ने वाला है, इसलिए सभी लोग जागते रहें। यह सुनकर पूरा गांव दहल गया। शीघ्र ही पांड़े ने सूचना दी कि डाकुओं की एक चिट्ठी आई है जिसमें डाका डालने का दिन निर्धारित किया गया है। उस समय गांवों में एक अफवाह फैली थी कि अकाल में डाकू चिट्ठी से सूचना देकर डाका डालते हैं। इस अफवाह का नाजायज फायदा उठाकर कुछ शरारती पढ़े-लिखे लोग डर पैदा करके अपना मनोरंजन करने लगे थे। इसी कड़ी में किसी ने निरंजन पांड़े को बैरंग चिट्ठी भेज दी। किन्तु उनकी धनाढ्यता को देखते हुए सबको विश्वास हो चुका था कि डाका अवश्य पड़ेगा। पांड़े के बारे में गांव के लोगों के बीच चर्चा होती थी कि उनके घर में तराजू से तौल-तौलकर 'बिस्टौरिया' के सिक्के जमीन में गाड़े गए हैं। अतः डाका पड़ने वाले कथित दिन की रात से दलित बस्ती के सारे पुरुष लाठी-डंडा लेकर निरंजन पांड़े के घर के चारों तरफ दो दिन तक पहरा देते रहे। संयोगवश डाका नहीं पड़ा किन्तु गांव में कई दिन तक दहशत कायम रही।

इसी बीच सन् 1959 के मध्य में बभनौटी में एक अप्रत्याशित घटना हुई। नन्हकू पांड़े, जो ढोलक बहुत अच्छा बजाना जानते थे, एक अकेले व्यक्ति थे। लोग ढोलक बजाने के कारण उन्हें 'मिरदंगी' कहते थे। उनकी उम्र चालीस वर्ष की थी किन्तु बड़ी

भारी तोंद वाले कुंवारे व्यक्ति थे। बगल के परसूपुर नामक गांव में एक विधवा युवती अपने मामा के घर आई थी। वह ब्राह्मणी भी थी। हमारे गांव के कुछ युवा ब्राह्मणों को एक खुराफात सूझी कि उस विधवा ब्राह्मणी का अपहरण करके मिरदंगी से जबरन विवाह करवा दें। इसके लिए करीब 20 ब्राह्मण युवक दिन के दस बजे ही लाठी-भाले लेकर परसूपुर जाकर उस औरत को जबरन उठाकर गांव में ले आए। जिस समय वे उसे उठाकर गांव ला रहे थे, ये सारे ब्राह्मण युवक वीरतावश 'बरम बाबा की जय, बरम बाबा की जय' का नारा भी लगाते जाते थे। मैंने उस जोर-जोर से लगाए जाने वाले नारे को सुना था और स्वयं उन्हें उस युवती को जानवर की तरह कंधे से ऊपर टांगे हुए लाते देखा था। उसे मिरदंगी के घर में बंद कर दिया गया। विवाह का मंडप उनके घर के सामने सजाया जाने लगा। उनकी शादी अमिका पांड़े ही कराने वाले थे। दलित बस्ती के लोग एकदम डर गए थे। जिस समय मंडप सजाया जा रहा था, उस समय वहीं चारपाई पर बैठकर मिरदंगी स्वयं अंधाधुंध ढोल बजा रहे थे। कुछ औरतें गाना भी गा रही थीं। अमिका पांड़े के पतरा के अनुसार विवाह रात के नौ बजे होने वाला था। गांव के ब्राह्मण विशेष रूप से बहुत उत्साहित, इसलिए भी थे कि अपहरण के समय परसूपुर वालों ने हिम्मत नहीं दिखाई कि वे रोक सकें। अतः उनके बीच विजयी होने का अपार गर्व था। इसी बीच मुहूरत के कुछ समय पूर्व रात में ही चिरैयाकोट थाने से थानेदार समेत कई बंदूकधारी पुलिस एक एक्का पर बैठकर गांव में आ धमके क्योंकि युवती के अपहरण की पूरी सूचना उन्हें समय पर मिल चुकी थी। मिरदंगी समेत अठारह ब्राह्मणों को पुलिस गिरफ्तार करके ले गई। उन सभी को दूसरे दिन आजमगढ़ जेल भेज दिया गया। हमारे पूरे गांव में गिरफ्तारी के डर से, यहां तक कि दलित बस्ती के भी, कई लोग भागकर अपने रिश्तेदारों के यहां छिप गए। अत्यंत दहशत का वातावरण छाया हुआ था। कई दिनों के बाद गांव में वातावरण शांत हुआ, वह भी जब सारे ब्राह्मण जमानत पर छूटकर वापस आए। संयोगवश कोई अन्य गिरफ्तारी नहीं हुई। उस गिरफ्तारी की रात सारे ब्राह्मणों को पुलिस डोर में बांधकर पैदल ही करीब सात किमी. दूर थाने में ले गई थी, जबकि थानेदार उस युवती को अपने एक्का पर अकेले बैठाकर रात में थाने गए। हमारी दलित बस्ती में घर-घर चर्चा होने लगी कि आधी रात को थानेदार साहब उस युवती को रास्ते में पड़ने वाले मुर्दहिया के जंगल में रोककर न जाने क्या-क्या करते रहे। तरह-तरह की अटकलबाजी होती रही। अठारह ब्राह्मणों पर अपहरण का मुकदमा चला। कुछ ब्राह्मण वकीलों ने हमारे गांव के ब्राह्मणों की वकालत की। कुछ महीने बाद फैसले की तारीख निर्धारित की गई। सारे ब्राह्मण डरे हुए थे कि उन्हें सजा अवश्य मिलेगी। अतः ये अठारहों ब्राह्मण रात के पिछले पहर उठकर आजमगढ़ फैसला सुनने के लिए गांव से करीब सात किलोमीटर दूर जहानागंज, एक्का पकड़ने

के लिए पैदल जाने लगे। उनका रास्ता गांव के उस जोगी बाबा की जंगल स्थित झोंपड़ी से जाता था, जो किसी भी शब्द को पहले सुनकर उससे कविता बनाकर गाने लगते थे। ये ब्राह्मण उनकी झोंपड़ी आने पर बहुत तड़के ही जोगी बाबा के पैरों पर गिरकर उनका आशीर्वाद लेने लगे, किन्तु बिना कुछ बोले। ब्राह्मणों को गोड़ (यानी पैर) पर गिरते पाकर जोगी बाबा ने गाया :

'जइसन पड़त हउवा गोड़-वइसै अइहैं बढ़िया मोड़,
नहिं संसतिया सहबा राम-नहिं संसति या सहबा राम'।

इसके बाद सभी ब्राह्मण आजमगढ़ कचहरी गए और सबूत के अभाव में छूटकर चले आए। गांव भर में शोर मच गया कि जोगी बाबा की कृपा से वे छूट गए। वास्तव में ब्राह्मणों के लिए यह एक बड़ा मोड़ था। मेरी जिन्दगी में भी एक नया मोड़ आया। मैंने भी उस अकाल में महुवे का लाटा खाते तथा अमौली की सुरीली धुन बजाते पांचवीं कक्षा पास कर लिया।

4

मुर्दहिया के गिद्ध तथा लोकजीवन

पांचवीं पास करने के समय अकाल अपनी विभीषिका की चरम सीमा पर था। पांचवीं के सभी बच्चों को फाइनल परीक्षा के लिए सात मील दूर 'बबुरा धनहुवां' नामक गांव के स्कूल जाना था। वहां एक दिन का पड़ाव था। उन दिनों पांचवीं की परीक्षा के लिए जिला केन्द्र आजमगढ़ से एक अधिकारी आया करते थे, जिन्हें डिप्टी साहब ही कहा जाता था। परीक्षा बड़ी कड़ाई के साथ होती थी। चैत वैशाख का महीना था। बड़ी कड़ाके की गर्मी थी, वह भी अकालिया दुखदाई। बाबू परशुराम सिंह ने सभी बच्चों से कहा कि परीक्षा स्थल पर एक दिन रुकना है, किन्तु वहां खाने की कोई व्यवस्था नहीं होगी। अतः अपने-अपने घर से खानपान लेकर चलना होगा, वह भी तड़के सूर्योदय से पहले ब्राह्ममुहूर्त में। दलित छात्रों के लिए यह इम्तहान बड़ी कठिनाई वाला था, किन्तु ज्ञान की कमी से नहीं, बल्कि खानपान की कमी से। समूह में रहते हुए बबुरा धनहुवां के उस परीक्षा केन्द्र पर कुछ सम्मानजनक भोजन की आवश्यकता तो अवश्य थी, किन्तु दलितों के लिए पूर्ण रूप से असम्भव। अतः मेरे जैसे तमाम दलित छात्र वही महुवे का 'लाटा' तथा 'चोटे में सने सूखे सत्तू' की गठरी लिये चल पड़े। हेडमास्टर साहब के आदेश से हम लाइन बनाकर सैनिकों की तरह परेड करते हुए सात मील का रास्ता तय करके इम्तहान स्थल पर पहुंचे थे। हमारा वह अभियान माओत्से तुंग के उस ऐतिहासिक 'लांग मार्च' से कम नहीं था, क्योंकि उसमें भी तो वही 'लाटा सत्तू' वाले ही लोग शामिल थे। वहां कई अन्य स्कूलों के छात्र भी परीक्षा देने विभिन्न दिशाओं से आए थे।

हम दोपहर होने से काफी पहले पहुंच गए थे। लिखित परीक्षा दोपहर बाद शुरू होने वाली थी, इसलिए काफी समय बचा हुआ था 'लाटा सत्तू' खाने के लिए। घर से चलते समय बुढ़िया दादी ने कहा था कि 'बबुरा धनहुवां' पहुंचते ही किसी पोखरा या पोखरी ढूंढ़कर मैं नहाकर गांव की देवी चमरिया माई की विनती करते हुए उन्हें 'धार-पुजौरा' चढ़ाने की मनौती मानूं ताकि इम्तहान में पास हो जाऊं। दादी द्वारा

दिया गया कोई भी फतवा मेरे लिए हमेशा जादू का काम करता था, इसलिए उसे न मानने का कोई सवाल ही नहीं था। उस स्कूल के पास खेतों की मेड़ पर कुछ औरतें घास ढूंढ़कर छील रही थीं। मुझे लगा कि वे अवश्य ही मजदूरिनी होंगी। इसलिए बेझिझक मैंने उनसे पूछा कि यहां कहीं पोखरा है कि नहीं। उनसे पता चला कि एक बहुत गहराई वाला पोखरा पश्चिम दिशा में आधा मील दूर है, जो चारों तरफ के भीटों पर बड़े-बड़े पेड़ों से घिरा हुआ है। मैं उसी दिशा में पोखरे की तलाश में भीटों वाले बड़े-बड़े पेड़ों को ढूंढ़ने लगा। कुछ दूर चलने पर सामने देखा कि चतुर्भुज की आकृति में घसियारिनों द्वारा बताई गई पेड़ों की झुरमुटें साफ झलकने लगीं। तभी सामने से एक छात्र आते दिखाई दिए। वे बबुरा धनहुवां के पास के ही रहने वाले थे किन्तु हमारे शेरपुर कुटी के हाई स्कूल में नवीं कक्षा में पढ़ते थे। उस स्कूल के अधिकतर छात्र किसी भी कक्षा के छात्रों को जानते-पहचानते थे। अतः पोखरे की तरफ से आते हुए रामचरन यादव जी मुझे देखकर बोल पड़े : 'आज त कौनो काम ना होई। ई कनवा सम्हने पड़ि गयल।' इसके बाद उन्होंने तेज आवाज में पूछा : 'कहंबा जात हउवे रे कनवा?' मैंने पोखरे में नहाने जाने की बात बता दी। इतना सुनते ही उन्होंने उसी शेरपुर कुटी की रामलीला के ऋषि परशुराम की तरह रौद्र मुद्रा में चाटा तानते हुए आदेश दिया : 'जल्दी से भाग चमार कहीं क। बड़कन लोगन के पोखरा में तू नहइबे?' रामचरन की इस रौद्र मुद्रा से मैं भयानक रूप से डर गया। ऐसा लगा कि मानो वे अपनी आंखों से ही मुझे खा जाएंगे। इसलिए उस अनजान जगह पर मैं डरकर दौड़ते हुए इम्तहान स्थल की ओर भागा था। इम्तहान के कुछ घंटे पहले हुई इस घटना से मेरा मनोबल एकदम टूट सा गया था। उधर दादी द्वारा बताई गई चमरिया माई की मनौती की चिन्ता से घबरा गया था। सोचता था कि बिना नहाए मनौती कैसे मानूं कुछ समझ में नहीं आ रहा था। अकाल की विभीषिका से कहीं पानी का स्रोत नजर नहीं आ रहा था। संयोगवश बबुरा धनहुवां के स्कूल के प्रांगण में एक नल (हैंडपम्प) गड़ा हुआ था। डर के मारे हम उसे नहीं छूते थे। मुझे बड़ी राहत मिली जब मेरे सहपाठी संकठा सिंह ने नल चलाकर मेरे हाथ-पैर धुलवाया। मैंने किसी को कुछ नहीं बताया। चुपके से थोड़ी दूर पर स्थित एक ताड़ के पेड़ की आड़ में बैठकर चमरिया माई के थान की दिशा में देखते हुए मैंने 'धार-पुजौरा' की मनौती माना। किन्तु रामचरन यादव का वह रौद्र रूप मेरे दिमाग में बड़ी गहराई से अटक गया था। लगता था कि इम्तहान में फेल हो जाऊंगा। मन में दुर्भावना उफनती थी कि यदि क्षमता होती तो बदला जरूर लेता, हकीकत में सब कुछ असम्भव था। बचपन की असहाय यादों में यह भी एक ऐसी याद थी, जो वर्षों तक मेरे दिमाग को हरदम कुरेदती रही। किन्तु इसके लगभग दो दशक बाद जब महाकवि शूद्रक का सदाबहार नाटक 'मृच्छकटिकम्' (मिट्टी की गाड़ी) के आठवें

अंक को पढ़ने का मौका मिला, तो सारी दुर्भावना हमेशा के लिए मिट गई। नाटक का प्रमुख पात्र नायिका वसंतसेना का प्रेमी चारुदत्त एक बौद्ध भिक्षु को रास्ते में आता देखकर बोल पड़ता है : 'कथम् अभिमुखम् न अभ्युदयिकम् श्रमणक दर्शनम्?' अर्थात्–बौद्ध भिक्षु का सामना हो गया, अब अवश्य ही अनिष्ट होगा। अनिष्ट समझकर चारुदत्त तो चला जाता है, किन्तु नाटक का दूसरा पात्र राजा का साला संस्थानक तथा शकार जब बौद्ध भिक्षु को देखते हैं, तो वे अनिष्ट होने की कल्पना से आगबबूला हो जाते हैं। वह भिक्षु पोखरे से नहाकर लौटते हुए लुटेरी इन्द्रियों से सबको सचेत रहने तथा सबके कल्याण की बात कहता आ रहा था। फिर भी शकार क्रोधित होकर कहता है कि जिस तरह शराबखाने में चिखना के लिए मूली तोड़ी जाती है, मैं वैसे ही तेरा (भिक्षु) सिर तोड़ता हूं। जब बौद्ध भिक्षु यह कहता है : 'शाअदम् पशीददु उपाशके' अर्थात् गुस्सा मत करिए उपासक, मैं आपका स्वागत करता हूं, तो शकार उसे गाली समझता है और वह बौद्ध भिक्षु को मारने लगता है। साथ ही यह भी कहता है कि जिस तालाब को राजा ने कुत्तों तथा सियारों के पानी पीने के लिए खुदवाया था, उसमें तुम अपनी दुर्गन्धित काया तथा गंदे चीवर को धोकर आ रहे हो? अंततोगत्वा बौद्ध भिक्षु सबके कल्याण की बात कहते हुए चला जाता है किन्तु उसकी हर बात को वे गाली ही समझते हैं। जाहिर है प्राचीनकाल में वैदिक हिंसावादियों द्वारा चलाए जा रहे बौद्धविरोधी अभियान के दौर में लिखे गए इस नाटक में जाति व्यवस्था विरोधी बौद्धों को अपशकुन समझा जाता था। उस जमाने में वैदिकों की बौद्धों के बारे में यह आम अवधारणा थी, जिसकी अभिव्यक्ति 'मृच्छकटिकम्' में एक सौन्दर्यशास्त्रीय विधा में शूद्रक ने की है। बबुरा धनहुवां के पोखरे पर पहुंचने से पहले जो कुछ मेरे साथ उस अकाल की कड़की में हुआ, उसमें रामचरन भैया मेरे आधुनिक शकार ही थे। यदि मैं उस समय 'मृच्छकटिकम्' के उस बौद्ध भिक्षु के बारे में जानता होता, तो शायद उतनी पीड़ा की अनुभूति नहीं होती, किन्तु दो दशक बाद जब बौद्ध दर्शन मेरे रोम-रोम में घर कर गया था तो 'मृच्छकटिकम्' से अवगत होने पर मुझे ऐसा लगा कि मानो सदियों पूर्व लिखे गए इस नाटक में वह बौद्ध भिक्षु मैं ही था। इस घटना ने उस पुरानी पीड़ा से मुझे मुक्त कर दिया। और मुझे लगने लगा कि वैसी दुर्घटनाएं बदले की भावना से नहीं, बल्कि वैचारिक चेतना से ही रोकी जा सकती हैं। जो भी हो, उस ताड़ के पेड़ की आड़ में उदास बैठा चमरिया माई को मनौती मनाते हुए मैं बड़ी देर तक रोया था। आंख पोंछते-पोंछते मेरे दोनों हाथ अच्छी तरह धुल गए थे। अपशकुन या अनिष्टकारी होने की यह एक असहाय पीड़ा थी। इसी माहौल में मैं पांचवीं कक्षा की परीक्षा में शामिल हुआ। रात में अन्य दलित छात्रों के साथ स्कूल के बाहर मैदान में अंगोछा बिछाकर मौन रुदन के साथ सोया। सोने या रोने से पहले वही लाटा-सत्तू काम आया। दूसरे

दिन अंतिम परीक्षा पीटी यानी व्यायाम से सम्बन्धित थी। इसके तहत गणित दौड़ सबसे अंत में आयोजित हुई। कुछ जबानी सवाल पूछे गए। मैं उत्तर के साथ जब विजय रेखा की तरफ दौड़ा तो मुझे लगा कि रामचरन यादव मुझे मारने के लिए मेरे पीछे दौड़ रहे हैं। इसी कल्पना ने मुझे सबसे पहले विजय रेखा पर खड़ा कर दिया। मेरे स्कूल के सारे अध्यापकों ने जोरदार तालियां ठोंकी। शाम को पांचवीं का रिजल्ट घोषित किया गया। उस परीक्षा स्थल पर मैं प्रथम घोषित हुआ। उस दिन हेडमास्टर परशुराम सिंह अत्यंत गद्गद हुए थे। वे दुखित भाव से बोले : 'आगे तोहार साथ छूटि जाईं।' जाहिर था कि पांचवीं के बाद अगले दर्जा की पढ़ाई के लिए अलग स्कूल था। हम पुनः उसी परेड की मुद्रा में चलते हुए अपने-अपने गांव वापस आ गए। दूसरे दिन दादी की हिदायत पर मनौती के अनुसार चमरिया माई के थान पर जाकर मैंने धार-पुजौरा चढ़ाया।

सन् 1959 की गर्मियों में सम्पन्न इस परीक्षा के बाद दो महीने से ज्यादा समय की छुट्टियां थीं। अकाल की गर्मी चरम सीमा पर थी। साथ ही सारी समस्याएं भी वैसी ही थीं। मेरे पिता जी बार-बार मुझे समझाते रहे कि बेटा अब बहुत पढ़ाई हो गई। वे यह भी कहते रहे कि अब बहुत ज्यादा दिन तक उनसे हरवाही नहीं होगी। 'अब तोहके हरवाही करै के पड़ी', ऐसा सुनकर मैं दहल जाता था। मुझे सबसे बड़ी चिन्ता इस बात के लिए होती थी कि छठी कक्षा से अंग्रेजी की पढ़ाई शुरू होने वाली थी। उन दिनों अंग्रेजी जानने वालों को बहुत महान समझा जाता था। यहां तक कि अनपढ़ गांव वालों के बीच अंग्रेजी की ऐसी सनक थी कि यदि कोई खड़ी बोली में भी फर्राटे के साथ बात करता, तो वे कहने लगते : 'अरे! भैया! ई त रंगरेजी बूकत हउवैं।' इस आम प्रचलित सनक ने मुझे भी अंग्रेजी सीखने के प्रति सनकी बना दिया था। किन्तु पढ़ाई छूट जाएगी, अंग्रेजी सीखने से वंचित हो जाऊंगा तथा हरवाही करनी पड़ेगी, इस कल्पना मात्र से मैं घोर चिन्ता में डूब जाता था। दादी हमेशा कहती रहती थी कि खूब पढ़ि के रंगरेज जइसन बनि जा। दादी की ऐसी बातों से मुझे बहुत राहत मिलती थी। सबसे ज्यादा भरोसा इस बात का था कि दादी जिन 'बिस्टौरियों' को भरुकी में भरकर जमीन में गाड़ दी हैं, उसे वह पढ़ाई के लिए मुझे दे देगी। किन्तु इस सम्भावना के बावजूद डर इस बात का था कि यदि घर वाले स्कूल छुड़ा दिए, तो बिस्टौरिया किसी काम नहीं आएगी। अपरम्पार तनाव से मैं ग्रस्त हो गया था। इसी बीच काव्य शैली वाले वही जोगी बाबा ने हमारी बस्ती आकर हमारे घर के पास नीम के पेड़ के नीचे खड़ा होकर 'बम बम लहरी' का जोरदार नारा लगाया। पास स्थित बच्चे-बूढ़े वहां आने लगे। एक लड़के ने मेरे घर के सामने बोला, हे तुलसी, जोगी बाबा आयल हउवैं। इतना सुनते ही जोगी बाबा ने गाया :

'जइसन कहत बाड़ा तुलसी, वइसन दुखवा में सब झुलसी,
बड़ ससतिया सहबा राम–बड़ ससतिया सहबा राम।'

इसी बीच पड़ोस में रहने वाले बलराम भैया ने कह दिया कि हे बाबा ई पचवीं पास हो गयल। इसके बाद जोगी बाबा ने गाया :

'जइसन भइला पचवीं पास, वइसन नोकरी के नाहिं आस,
बड़ ससतिया सहबा राम–बड़ ससतिया सहबा राम।'

जोगी बाबा के इस काव्य यथार्थ ने मुझे यकायक झकझोर दिया।

घबराहट में मेरे मुंह से निकल पड़ा कि हे बाबा कौनो बरदान दे दा। एक बार फिर जोगी बाबा सुरीले हो गए :

'जइसन मंगला तूं बरदान–वइसन जानी तोहें जहांन,
बड़ ससतिया सहबा राम–बड़ ससतिया सहबा राम।'

जोगी बाबा के ये तीन छंद मुझे आशा-निराशा की रसरी में लपेटकर आगे-पीछे दो विपरीत दिशाओं में खींचने लगे। ऐसा लगता था कि मानो मेरा अस्तित्व चिथड़े-चिथड़े होकर दो भागों में बंटने लगा हो। थोड़ी देर बाद जोगी बाबा साधुओं वाला अपना लमका चिमटा बजाते हुए 'बम बम लहरी' की ध्वनि के साथ अपनी झोंपड़ी की ओर चल पड़े और मैं उन्हें दृश्यपटल पर ओझल होने तक देखता रहा। भयाक्रांत इसलिए भी था कि जोगी बाबा की कोई भी गाई हुई वाणी कभी गलत नहीं होती थी। छुट्टियों का बीतना पहाड़-सा लगने लगा था, क्योंकि उसके बाद ही मेरी छठी कक्षा के आगे की पढ़ाई का भविष्य निर्धारित होने वाला था।

इस दौरान अकाल के कारण पशुओं के चारा का भी टोटा पड़ गया था। अनेक पालतू पशु भूख तथा बीमारी से पीड़ित हो गए थे। उस वर्ष गांव में अनेक गाय, भैंस तथा बैल मरने लगे थे। हमारे घर में एक कलोरी गाय (यानी कुंआरी गाय) बीमार होकर मर गई। उस समय एक परम्परा के अनुसार गांव का कोई भी हरवाहा अपने मालिक जमींदार के मरे पशु की खाल निकालकर उसे बेचने से मिले धन को अपने पास रख लेता था। ऐसे चमड़ों की कीमत प्रायः बीस रुपया होती थी। इस तरह के मरे पशुओं को दलित बांस की काड़ी में पैर की तरफ से बांधकर डोली की तरह ढोते हुए मुर्दहिया पर ले जाते थे। वहीं चमड़े छुड़ाए जाते थे। हमारे घर में मुन्नर चाचा चमड़ा छुड़ाने में माहिर थे। चमड़ा छुड़ाते समय उन्हें हमेशा एक टहलुवा (यानी उनके अनुसार काम करने वाला) की जरूरत होती थी। जब हमारे घर वाली कलोरी गाय मरी तो छह आदमी काड़ी पर ढोते हुए मुर्दहिया पर ले गए थे। मुन्नर चाचा कहने लगे कि उस छुट्टी में मैं चमड़ा छुड़ाना धीरे-धीरे सीख जाऊं ताकि भविष्य में इस 'चर्मकला' में पारंगत हो सकूं। हम दोनों ने जमीन पर पड़ी मुर्दा गाय को पैरों की तरफ से ठेलकर पेट को उतान किया। मुन्नर चाचा ने मुझे आदेश दिया कि मैं

गाय के पिछले पैरों को पकड़कर ऊपर ताने रहूं। मैंने वैसा ही किया। अब गाय का पेट सीधे ऊपर था। मुन्नर चाचा ने एक बड़ी-स छुरी को एक छोटे से पत्थर से रगड़कर तेज किया। पत्थर से रगड़ने के कारण छुरी से निकलती हुई 'कर्र-कर्र' की ध्वनि ने मुर्दहिया के सन्नाटे को भंग कर दिया। देखते ही देखते मुन्नर चाचा ने गाय के गर्दन के निचले हिस्से में छुरी भोंक दी तथा तेजी से पूरे पेट को चीरते हुए पिछली टांगों के बीच से आर-पार कर दी। उनके आदेशानुसार मैं दोनों टांगों को ऊपर उठाए पकड़े रहा। उन्होंने चीरे हुए पेट के दोनों तरफ के चमड़ों को एक-एक बित्ता चौड़ाई के साथ छुड़ा दिया। फिर उन्होंने कहा कि मैं उनके साथ एक तरफ का चमड़ा पकड़कर उल्टी दिशा में उचाड़ने में मदद करूं। इस विधि से हम दोनों ने पेट के दोनों तरफ से चमड़े को उचाड़कर पीठ की तरफ ला दिया। इस दौरान जहां छुरी की जरूरत होती थी, मुन्नर चाचा उसे चला देते थे। अब गाय का लगभग पूरा शरीर चुकचुकाते खून से लथपथ रक्त के टीले जैसा दिखाई देने लगा। जैसा कि स्वाभाविक था, अचानक सैकड़ों गिद्ध आसमान में मंडराने लगे। कुछ गिद्ध बहुत नीचे उड़ान भरते हुए मांस नोचने के लिए झपट्टा मारने लगे। मैं बेतहाशा डर गया था, क्योंकि गिद्ध के चोंच मुन्नर चाचा की छुरी से कहीं ज्यादा तेज थे। यदि किसी गिद्ध की चोंच मेरे हाथों पर लग जाती तो मैं भी स्वयं उस मुर्दा गाय का एक हिस्सा बनकर रह जाता। जाहिर है, वह मुर्दा गाय गिद्धों के लिए अकाल की एक लहलहाती फसल थी, जिस पर वे अधिकार करने के लिए बेताब थे। अभी चमड़ा पूरी तरह से छुड़ाया नहीं जा सका था। चाचा के कहने पर मैं मुर्दहिया की झाड़ियों से एक लम्बी डाल तोड़कर गाय के ऊपर आसमान में 'हाहो-हाहो' करते हुए घुमाता रहा। इस दौरान मुन्नर चाचा ने पूरा चमड़ा छुड़ाकर चादर की तरह चौपत कर मेरे सिर पर रख दिया। हम अपने घर की तरफ चल पड़े और सारे गिद्ध गोमांस पिंड पर गिर पड़े। बीच-बीच में कुत्ते आपस में कोंयं-कोंयं करके लड़ते रहे और उस मांस पिंड को नोचते हुए गिद्ध मजा उड़ाते रहे। इसके बाद मैं अनेकों बार इस तरह की चामछुड़ाई के अवसाद से पीड़ित रहा, किन्तु इसका एक रोचक पहलू यह था कि मरे पशुओं के मांस पिंड पर झपट्टा मारते हुए गिद्धों के बीच खड़ा होकर झाड़ियों से उन्हें भगाने में मुझे एक अनोखी कलाकृति का अभिन्न अंग होने जैसी अनुभूति होती थी। ऐसे अवसरों पर मुर्दहिया पर मुर्दा मांस खाने के बाद सैकड़ों गिद्ध उस पशु कंकाल से थोड़ी दूर हटकर अपनी टेढ़ी घेंटी लिये घंटों तक मौनव्रती के रूप में किसी तपस्वी की तरह बैठे रहते थे। जाहिर है उनके अपने वजन से ज्यादा मांस पिंड का वजन उनके पेट में रहता था, इसलिए वे जल्दी उड़ नहीं पाते थे। घंटों तक शांत बैठे ये गिद्ध ऐसा लगता था कि मानो वे मुर्दहिया के भूतों को शोकांजलि देने के लिए विपस्सना कर रहे हों। गिद्ध रात में कुछ भी नहीं खाते थे। इस मायने में वे बौद्ध भिक्षुओं जैसे होते हैं, जो दिन

में सिर्फ एक बार भोजन करते हैं। सांझ होते ही डूबते सूरज को देखकर यकायक ये गिद्ध शोर मचाते हुए विभिन्न दिशाओं में स्थित अपने खोतों की तरफ उड़ान भरने लगते थे। उनकी ये उड़ानें युद्धक विमानों की तरह लगती थीं। मुर्दहिया के पास स्थित खोतों वाले पीपल तथा बरगद के पेड़ों पर वे काफी नीचे से उड़ान भरते थे। उस समय उनकी उड़ान से उत्पन्न सांयं-सांयं करती हवाओं से बड़ी डरावनी भुतही कल्पना साकार हो उठती थी। इन खोतों से मुश्किल से एक फर्लांग की दूरी पर हमारा घर था। अतः डांगर खाने के बाद वाली रात को ये गिद्ध रह-रहकर बड़े जोर से चिंघाड़ने लगते थे। मेरी दादी कहती थी कि गिद्धवा ढेर खाइ लेहले हउवैं, येहि मारे पेटवा दुखात हउवे, जौने कारन ऊ चिल्लावै लगै लं। चाहे जो भी हो, गिद्धों का यह सम्पूर्ण माजरा मुझे बार-बार मोहित करता रहता था। कभी-कभी मैं कल्पना करता कि यदि मैं भी उन्हीं खोतों में गिद्धों के साथ रहता तथा उनके ही जैसी उड़ानें भरता, तो शायद लोगों के लिए अपशकुन या अनिष्टकारी होने से बच जाता।

उस दौरान बगल के टड़वां गांव का एक व्यक्ति जिसे लोग सिर्फ 'पग्गल' यानी पागल के नाम से जानते थे, उसकी एक विचित्र आदत थी। टड़वां के चौहद्दी पर एक विशाल किन्तु एकदम ठूंठा बरगद का पेड़ था बिना डाल और पत्तों वाला। इस पर पांच-छह गिद्धों का एक समूह रहता था। किसी न किसी मादा गिद्ध के अंडे उस ठूंठे बरगद पर पड़े रहते। ये पग्गल बाबा उसी फक्कड़ बाबा की तरह सिर्फ पतली-सी लंगोटी पहने रहते थे। वे कभी किसी से बोलते नहीं थे। वास्तविकता यह थी कि कोई भी कभी उनके मुंह से कोई शब्द ध्वनि नहीं सुन सका। वे प्रायः उस ठूंठे बरगद पर चढ़ जाते और गिद्धों की अनुपस्थिति में उनके खोते से सटकर बैठ जाते। वे हमेशा गिद्ध के अंडों को सहलाते रहते थे। इस कवायद में वे घंटों वहां बिता देते थे। जब गिद्ध वापस वहां मंडराने लगते, तो पग्गल बाबा बरगद से नीचे उतरते और उनका एक-दो अंडा अवश्य अपने साथ लाते। वे उन अंडों को हाथ में लिये इधर-उधर दूर-दूर तक बौड़ियाते रहते थे। बच्चे उन्हें देखते ही डर जाते थे। वे हमारे गांव तथा स्कूल पर भी आते रहते थे। उनका रूप-रंग मुझे बहुत प्रभावित करता था। अन्य लड़कों के साथ मैं भी उनको कुछ बोलने के लिए तरह-तरह के हथकंडे अपनाया करता था, जिनमें कुछ कोमल गालियां भी शामिल हुआ करती थीं। हम सबकी उत्सुकता यह होती थी कि उनकी बोली कैसी होगी? किन्तु पग्गल बाबा टस से मस नहीं होते थे। इतना वे जरूर समझते थे कि लोग उन्हें बोलने पर मजबूर कर रहे हैं। इसलिए वे ऐसे अवसर पर गिद्ध के अंडों को तुरंत गुस्से के साथ अपने दांतों में दबा लेते थे और क्रोधित मुद्रा में उन्हें चबा जाने जैसा अभिनय करने लगते थे। उनका यह रूप देखकर सभी डरकर भाग जाते और पग्गल बाबा अंडों को हाथ में लिये चुपचाप चम्पत हो जाते। किन्तु उनका मौनव्रत कभी नहीं टूटता। उन्हें कभी

किसी ने खाते हुए भी नहीं देखा। उन्हें कोई खाने की सामग्री देता तो वे मुंह फेरकर भाग जाते थे तथा रात में उसी गिद्धों वाले ठूंठे बरगद की जड़ के पास बिना कुछ ओढ़े-बिछाये सो जाते थे। सवेरा होने पर जब गिद्ध वहां से उड़ जाते, तो पग्गल बाबा पुराने अंडों को पुनः उसी खोते पर रख देते और किसी नए अंडे के साथ उतरकर इधर-उधर फिर बौड़ियाने लगते थे। वे अंडों को कभी नुकसान नहीं पहुंचाते। वे एक अद्‌भुत गिद्धप्रेमी थे, किन्तु उस अकाल में एकदम झुलस गए थे। मैं उन्हें देखकर हमेशा कारुणिक हो जाता था। इन्हीं गिद्ध प्रकरणों के दौरान गांव के जोखू पांड़े का एक बैल मर गया। मुर्दहिया पर सारे जुड़े कर्मकांड सम्पन्न हुए। जोखू पांड़े के हरवाहे द्वारा चमड़ा छुड़ाए जाने के बाद उसी के घर की एक रमौती नामक दलित महिला जो मुर्दहिया पर घास छील रही थी, उससे रहा नहीं गया। वह डांगर के लालचवश खुर्पा लेकर गिद्धों से भिड़ गई और मरे हुए बैल का कलेजा काटकर उनके खूंखार चोंचों से बचते हुए घास से भरी टोकरी में छिपाकर घर लाई। मेरे साथ अनेक दलित बच्चे यह नजारा देख रहे थे। सभी बच्चे चिल्लाने लगे : 'रमौती घरे डांगर ले जाति हौ।' शीघ्र ही यह खबर चौधरी चाचा तक पहुंच गई। दो दिन बाद पंचायत बुलाई गई। रमौती के परिवार को कुजाति घोषित कर दिया गया और उसका सामाजिक बहिष्कार शुरू हो गया। यह बड़ा प्रचंड बहिष्कार था। यहां तक कि उसके परिवार से कोई बात तक नहीं करता था। सामाजिक बहिष्कार की पीड़ा से घबराकर कुछ दिन बाद रमौती के परिवार ने बिरादरी में शामिल होने की अपील की। चौधरी चाचा ने फैसला सुनाया कि उसका परिवार पूरी बिरादरी को 'सूअर-भात' की दावत देगा, जिसके बाद उनका कुजातिपन समाप्त किया जाएगा। अकाल की उस भुखमरी में 'सूअर-भात' की यह दावत एक अनोखी घटना थी। अंततोगत्वा इस स्वादिष्ट दावत के पीछे रमौती का परिवार एक बार फिर भारी कर्ज में डूब गया।

सन् 1959 की गर्मी (ग्रीष्म ऋतु) लगातार दो साल से अकाल के कारण निहायत दुर्दिन में बदल चुकी थी। दलित बस्ती में चिट्ठी लिखने वाले के रूप में मेरी मांग बहुत बढ़ गई थी। जैसा कि अवगत है, गांव के कई लोग बंगाल की अनेक कोइलरियों तथा कलकत्ता में मजदूरी करते थे। परिवारों के लिए ये मजदूर अकाल में बादल जैसे आशा का प्रतिरूप थे। विशेष रूप से जब गांव की औरतें अपने पति मजदूरों को मुझसे चिट्ठियां लिखवातीं, तो मेरे सामने एक विचित्र स्थिति प्रकट हो जाती थी। कई औरतें भुखमरी का वर्णन करते-करते रोने लगती थीं। मैं तो स्वयं अपने दुख में डूबता-उतराता फिरता था, किन्तु गांव की रोती हुई मशीनों जैसी इन महिलाओं से मैं अत्यंत विचलित हो जाता था। अनेक बार उनके आंसुओं में मेरे आंसू भी दाखिल हो जाते थे। इन रोती मशीनों में एक थी किसुनी भौजी। उसका पति कतरास की कोइलरी में कोयला काटता था। नाम था मुन्नी लाल। किसुनी

भौजी दो बच्चों की मां थी, किन्तु उम्र मुश्किल से बाईस साल। उसके अंदर दुखड़ा सुनाने की अद्भुत वर्णनात्मक शैली का समावेश था। जब वह चिट्ठी लिखवाती थी, तो लगता था कि दुखड़ा स्वयं अपना आत्मविवेचन कर रहा है। यदि वह पढ़ती, तो शायद दुखांत साहित्य में बहुत कुछ गढ़ती। उसके द्वारा लिखवाई गई अकाल की एक चिट्ठी आज भी मुझे अच्छी तरह याद है, जिसकी कुछ पंक्तियां इस प्रकार हैं : 'हे खेदन के बाबू! हम कवन-कवन बतिया लिखाई? बबुनी बहुत बिलखइले। ऊ रोइ-रोइ के मरि जाले। हमरे छतिया में दूध ना होला। दूहे जाईला त बकेनवां लात मारै ले। बन्सुवा मजूरी में खाली सड़ल-सड़ल सावां दे ला। उप्पर से वोकर आंखि बड़ी शैतान हौ। संझिया क रहरिया में गवुंवा क मेहरिया सब मैदान जा लीं, त ऊ चोरबत्ती बारै ला। रकतपेवना हमहूं के गिद्ध नाई तरैरैला। चोटवा से पेटवा हरदम खराब रहै ला। हम का खियाईं, का खाईं कुछ समझ में ना आवैला। बबुनी के दुधवा कहंवा से लिआईं? जब ऊ रोवैले, त कब्बो-कब्बो हम वोके लेइ के बहरवां जाइके बोली ला कि देख तोर बाबू आवत हउवैं, त ऊ थोरी देर चुप हो जाले। तूं कइसे हउवा? सुनी ला की कोइलरी में आगि लगि जालें। ई काम छोड़ि दा। गवुवैं में मजूरी कइ लेहल जाई। सतुवै से जिनगी चलि जाई। येहर बड़ी मुसकिल में बीतत हौ। अकेलवैं जियरा ना लागैला, उपरा से खइले क बड़ा टोटा हौ। हो सकै त बीस रुपया भेजि दा। जब अइहा त तुलसी बाबू के एक जिस्ता कागद जरूर लेहले अइहा, ई है सब कर चिठिया लिखै लं। ई बड़ा तेज हउवैं। अउर का लिखाई हम? थोर लिखना, ढेर समझना।" इस चिट्ठी में खेदन किसुनी भौजी के चार साल के बेटे थे तथा बबुनी डेढ़ साल की बेटी थी। बंसुवा यानी बंसू पांड़े जमींदार थे जिनके यहां किसुनी मजूरी करती थी। चोरबत्ती टॉर्च को कहते थे। बकेनवां यानी बकेना भैंस थी, जो दुहते समय छटक जाती थी, क्योंकि उसका दूध खतम हो चुका था। ऐसे ही मिलते-जुलते अनेक प्रकरण उस अकाल के दौरान मुझसे लिखवाए गए। मैं स्वयं उनकी ये सारी 'बैरन' चिट्ठियां उसी अपने स्कूल पर स्थित एक पोस्ट बॉक्स में डाल आता था। यह पोस्ट बॉक्स हाई स्कूल के प्रिंसिपल साहब के ऑफिस के सामने दीवार पर लालटेन की तरह टंगा हुआ रहता था। गांव में जब भी डाकिया आता, बेसब्री से मेरी तलाश शुरू हो जाती। कई बार तो लोग मुझे गाय-भैंस चराते हुए मुर्दहिया पर आ जाते, फिर वहीं शुरू हो जाती थी चिट्ठियों की पाठशाला। मुर्दहिया पर मेरा चिट्ठी वाचन न सिर्फ चिट्ठीधारी ही सुनता था, बल्कि शायद वहां के भूत-पिशाच भी। इनके बीच फर्क इतना ही था कि भूत-पिशाचों ने अपनी भूतनियों के लिए कभी मुझसे चिट्ठियां नहीं लिखवाई। वैसे जब भी मैं मुर्दहिया पर होता, मेरी कल्पना में यह बात जरूर आती थी कि यदि कोई भूत चिट्ठी लिखवाने के बहाने मुझे पकड़ लेगा तो मैं क्या करूंगा?

मेरे घर वालों की एक ऐसी बकेना भैंस थी, जो मुझे देखते ही 'बांवं-बांवं' बोलते हुए मेरे पास आ जाती थी और मुझे चाटने लगती थी। उसका मुझसे बेहद लगाव था। मेरी एक विचित्र आदत थी। मुर्दहिया पर जब भी चराने जाता, मैं उसकी पीठ पर एक घुड़सवार की तरह बैठ जाता। उसे किसी भी तरह कोई एतराज नहीं होता। मैं उसकी पीठ पर बैठा रहता तथा वह घूमती-फिरती चरती रहती थी। इसी दौरान एक दिन गांव के ही चिखुरी ने भैंस के थन में लकड़ी से खोद दिया। भैंस बिदककर बड़ी तेजी से उछल पड़ी। मुझे जरा भी पता नहीं चला कि मैं कैसे एक झाड़ी के पास जमीन पर कुछ देर के लिए बेहोश पड़ गया? झाड़ी से सटी एक कब्र थी। होश आने पर मेरे होश उड़ गए। भूतों के डर से मैं कांप गया। यह खबर बस्ती में फैल गई। सभी कहने लगे कि भैसों पर भूत चढ़कर घूमते हैं किन्तु वे दिखाई नहीं देते। लोग मेरे बारे में कहते कि इसके चढ़ने से वे नाराज हो गए, इसीलिए इसे उठाकर जमीन पर पटक दिया। अपने चिर परिचित अंदाज में नग्गर चाचा मेरे ऊपर बरस पड़े। मेरी यह समझ में नहीं आ रहा था कि मैं चिखुरी को भूत समझूं या कि जो मुर्दहिया में दफ्न थे उनको? चाहे जो भी हो, इस घटना के बाद मैंने कभी भैंस पर बैठकर मुर्दहिया के भूतों को गुस्सा नहीं दिलाया। इस दुर्घटना से किसुनी भौजी बहुत दुखित हो गई थी। एक दिन अपने घर बुलाकर मुझे समझाया कि 'हे बाबू ई सब 'हवा-बतास' से बचि के रहिहा। इनकर गुस्सा जान लेउवा होला।' हमारे क्षेत्र में भूत पिशाच को दलित 'हवा-बतास' भी कहते थे। इसी किसुनी भौजी के ससुर का नाम था 'जेदी' जो अपने बेटे से अलग रहते थे। जेदी चाचा अपनी जवानी के दिनों में द्वितीय विश्वयुद्ध के दौरान उसी बंसू पांड़े के खानदान की हरवाही करते थे। विश्वयुद्ध के दौरान एक दिन वे हल जोत रहे थे। वहीं खेत से ही वे गायब हो गए। गांव वाले कहते थे कि अंग्रेज ढेर सारे मजदूरों का अपहरण करके लड़ाई के लिए विलायत ले गए थे। यह तो साफतौर पर मालूम नहीं कि जेदी कैसे गायब हो गए वे स्वयं किसी को असली बात नहीं बताते। वर्षों बाद जब द्वितीय विश्वयुद्ध समाप्त हो गया, तो वे गांव वापस आए थे। उनकी वापसी से गांव वाले बहुत खुश थे। वे थे तो बिल्कुल अनपढ़ किन्तु बातें ऐसी करते थे कि लगता था कि वे अंतर्राष्ट्रीय राजनीति के प्रोफेसर हों। जेदी चाचा एक विचित्र शैली में 'चरचेलवा' का जिक्र करते थे और उसे बहादुर बताते थे। वे अनेक हथियारों के नाम के बिगड़ैल शब्द भी बीच-बीच में अकारण ही बोलने लगते थे, जैसे—'सबमरी' फैटर पलेन, डमडम, टंक, बनेठी, बम आदि-आदि। कुछ शब्द ऐसे भी बोलते थे, जैसे—मसपोटम, सटल, बसरा, बगदाद, दुभई, खम्मा, दजला आदि-आदि। इस तरह के अनेक शब्द वे बिना वाक्य के स्वतंत्र रूप से ऐसे बोलते थे कि जैसे किसी को डांट रहे हों। हम सबको उस समय कुछ भी समझ में नहीं आता था कि वे क्या बोल रहे हैं। वर्षों बाद जब मैं

बनारस हिन्दू विश्वविद्यालय में उच्च शिक्षा ग्रस्त था, तब समझ सका कि जेदी चाचा चर्चिल को चरचेलवा, सब मैरीन को सबमरी, फाइटर प्लेन को फैटर पलेन, डमडम बुलेट को डमडम, टैंक को टंक, बैनेट को बनेठी, मेसोपोटामिया को मसपोटम, शत् अल् अरब को सटल, रास अल खैमा को खम्मा आदि-आदि कहते थे। हकीकत यह थी कि जेदी चाचा को अंग्रेज विश्वयुद्ध के दौरान एक अस्थायी टहलुवा के रूप में बगदाद ले गए थे। बाद में जैसे-तैसे वे गांव वापस आ गए थे। वास्तविकता यह भी थी कि जेदी चाचा का मूल नाम 'लुरखुर' था। किन्तु बगदाद पहुंचने पर किसी अंग्रेज अफसर ने उन्हें शिया मुसलमानों के लोकप्रिय उपनाम 'जैदी' के नाम से पुकारना शुरू कर दिया। वहां यही उनका प्रचलित नाम था। किन्तु लुरखुर चाचा अपने को 'जेदी' समझने लगे थे। गांव में भी लोग 'जेदी' के रूप में ही उन्हें पुकारने लगे थे। वे विश्वयुद्ध की अनेक कहानियां सुनाया करते थे, जिसे सुनकर मैं बहुत मंत्रमुग्ध हो जाता था। उनकी ये कहानियां मुझे ललचा-ललचाकर मारती थी। इन्हें सुनकर उत्कट इच्छा होती थी कि मैं भी पांचवीं के आगे पढ़ूं और सारी दुनिया के बारे में जानूं। किन्तु पढ़ाई छूटने की निरंतर दुविधा एवं चिन्ता ने मुझे एकदम मनहूस बना दिया था। इस ऊहापोह के दौरान एक अजीब हादसा हो गया। जेदी चाचा वहीं बंसू पांड़े के यहां फिर से हरवाही करने लगे थे। उचित बनि की मांग के कारण वे अक्सर झगड़ पड़ते थे। उनके इस स्वभाव के कारण बंसू ने बकरी चोरी के आरोप में सबक सिखाने के लिए चिरैयाकोट थाने के एक ब्राह्मण सिपाही, जिससे उनकी दोस्ती थी, को बुलाकर जेदी चाचा को बहुत पिटवाया और डोरी में बांधकर थाने ले जाने की तैयारी करने लगे। विचित्र तथ्य यह था कि बंसू के पास कोई बकरी थी ही नहीं। किसी तरह जेदी चाचा पांच रुपया घूस देकर पुलिस से छुटकारा पाए। पुलिस से इस बार भी हम सभी बुरी तरह से डर गए थे। बंसू पांड़े के इस छलिया कपट से आघातित होकर जेदी चाचा प्रतिरोधस्वरूप एक नए किस्म का सत्याग्रह करने लगे। वे सब काम-धाम बंद कर दाढ़ी-मूंछ बढ़ाना शुरू कर दिए तथा निचंड धूप में चारपाई डालकर एक चादर ओढ़कर दिन भर सोते रहते थे। पूछने पर कहते थे कि जब तक बाभन न्याय नहीं करते, मैं दाढ़ी मूंछ बढ़ाता रहूंगा तथा धूप में ही सोऊंगा। वे इस मामले में निहायत जिद्दी थे। पंचायत आदि द्वारा किसी अन्य समझौते को वे मानने से साफ इनकार कर दिए थे। धीरे-धीरे वे बीमार पड़ने लगे। अंततोगत्वा उसी अकाल में वे प्राण त्याग दिए। उनकी मृत्यु से बड़ा शोकमय वातावरण हो गया था। जेदी चाचा गुरमुख थे। वे शिव नारायण पंथ को मानने वाले थे। जब-जब हमारे घर गादी लगती थी, जेदी चाचा संतौवा गायकी में माहिर थे। उनकी बड़ी बुलंद आवाज थी। जब संतौवा ढोल-मजीरे के साथ अपनी चरम सीमा पर होता था, तो जेदी चाचा अचानक खड़े होकर बहुत जोर से डांटने की शैली में 'ह्वै' बोल पड़ते थे। उनके इस

जोरदार 'स्वै' से संतौवा का आकर्षण बेहद रोचक बन जाता था। ऐसे अवसरों पर मैं इंतजार करता रहता था कि कब जेदी चाचा 'स्वै' कहकर डांटते हैं? जब उनकी लाश दफनाने के लिए मुर्दहिया पर ले जाई जा रही थी, तो शिवनारायण पंथ की परम्परा के अनुसार संतौवा के दौरान कई लोगों ने उनकी इस डांटने वाली शैली का अनुसरण करना चाहा, किन्तु वो बात कहां जो जेदी चाचा में थी। मैं भी उनकी लाश के पीछे-पीछे मुर्दहिया पर गया था। उनके दफ्न के साथ ही वहां के भूतों की आबादी में एक और नाम जुड़ गया। उनकी कब्र से लौटते हुए मेरे मस्तिष्क में उनके ये शब्द चरचेलवा, मसपोटम, फैटर, डमडम, खम्मा, दजला आदि शोर मचाते रहे। आज जब मैं अंतर्राष्ट्रीय राजनीति के एक बड़े सेंटर का प्रोफेसर एवं अध्यक्ष बन चुका हूं, तो यह स्वीकारने में गर्व होता है कि इसके पीछे मेरी प्रेरणा के असली जनक वे तीन गरीब मजदूर थे, जिन्होंने मुझे छोटी उम्र में अंतर्राष्ट्रीय राजनीति की तरफ अनजाने में ही खींचा था। इनमें एक थे सोवियत संघ में 'समोहीखेती' वाले मुन्नर चाचा, दूसरे डांगे को 'डंगरिया' कहने वाले सोनई तथा तीसरे थे, दढ़ियल जेदी चाचा। उनके दाढ़ी-मूंछ रखने का रहस्य मेरे मस्तिष्क में तब खुला जब सन् 1978-79 में ईरान पर शोध के दौरान मुझे पता चला कि वहां के गिलान प्रांत के मिर्जा कुचेक खां नामक एक क्रांतिकारी के नेतृत्व में सन् 1910 तथा 20 के दशक में हजारों युवकों ने कसम खाई थी कि जब तक वे अंग्रेज साम्राज्यवादियों को ईरान की धरती से भगा नहीं देंगे तब तक वे दाढ़ी-मूंछ बढ़ाते रहेंगे तथा घर छोड़कर जंगल में रहेंगे। ईरान में उनके इस आंदोलन को 'जंगल आंदोलन' तथा क्रांतिकारियों को जंगली कहा जाता है। मिर्जा कुचेक खां लेनिन से पत्र व्यवहार भी करते थे। जाहिर है, जेदी चाचा ने अपने बगदाद प्रवास के दौरान इन ईरानी जंगलियों के बारे में अवश्य कुछ सुना होगा, इसीलिए उन्होंने उनका रास्ता अपनाते हुए बंसू पांड़े के विरुद्ध विद्रोह का बिगुल फूंक दिया था, जिसके चलते उन्होंने जान दे दी, किन्तु क्रांतिकारी आदर्श नहीं छोड़ा। ऐसे थे भुक्खड़ क्रांतिकारी बगदाद रिटर्न 'जेदी' चाचा।

इन घटनाक्रमों के बीच मेरे साथ एक बड़ा रोचक हादसा हुआ। हमारे गांव के पड़ोसी परसूपुर के पत्तू मिसिर का एक पोखरा था, जो मुर्दहिया के दक्षिण दिशा में दो फर्लांग की दूरी पर था। पोखरे के चारों तरफ भीटों पर नीम के बड़े-बड़े सैकड़ों पेड़ थे। पोखरे के ही पास एक विशाल मल्दहिया आम का पेड़ था जिस पर बहुत बड़े-बड़े आम के फल लगे हुए थे। मल्दहिया आम कच्चे पर भी बहुत स्वादिष्ट होता था। मल्दहिया हमें चोरी के लिए हमेशा प्रेरित करता रहता था। उन्हीं गर्मी की छुट्टियों के दौरान एक दिन मैंने चिखुरी के साथ ढेर सारा आम तोड़ने की योजना बनाई। मैं छिपते-छिपाते मल्दहिया पर चढ़ गया और बड़े-बड़े आम तोड़कर नीचे फेंकने लगा। चिखुरी आमों को बीन-बीनकर एक झोले में रखते रहे। प्रचंड

अकालग्रस्त गर्मी में दोपहर का समय था। उस पेड़ से करीब ढाई सौ गज की दूरी पर पत्तू मिसिर का घर था। वे वहीं से मल्दहिया की तरफ देखा करते थे। चिखुरी को कभी इधर तो कभी उधर पेड़ के इर्द-गिर्द आम बीनते देखकर पत्तू मिसिर आशंकित होकर गालियां देते हुए लाठी लेकर दौड़ पड़े। उन्हें देखकर चिखुरी तुरंत भागकर मुर्दहिया की तरफ चले गए। मैं पेड़ पर काफी ऊंचाई पर था, इसलिए नीचे नहीं उतर सका। इस बात से बुरी तरह डरा हुआ था कि आज पत्तू मिसिर बहुत पिटाई करेंगे। अतः एक डाल पर बैठे-बैठे मैंने पत्तेदार कई टहनियों से अपने को ढंक लिया। गलती से मेरा एक पैर डाल के नीचे लटक रहा था। पत्तू पेड़ के नीचे खड़े होकर अपनी लाठी को कमर के पीछे बेड़े-बेड़े अपने दोनों हाथों से ओठगांए ऊपर की तरफ अन्वेषी निगाहों से देखने लगे। संयोगवश उन्होंने मेरे लटकते हुए पैर को देख लिया। इसे देखते ही 'जय शुद्धू बाबा की जय शुद्धू बाबा की' कहते हुए पत्तू मिसिर पेट के बल जमीन पर गिर पड़े। बड़ी मुश्किल से अर्धविक्षिप्त अवस्था में हकलाते हुए वे 'जय शुद्धू बाबा की, जय शुद्धू बाबा की' रट लगाते हुए अपने घर की तरफ गिरते-पड़ते भागे। वे बहुत मोटे तोंदियल व्यक्ति थे। उनका पेट हौदे की तरह सामने लटका रहता था, इसलिए तेजी से न तो चल पाते थे और न दौड़ पाते थे। घर पहुंचकर वे बीमार हो गए। यकायक बुखार से ग्रस्त वे अनिष्टकारी कल्पना में डूब गए। इस विकराल प्रलयंकारी भय का रहस्य यह था कि उनके पोखरे पर स्थित एक बड़े नीम के पेड़ से कुछ वर्ष पूर्व शुद्धू नामक उन्हीं के गांव के एक दलित दतुवन तोड़ते हुए गिरकर मर गए थे। अतः हमारे क्षेत्र में उन्हें पोखरे का सबसे खतरनाक भूत घोषित कर दिया गया था। अक्सर लोग निचंट दोपहरी में अकेले पोखरे पर जाने से बहुत डरते थे। संयोगवश पत्तू मिसिर मेरे लटकते पैर को 'शुद्धू भूत' का पैर समझ बैठे थे। अतः उनकी दुर्दशा तो होनी ही थी। उनको ठीक करने के लिए उनके घर पर ओझाओं का जमघट लग गया। अंततोगत्वा पोखरे पर शुद्धू बाबा को उन्होंने मुर्गे की बलि तथा नीम के पेड़ की जड़ में एक बोतल शराब की आहुति देकर अपने इस भुतहे मनोरोग से छुटकारा पाया। शुद्धू भूत की सच्चाई पर हमारी दलित बस्ती के लोग काफी दिनों तक खूब चुटकी लेते हुए हंसते रहे। यहां तक कि लोग, रिश्तेदारों के गांव आने पर उन्हें भी सुना-सुनाकर खूब मजा लेते रहे। इस घटना से उत्पन्न प्रहसन से सम्भवतः अकाल की भुखमरी में हमारी बस्ती के दलितों को रुक-रुककर थोड़ी देर के लिए एक क्षणिक राहत अवश्य मिलती रही और मैं वर्षों से आज तक यही सोचता रहा कि आम के लालच में मल्दहिया पेड़ पर चढ़ा एक साधारण चोर, जब वहां से उतरकर भागा, तो एक खतरनाक भूत बन गया। इस घटना से बस्ती में मैं एक बेहद लोकप्रिय मनोरंजन का पात्र बन गया। इसी बीच गांव में कलकत्ता से एक चिट्ठी आई। चिट्ठी उस समय के हिसाब से पांच पैसे वाले पोस्टकार्ड पर

टूटे-फूटे शब्दों में लिखी हुई थी। प्रचलन के अनुसार डाकिया हमारे घर चौधरी चाचा को चिट्ठी देने आया और बोला कि 'मुर्बीदास' की चिट्ठी है। चौधरी चाचा ने कहा कि मुर्बीदास नाम का कोई व्यक्ति गांव में है ही नहीं। डाकिया ब्राह्मणों की बस्ती में चला गया और अनेक लोगों को पोस्टकार्ड दिखाया। हर एक पढ़ा-लिखा ब्राह्मण पोस्टकार्ड पर लिखे पते की गुत्थी सुलझाने में लगा रहा, किन्तु मुर्बीदास किसी की पकड़ में नहीं आए। यह गुत्थी डाकिया के लिए एक भयंकर चुनौती बन गई थी। इसका कारण यह था कि उस जमाने के डाकिया बेहद ईमानदार तथा जिम्मेदार व्यक्ति होते थे। अतः वह डाकिया मानसिक रूप से बिल्कुल उलझ गया था। पूरे गांव की फेरी के बाद डाकिया एक बार फिर दलित बस्ती में आया। संयोगवश हमारे घर के पड़ोस में रहने वाले फेरू काका से उसकी मुलाकात हो गई। फेरू काका ने कहा कि चिट्ठी 'तुलसिया' को दिखाई जाए। मैं उस समय मुर्दहिया पर भैंस चरा रहा था। फेरू काका ने ही मुझे मुर्दहिया से जोरदार आवाज लगाकर बुलाया। मैं घबराया हुआ आया, क्योंकि अपने नग्गर चाचा से बहुत डरता था। मन में एक आशंका थी कि कोई गलती जरूर हुई है, इसलिए बुलाया गया है। खैर, घर पहुंचने पर डाकिया ने मेरे हाथ में चिट्ठी दे दी और कहा कि 'देख त बेटा ई केकर चिट्ठी हौ?' उस पोस्टकार्ड पर पता लिखे हुए हिस्से को मैं ऊपर-नीचे, दाएं-बाएं हर दिशा से देखता रहा। पूरा पता यों लिखा था :

'पावबल–मुर्बीदास
ग्राम–धरमपुर
थाना–चिरैयाकोट
जिला–आजमगढ़।'

मैं नाम वाली लाइन को बार-बार पढ़ता और हद से ज्यादा उलझ जाता। इस उलझन में डाकिया भी जल्दीबाजी में नहीं था, इसलिए वह भी गुत्थी हल होने तक वहां रुकने के लिए तैयार था, जिसका एक मात्र कारण था कि हमारे गांव का पता एकदम सही था। काफी देर तक माथापच्ची के बाद मेरा दिमाग चल पड़ा। मेरे गांव से एक बलमू नाम के अनाथ दलित युवक बचपन में ही भागकर कलकत्ता चले गए थे। वे वर्षों बाद उस अकाल के बारे में सुनकर वहां से कौतूहलवश हालचाल लेने गांव आए। गांव में उनका कोई घर या जमीन नहीं थी। बलमू भैया हमारे घर के पास एक खाली जमीन पर एक छोटी-सी अस्थायी झोंपड़ी बनाकर दो महीने पूर्व से रहने लगे थे। वे अक्सर कहते थे कि जब बारिस होने लगेगी तो कलकत्ता वापस जाएंगे। यद्यपि गांव में उनका कुछ भी बचा नहीं था, किन्तु मुश्किल के दौर में गांव के दलितों की दुर्दशा से विचलित होकर वे सबकी खोज-खबर लेने आए थे। वे हमेशा यह भी कहते थे कि जब सूखा से गांव वालों को राहत मिलेगी, तो वापस जाएंगे।

मेरा ध्यान बुरी तरह से बलमू भैया पर टिक गया। नाम वाली लाइन को बार-बार पढ़ता रहा। बहुत देर बाद यह गुत्थी सुलझ पाई, जब मैंने 'पावबल मुर्बीदास' का खुलासा 'पावैं बलमू रविदास' के रूप में किया। वास्तव में कलकत्ता जाकर बलमू अपने नाम के आगे 'रविदास' जोड़ लिये थे। वे कलकत्ता के 'बेलिया घट्टा' इलाके में बनानी दास नामक एक बंगाली दलित महिला की बाड़ी में रहते थे। उसी ने बलमू रविदास का हालचाल जानने के लिए एक साधारण-सी चिट्ठी लिख दी थी। बंगाली होने की वजह से बनानी दास ने 'पावैं–बलमू रविदास' के बदले तोड़-मरोड़कर 'पावबल–मुर्बीदास' लिख दिया था। इस गुत्थी के सुलझते ही डाकिया बार-बार मेरे सिर पर हाथ फेरता और कहता, 'खूब पढ़िहा भैया।' इस घटना के बाद फेरू काका मेरे सबसे बड़े प्रचारक बन गए। 'मुर्बीदास' का रहस्य खोलना मेरे लिए आर्किमिडीज या न्यूटन जैसे वैज्ञानिकों द्वारा आविष्कृत किसी वैज्ञानिक फॉर्मूले से कम नहीं था। अगाध प्रशंसा मिली थी। फेरू काका गर्व से कहते रहे कि मेरे आगे गांव के सारे बाभन फेल हो गए। इन तमाम खट्टी-मीठी यादों के बीच न जाने कहां से भटकता हुआ एक भूखा 'लमकुरियवा' बानर, यानी काले मुंह तथा लम्बी पूंछ वाला बंदर आ गया। हमारे पूरे क्षेत्र में किसी भी तरह के बंदर का कहीं अता-पता नहीं होता था। इसलिए उसका गांव में आना तरह-तरह की अटकलबाजी को जन्म दे गया। कोई कहता वह 'लमकुरियवा भूत' है, तो कोई कहता 'हनुमान जी' हैं। किन्तु गांव के सारे बच्चे और युवक उसे मनोरंजन का एक रोचक साधन समझ बैठे। क्या दलित, क्या बाभन सभी उसका पीछा करने लगे। उसे खदेड़ने की प्रक्रिया में इधर-उधर पड़े सारे कंकड़-पत्थर साफ हो गए। चूंकि हमारे गांव में अनगिनत पेड़ तथा जंगल थे, इसलिए वह बंदर कभी किसी एक पेड़ पर तो कभी कंकड़ों-पत्थरों की बौछार से ऊबकर दूसरे पर छलांग लगा लेता। शीघ्र ही कंकड़ों-पत्थरों का हुजूम भी एक पेड़ से दूसरे पेड़ की तरफ चल पड़ता। बीच-बीच में बंदर गुस्सा होकर चिंचियाने लगता था। उसका यह चिंचियाना मनोरंजन की आग में घी का काम करने लगता था। परिणामस्वरूप कुछ और कंकड़-पत्थर उसे अपने निशाने पर ले लेते थे। वह घंटों तक गांव की अनेक दिशाओं में स्थित विभिन्न पेड़ों पर भागता रहा। अंततोगत्वा भागते हुए वह 'बरम बाबा' के चौरे के पास स्थित एक विशाल आम के पेड़ पर चढ़ गया। वह सबसे ऊपर की डाली पर बैठ गया जहां पत्थरों का पहुंचना कठिन था, क्योंकि ये पत्थरमार सारे योद्धा भी थक चुके थे। अंत में बंसू पांड़े अपनी बंसवार से एक लम्बा बांस कटवाकर उसकी लग्गी बनाकर बंदर को खोदने लगे। इस नए हथियार से वह बिल्कुल घबरा गया। वह चिल्लाता हुआ रौद्र मुद्रा में पेड़ से कूदकर जमीन पर आ गया और गांव के पश्चिम स्थित ताल की तरफ भागा। सैकड़ों का हुजूम भी उधर ही मुड़ गया। इस हुजूम में मैं भी शामिल था और मेरे पास कई

कंकड़-पत्थर भी थे। देखते-ही-देखते घबराहट में वह बंदर ताल के पानी में कूद गया और तेजी से तैरकर बहुत दूर चला गया तथा सारा हुजूम ताल के किनारे पत्थर लिये उसे आंखों से दूर ओझल होते बिलोकता रहा। लोग हारे हुए जुआरी की तरह घर वापस आए।

इस बंदर कांड के बाद जेठ महीने की झुलसा देने वाली गर्मी अपनी चरम सीमा पर थी। आषाढ़ आने पर स्कूल खुलने वाले थे। पांचवीं कक्षा के बाद पढ़ाई का विकराल दानव अनिश्चयता की स्थिति में मेरे सामने आने लगा। कोई रास्ता मिल जाने की तलाश में मैं अपने ननिहाल आजमगढ़ के प्रसिद्ध गांव 'तरवां' चला गया। आज तरवां इसलिए भी प्रसिद्ध है क्योंकि भारतीय राजनीति में मुलायम सिंह के भूतपूर्व संकटमोचक ठाकुर अमर सिंह भी उसी गांव के रहने वाले हैं। जिस समय मैं अपने ननिहाल पहुंचा, शायद अमर सिंह भी उस समय पांचवीं पास रहे होंगे। हमारे नाना के घर के ठीक सामने मुश्किल से एक फर्लांग की दूरी पर तरवां थाना स्थित था। एक विशाल बिल्डिंग थी, जिसका रंग लाल था। दूर से देखने में ही डरावनी लगती थी। स्वतंत्रता आंदोलन के दौरान इस थाने को फूंकने की कोशिश की गई थी। इस क्षेत्र में स्वतंत्रता आंदोलन का नेतृत्व तेज बहादुर सिंह नामक एक प्रख्यात कम्युनिस्ट नेता ने किया था। उन्होंने वर्षों तक भूमिगत रहकर काम किया था। इस पूरे क्षेत्र पर उनका विशेष प्रभाव था। बाद में चलकर जब मैं इंटरमीडियट में पढ़ रहा था, तो तेजबहादुर सिंह के सम्पर्क में आया। उनका भी मेरे ऊपर गहन प्रभाव पड़ा था। उस समय तरवां थाने से बहोरीपुर की तरफ एक सड़क बनाने का काम चल रहा था। तरवां के अनेक दलित मजदूर सड़क बनाने में लगे हुए थे। इनमें मेरे राम सरन मामा भी शामिल थे। उन दिनों एक बैलगाड़ी भर अंकटा खोदकर रखने की मजदूरी चार आने हुआ करती थी। अंकटा एक तरह का अधूरा पत्थर होता था जो सड़क बनाने के काम आता था। उन दिनों अंकटा कहीं भी मिल जाता था। मेरे मन में आया कि मैं भी कुछ दिन तक अंकटा की खुदाई करके कुछ पैसा इकट्ठा करूं, जो आगे की पढ़ाई में काम आ सके। वास्तव में वह चार आना उस समय एक बड़ी कमाई माना जाता था। मैं मामा के साथ सड़क के काम के लिए थाने पर गया। कार्यस्थल पर पता चला कि मेरे जैसे बच्चों से सिर्फ टोकरी में भरकर अंकटे को बैलगाड़ी में रखवाने का काम लिया जाता था, जिसके बदले उन्हें सिर्फ एक आना मजदूरी दी जाती थी, चूंकि अंकटा जमीन में पांच छह फीट नीचे मिलता था, इसलिए बड़े मजदूर ही उसकी खुदाई कर पाते थे। अतः नकद मजदूरी की मेरी यह कल्पना हमेशा के लिए अधूरी छूट गई। मैं हताश रह गया। लगभग पंद्रह दिन तक ननिहाल में रहकर मैंने अनेक नजारे देखे। मेरे नाना के गांव के दलितों में एक खानदानी परम्परा यह थी कि जेठ के महीने में हर साल वर्षा की पूर्व संध्या पर लोग

बारी-बारी से सूअर-भात की दावत देते थे तथा सारे लोग एक साथ बैठकर खाते थे। उन पंद्रह दिनों में लगभग रोज ही ऐसी दावतों में मैं शामिल हुआ। वास्तव में, हर दावत में स्थानीय देवी-देवताओं को सूअर की बलि दी जाती थी, जिसका उद्देश्य होता था भविष्य में किसी तरह की अनहोनी को रोकना। ये बलियां गाजे-बाजे के साथ दी जाती थीं। नाना के ही एक पट्टीदार, घूरा दफला बजाने में माहिर थे। वे करीब तीन फीट गोलदार चौड़ाई वाले विशाल दफले को अपने कंधे पर रसरी से टांगकर पेट पर खड़ा कर लेते और फिर दोनों हाथों में लकड़ी लेकर अंधाधुंध उसे बजाने लगते थे। बलि देते समय सूअर चिंघाड़ता हुआ चिल्लाता था और वे उतनी ही तेजी से दफले की धुन छेड़ते रहते थे। बलि समाप्त होने की प्रक्रिया में उसे बजाते-बजाते वे अपने दोनों पैरों को बड़ी फुर्ती से आसमान में उछालकर कलैया मार जाते थे, किन्तु दफले का वादन एक क्षण के लिए भी नहीं रुकता था। वैसा उन्मादी दफलची मुझे कहीं और नहीं मिला। तरवां में मैंने इस दफलची कला तथा सूअर-भात की दावत का खूब मजा लिया, किन्तु आगे की पढ़ाई वाली चिन्ता ज्यों की त्यों बनी रही। इस ननिहाल प्रवास के दौरान रात के समय मैं नाना के घर के सामने नीम के पेड़ के नीचे कई अन्य लोगों के साथ सोता था। सामने थाना होने के कारण रात बड़ी डरावनी लगने लगती थी, जिसका कारण यह था कि उन दिनों चारों तरफ 'सेंधमार' चोरों का बड़ा आतंक था और कोई न कोई चोर रोज ही थाने में पकड़कर लाया जाता था। थाने का दारोगा लगभग हर रोज ही रात के सन्नाटे में ऐसे गिरफ्तार चोरों को थाने की छत पर ले जाकर बहुत मारता था। ये चोर मार से कराहते हुए बहुत जोर से चिल्लाते रहते थे। मैं उनकी चिल्लाहट से न सिर्फ डर जाता था, बल्कि अत्यंत संवेदनशील हो उठता था। नाना की बस्ती वाले कहते थे कि थाने का दारोगा बड़ा खूंखार ठाकुर है। वह चोरों को सुर्ती खिला-खिलाकर मारता है। फिर वे विश्लेषण करने लगते थे कि सुर्ती खाने से दर्द कुछ कम महसूस होता था। सुर्ती खिलाकर की जाने वाली चोरों की मार मुझे और भी विचलित कर देती थी। परिणामस्वरूप पुलिस से डरने के साथ-साथ उनसे घृणा भी करने लगा। इस प्रक्रिया में एक रात को एक व्यक्ति थानेदार की मार से यकायक जोर-जोर से रोने लगा, किन्तु अगले ही क्षण वह एकदम शांत हो गया। रोने की कराह तथा शीघ्र ही रहस्यमयी चुप्पी से सभी लोग अचम्भित थे। इसके बाद उस रात को थाने की छत से कोई आवाज नहीं सुनाई दी। सुबह दो सिपाही तरवां की उस दलित बस्ती में आकर सबको चेतावनी देते हुए कहते रहे कि थाने के दारोगा या किसी के बारे में किसी से कुछ भी न कहें, वरना सबको सुर्ती खिलाई जाएगी। पुलिस की इस सुर्ती का मतलब था प्रलय। हुआ यह था कि थाने की छत पर मार खाता-खाता एक मुजरिम नीचे गिर गया और अविलम्ब मर जाने की वजह से उसकी चिल्लाहट

यकायक बंद हो गई थी। इस मृत्यु से पुलिस का आतंक ऐसा फैल गया था कि मैं नाना के घर से थाने की तरफ निगाह फेरते ही डर जाता था। इस बीच गर्मियों की छुट्टियां भी समाप्त होने वाली थीं। मैं तरवां से वापस अपने गांव चला गया और मेरी मुर्दहिया एक बार फिर मेरे पास आ गई।

जिस समय मैं ननिहाल से अपने गांव वापस आया, उस समय बस्ती के लोग निजामाबाद के उसी पुराने शीतला देवी के मंदिर की वार्षिक पूजा के लिए जाने की तैयारी कर रहे थे। मेरी दादी हमेशा मुझे इस पूजा में शामिल होने के लिए कहती रहती थी। पढ़ाई की अनिश्चयता ने मुझे उस समय देवी-देवताओं के प्रति काफी अंधविश्वासी बना दिया था। गांव के करीब तीस-पैंतीस लोगों के साथ मैं भी शीतला देवी की यात्रा में शामिल हुआ। यात्रा लम्बी थी, इसलिए रात में मुर्गों की बांग सुनते ही हम 'शीतला माई की जय' बोलते हुए अपने-अपने घरों से निकल पड़े। हमारे इस झुंड में सोमरिया भी शामिल थी, जो अपनी हुक्की तथा चिलम को साथ ले जाना नहीं भूल पाई थी। वह कुछ किलोमीटर चलने के बाद हमेशा गिड़गिड़ाकर हमारे कारवां से कहती कि सभी कहीं रुक जाएं, ताकि वह आग जलाकर हुक्की से तम्बाखू पी सके। उसकी यह मांग अमान्य कर दी जाती थी। मुझे ऐसा लगता था कि कहीं सोमरिया गांव वापस आने पर अपनी चिरपरिचित पुरानी शैली में रात के सन्नाटे में उसी कुएं की जगत पर खड़ी होकर गालियों की बौछार न करने लगे। घंटों की थकाऊ यात्रा में करीब आधी दूरी तय करने के बाद हमारा कारवां 'गम्भीर बन' नामक गांव के विशाल ताल के किनारे पहुंचा। वहां का नजारा देखकर सभी मोहित हो गए थे। ताल में हजारों बगुले एक पैर पर खड़े नजर आते थे। यह ताल कमल के फूलों के लिए भी मशहूर था। ताल की सतह पर चारों तरफ कमल की नाल फैली हुई थी तथा इसके पत्तों से पानी ढका हुआ था। ताल की सतह से उठती अनेक पक्षियों की घुली-मिली आवाजें हमारे लिए एक न समझने योग्य भाषा की तरफ इशारा कर रही थीं। हम वहीं एक घंटे के विश्राम के लिए रुक गए। औरतें भोजन के लिए सत्तू सानने लगीं तथा सोमरिया की हुक्की के ऊपर चिलम में आग धधक उठी। इस पड़ाव में यह भी खूब था कि आग यहां भोजन पकाने के लिए नहीं, बल्कि हुक्की चिलम के काम आ रही थी। हम दिन के तीसरे पहर शीतला के मंदिर पर पहुंच गए। वहां रात भर का पड़ाव था क्योंकि पूजा दूसरे दिन सुबह होनी थी। वहां सैकड़ों लोग उपस्थित थे। सभी मंगलवार को पूजा के इंतजार में थे। हम सब सारी रात मैदान में सोकर बिताए। सूर्योदय होते ही शीतला की पूजा शुरू हो गई। हमारे गांव वाले किसी तरह एक-एक सेर गेहूं का आटा इंतजाम करके साथ ले गए थे, जिससे सोहारी-हलवा पकाकर शीतला देवी को चढ़ाना था। साथ ही सूअर के छौने की बलि भी देनी थी। मेरी मां सोहारी हलवा ईंट के चूल्हे पर पकाने लगी तथा मेरे पिता जी

मुझे लेकर गांव वालों के साथ छौना ढूंढ़ने निकल पड़े। वहां मंदिर के पास ही थोड़ी दूर पर सूअर पालने वाले सैकड़ों छौनों को जाल में लपेटकर बेच रहे थे। उस समय दो-तीन किलो के छौने तीन से पांच रुपए में मिल जाते थे। शीघ्र ही हम छौनों को लेकर वापस आ गए। परम्परा के अनुसार छौनों की बलि के साथ-साथ वेश्याओं का नाच भी देवी के सामने करवाया जाता था। मंदिर के पुजारी ही छौनों का गला काटने के लिए तांत्रिकों को अपने पास रखते थे। वहां नाचनेवालियों का झुंड भी मौजूद रहा करता था। मेरे गांव वाले इन्हें 'मेलाघुमनी' कहा करते थे। मेरे पिता जी भी नाच के लिए एक मेलाघुमनी दो रुपए में ढूंढ़ लाए। इन मेलाघुमनियों के साथ एक तबलची हुआ करता था। तबलची दोनों तबलों को एक चादर से लपेटकर कमर में बांधे रहता था, और नृत्य के समय मेलाघुमनी के स्वर में स्वर मिलाकर देवी का गुणगान करने लगता था तथा तबले की थाप से सारा वातावरण गूंज उठता था। इसी बीच बलि का छौना भी सिरविहीन हो जाता था। यह सारी प्रक्रिया मुश्किल से पांच मिनट में समाप्त हो जाती थी। मेलाघुमनी के नाच के बाद हम भावविभोर होकर मंदिर से बाहर निकलकर देवी मां का सोहारी-हलवा वाला प्रसाद खाने लगे। अचानक एक चील ने झपट्टा मारा और मेरे हाथ से सोहारी-हलवा दूर जा गिरा तथा देखते ही देखते मेरा बायां हाथ खून से लथपथ हो गया। चील की चोंच ने मेरा हाथ फाड़ दिया था। छौनों की बलि तथा अन्य खाद्य सामग्री के कारण वहां हजारों की संख्या में चील-कौवे आसमान में निरंतर उड़ान भरते रहते थे। मेरे पिता जी कुछ ताजा गोबर ढूंढ़कर लाए और मेरे घायल हाथ पर छोप दिया। वे कहने लगे कि इसी से ठीक हो जाएगा। इसके बाद हम सभी यात्रा की वही पुरानी प्रक्रिया दोहराते हुए देर शाम अपने गांव वापस आ गए।

अब छुट्टियां दो-चार दिन की ही शेष रह गई थीं। आसमान में हैरतअंगेज नजारा उभरने लगा। लगातार दो साल के सूखे के बाद बादल गरजने लगे। लोग घरों से बाहर निकलकर आसमान को घूर-घूरकर देखने लगे। विशेष रूप से दलित नृत्य मुद्रा में प्रतीत होने लगे थे। पहली बारिश के साथ ही गांव वाले आपस में चंदा करके एक सूअर खरीद लाए। ससमारोह चमरिया माई को बलि देकर बारिश का स्वागत किया गया। इसी बीच मुर्दहिया के ऊपर पूरे आसमान को घेरता हुआ एक विशाल अर्ध चंद्राकार इंद्रधनुष दिखाई दिया। हमारे गांव के दलित इंद्रधुनष देखते ही हाथ जोड़कर 'इन्नर भगवान' की जयकार करने लगे, वे कहते थे कि अब 'इन्नर भगवान' खुश हो गए हैं, इसलिए खूब पानी बरसाएंगे। धनुष का विश्लेषण करते हुए गांव वाले यह भी कहते कि जब इंद्र देवताओं की पंचायत बुलाते हैं, तो सभी देवता गोलाई में बैठ जाते हैं, जिसके कारण वे इंद्रधनुष के रूप में आसमान में दिखाई देने लगते हैं। वर्षा की इस आस के बीच 1 जुलाई, 1959 ने आगमन मेरी चिंता को धधका

दिया। यह एक ऐसी तारीख थी जिससे मेरा भविष्य तय होने वाला था। घर में कोहराम मचा हुआ था। नग्गर चाचा जैसे विस्फोटक दिमाग वाले घर के लोग आरोप लगाने लगे कि मैं पढ़ाई के बहाने कामचोर बनना चाहता हूं। बड़ी मुश्किल से दादी की जिद पर मुझे चार आना मिला, जो छठी कक्षा में नाम लिखाने की फीस थी। यह चवन्नी इस बात की गारंटी थी कि अब छठी से लेकर दसवीं कक्षा तक की पढ़ाई का मार्ग खुल गया। उस दिन मैं दौड़ते हुए स्कूल गया था। छठी कक्षा में मेरा दाखिला युगांतरकारी सिद्ध हुआ, क्योंकि यहीं से शुरू हुई थी मेरी अंग्रेजी भाषा की शिक्षा, जिसके ज्ञान ने मुझे आगे चलकर अपने गांव में एक किसी अन्य ग्रह का मानव बना दिया था। छठी में अंग्रेजी पढ़ाने वाले मास्टर थे मुशाफिर लाल किन्तु उन्हें भी सभी लोग सिर्फ मुंशी जी के नाम से जानते थे। वे उसी जिगरसंडी गांव के रहने वाले थे, जहां के बाबू परशुराम सिंह थे। ये अंग्रेजी वाले मुंशी जी प्राइमरी वाले मुंशी जी से बिल्कुल भिन्न थे। वे अत्यंत मेहनती और अनुशासन वाले व्यक्ति थे। वे किसी के साथ भेदभाव नहीं करते थे। परिणामस्वरूप अंग्रेजी के प्रति मेरा आकर्षण एक तरह के पागलपन में बदल गया। मुंशी जी जो कुछ सिखाते-पढ़ाते, मैं सब कुछ रट लेता था। यहां तक कि किताब से जो भी पाठ पढ़ाते मैं दूसरे दिन उसे जबानी सारा कुछ बोल देता था। मेरी इस याददाश्त के कारण मुंशी जी मेरे सबसे बड़े प्रशंसक बन गए। शीघ्र ही मैं अनेक अंग्रेजी के स्वतंत्र वाक्यों का मालिक बन बैठा। और जब मैं अपनी दलित बस्ती में किसी के सामने इन वाक्यों को बोलता तो लोग चकाचौंध होकर मुझे घूरने लगते थे। किन्तु मेरी दादी इस बात से चिन्तित हो गई थी कि कहीं मैं पागलपन की तरफ तो नहीं बढ़ रहा? वह अक्सर दोहराती रहती कि सुनने में आता है कि ज्यादा पढ़ने से लोग पागल हो जाते थे। इसलिए मेरे मुंह से अंग्रेजी के शब्द सुनकर वह घबरा जाती थी। मेरी बस्ती के बदलू और बलराम दो ऐसे हरवाहे थे, जो शाम के समय काम से वापस आने पर सीधे मेरे पास आते थे और मुझे हमेशा अंग्रेजी बोलने के लिए कहते। मैं तुरंत दर्जनों छोटे-छोटे अंग्रेजी के वाक्य उनके सामने जड़ देता, जैसे–'आई ऐम गोइंग', 'यू आर कमिंग' तथा 'ही इज रीडिंग' आदि आदि। मेरे मुंह से ऐसे वाक्यों को सुनकर लगता था कि मानो दिन भर की हरवाही से प्राप्त उनकी सारी थकान मिट गई। पागलपन कहीं बढ़ न जाए, इस चिन्ता में दादी मुझसे हमेशा कहती रहती : 'हरदम अंड बंड मत बोलल कर।' इन तमाम अटकलों के बीच मेरा यह पागलपन बढ़ता रहा। प्राइमरी स्कूल में मेरा जो स्थान गणित के लिए था वही छठी के बाद अंग्रेजी के लिए हो गया। अंग्रेजी भाषा के कारण छठी कक्षा मेरे लिए अत्यंत आकर्षक बन गई।

वापस गांव में अत्यंत खुशहाली का वातावरण छाने लगा था, क्योंकि आषाढ़-सावन के बीच दो साल बाद बड़ी घनघोर बारिश हुई और चारों तरफ बाढ़

ही बाढ़ आ गई थी। लोग रोपनी के लिए धान की जरई तैयार करने लगे तथा खेतों में 'लेव' लगाते। खेत में चारों तरफ से मेड़ द्वारा पानी को रोककर हल जोतने को लेव लगाना कहते थे, जिसमें मौसम के अनुसार आगामी फसल बोई जाती थी। लेव के बाद खेतों को हेंगा से हेंगाया जाता था। बांस के तीन छह-सात फीट लम्बी काड़ियों को एक साथ पचरी ठोककर चौड़ा बना दिया जाता था, जिसे हेंगा या पाटा कहा जाता था। हेंगा को मोटे रस्से में बांधकर जुआठे में नधे बैलों द्वारा खींचा जाता था। हेंगा के ऊपर अक्सर किसी बच्चे को भी बैठा दिया जाता था तथा हरवाहा स्वयं उस पर चढ़कर हेंगाने के लिए बैलों को हांकने लगता था। पानी भरे जुताई किए गए खेत को समतल बनाने के लिए हेंगा पर बैठे बच्चों का बहुत मनोरंजन होता था। देखते ही देखते धान की फसलें लहलहा उठीं। दो साल की अत्यंत तबाही के बाद अकाल का दौर समाप्त होते ही बाढ़ के कारण ताल-पोखरे, नदी-नाले, डबरा-डबरी यहां तक कि धान के कियारे तरह-तरह की मछलियों से पट गए। मछलियों की बहुतायत इतनी ज्यादा हुई कि लोग टोकरी में भर-भरकर दूर-दूर स्थित अपने रिश्तेदारों के घर पहुंचाने लगे। मछलियों के आगमन ने दलितों की भुखमरी को हवा में उड़ा दिया। आगे आने वाले हर मौसम में इसी की बहार थी। मछलियां मारने के सिलसिले में एक वाकया मेरे साथ ऐसा हुआ, जिसे याद करके मैं आज भी विचलित हो जाता हूं। गांव की ताल से जुड़ी पतली नहर में मैं कंटिया लगा रहा था। एक जगह गिरई नामक मछली के छोटे-छोटे सैकड़ों बच्चे पानी की सतह पर तैर रहे थे। ऐसे छोटे बच्चों, जिसे जरई कहा जाता था, को मां मछलियां अक्सर अपने साथ चराने के लिए पानी में इधर से उधर चलाकरती थीं। मैंने केंचुवा से गुंथी कंटिया को इन जरइयों के बीच फेंका। शीघ्र ही कटिया का धागा तेजी से खींचा जाने लगा। मैंने कंटिया को उछालकर जमीन पर फेंका और मेरे हाथ में आ गई करीब एक पाव वजन वाली गिरई जो अपनी जरइयों को चरा रही थी। मैंने इस छटपटाती गिरई को जमीन पर पटककर मार डाला, उधर सैकड़ों जरइयां इधर-उधर बिखरकर ऐसे दिशाविहीन हो गईं, जैसे पानी की सतह पर बिछी काई पर बड़ा-सा पत्थर फेंक दिया गया हो। इन मातृविहीन जरइयों को दिशाविहीन देखकर मेरे अंदर एक अति निर्दयी पापी होने की अनुभूति जग गई। आज भी पानी में तैरती जब भी किसी मछली को देखता हूं तो मैं अपने को उसी निर्दयी पापी की अवस्था में पाने लगता हूं। जो भी हो, उस बरसात ने हमारे गांव में आने वाली हर संध्या को अपने पुराने रूप में तब्दील कर दिया था। सूरज डूबते ही झींगुर तथा रेउवां की निरंतर जारी रहने वाली चिंचियाती धुनों में हजारों मेढकों की टरटराहट मिलकर किसी को सोने नहीं देती थी। वहीं, गोबड़ौरो का समूह मैले के ढेर को गोलाकार ग्लोब का रूप देकर ऐसे ठेलते नजर आने लगे थे कि मानो दुखों से भरी इस धरती को लुढ़काकर वे किसी

अन्य ग्रह पर ले जा रहे हों। ढिबरी तथा लालटेन जैसे रोशनी के स्रोतों पर पतिंगों का हुजूम आत्महत्या के लिए मजबूर होने लगा था। राहत की बात यह थी कि ये सारी गतिविधियां उस भीषण अकाल के समापन की ही घोषणा कर रही थीं। सावन आते ही नागपंचमी की आहट पाकर चुड़िहारिन गांव-गांव घूमकर कजरी विधा में गाने लगीं थी :

"एक दिन छल कइलै हो मुरारी सुनिए–
बनिके अइलैं चुड़िहारी सुनिए ना।"

गोदना गोदनेवालियां भी ऐसी धुनों पर फेरी लेने लगी थीं। नीम के पेड़ों पर पड़े झूले तो संध्या के समय मनोरंजन के सबसे बड़े केन्द्र बन गए थे। गांव के दलित मजदूर और मजदूरिनें लोकगीतों की धुन पर झूल-झूलकर दिन भर काम से मिली थकान को हवा में उड़ाने लगीं। इसी बीच घुमंतू नटों की गांव के बाहर सिरकिया भी गड़ने लगी। ये सारी बरसाती गतिविधियां पिछले दो साल अकाल के दौरान एकदम बंद हो गई थीं। किन्तु सन् 1959 के बरसाती दिनों में इनकी वापसी से हमारी दलित बस्ती जीवंत हो उठी थी।

उस बरसात में करीब पंद्रह सदस्यीय घुमंतू नटों के एक झुंड ने हमारी दलित बस्ती के दक्षिण में स्थित ऊसर जमीन पर अपनी सिरकियां लगा लिया। त्रिकोण झोंपड़ीनुमा सिरकी सरपत तथा कपड़ों से बनाई जाती थी। उन्हें सैनिक टेंट सरीखे गाड़कर नट रात में उसके अंदर सोते थे। ऐसे खानाबदोश नट बरसात के दिनों में घूम-घूमकर लोगों को पहलवानी सिखाते थे, जिसके बदले उनकी रोजी-रोटी चलती रहती थी। ये नट आल्हा गाने में माहिर होते थे तथा ढोल वादन में अत्यंत पारंगत। हमारे गांव में जिस नट परिवार ने सिरकी लगाया था, उसका मुखिया बहुत हट्टा कट्टा पहलवान था, जो तुर्कों जैसा प्रतीत होता था। उस परिवार की युवतियां अत्यंत सुंदरी थीं जिनके बारे में गांव में तरह-तरह की चर्चाएं होने लगी थीं। अपनी किसी बात को मनवा लेने की इन नटों में अद्भुत क्षमता होती थी। वे सब कुछ आल्हा गा गाकर मनवा लेते थे। वीरता भरे किसी भी आल्हा प्रकरण में वे सामने वाले व्यक्ति को पिरोकर ऐसा दृश्य पैदा कर देते थे, जिससे भावुक होकर लोग उन्हें हर तरह की मदद के लिए राजी हो जाते थे। इसी क्रम में बस्ती के लोग पहलवानी सीखने के लिए राजी हो गए। मुर्दहिया के पहले एक बाग में अखाड़ा तैयार किया गया तथा करीब बीस युवक उस नट पहलवान से कुश्ती, बाना-बनेठी, तलवार आदि भांजना सीखने लगे। अखाड़े में नट तरह-तरह के दांव सिखाता तथा वहां भारी भीड़ तमाशबीनों की इकट्ठा हो जाती। एक बार सिखा दी गई तरकीबों की प्रैक्टिस के लिए वह नट बीच-बीच में वीर रस से ओतप्रोत ढोल की थाप को ऐसी सुरीली बना देता था कि ये सारी नट विद्याएं सबके सिर चढ़कर बोलने लगती थीं। हमारे परिवार

के दो युवक सोबरन तथा गोकुल भैया पहलवानी सीखे। नटों द्वारा ऐसी पहलवानियां एक 15 दिवसीय पर्व की तरह होती थीं, जिसके बाद शुरू होता था विदाई समारोह। जिन-जिन के घर के युवक पहलवानी सीखते थे, नट पहलवान बारी-बारी से उनके घर आल्हा का आयोजन करता था। जिस दिन हमारे दरवाजे पर आल्हा का आयोजन हुआ, उस दिन सैकड़ों लोग वहां उपस्थित हो गए थे। लोग घंटों तक मंत्रमुग्ध होकर आल्हा सुनते रहे। अंततोगत्वा, जब वह नट समूह हमारी बस्ती से विदाई लेकर अपनी सिरकियां उखाड़ने लगा, तो घर-घर में मातम सा छा गया था। जब वे सिरकियों को अपनी पालतू घोड़ी की पीठ पर लादकर एक अजनबी मंजिल की तरफ जाने लगे तो मैं भी उन्हें बड़ी ललचाई निगाहों से देखता रहा और बार-बार सोचता रहा कि यदि उनके काफिले में मैं भी होता, तो कैसा लगता? देखते ही देखते नटों का यह झुंड मुर्दहिया के रास्ते हमारी आंखों से ओझल हो गया।

जाहिर है उस बरसात ने सूखाग्रस्त गांवों की दलित बस्तियों में अनेक गतिविधियों की भरमार कर दी थी। अब जो चिट्ठियां मुझसे लिखवाई जाती थीं, उनमें किसुनी भौजी जैसी युवतियों द्वारा ऋतु वर्णन भी शामिल होने लगा था। उनके अर्थ वैसे ही होते थे, जैसे 'पद्मावत' में महाकवि जायसी की ये पक्तियां :

'बरिसै मघा झकोरि झकोरी–मोर दोउ नैन चुवै जस ओरी।'

उधर हमारा स्कूल भी जाड़े की शुरुआत होते ही अनेक सामाजिक गतिविधियों का केन्द्र बन गया। पहली पंचवर्षीय योजना चालू तो पहले ही हो गई थी, किन्तु उसका प्रभाव कहीं नहीं नजर आता था। पहली बार सन् 1959-60 के जाड़ों में हमारे क्षेत्र के जहानागंज कस्बे में ब्लॉक विकास केन्द्र खोला गया था, जिसके तहत विभिन्न स्कूलों में कृषि प्रदर्शनी आयोजित होने लगी। अनेक सरकारी अधिकारी जैसे ए.डी.ओ., बी.डी.ओ., तहसीलदार तथा डी.एम. आदि इन स्कूलों का दौरा करने लगे। ऐसी प्रदर्शनियों के अवसर पर मुझे यह अनुभव होने लगा था कि दो वर्ष पहले कौड़ा तापते हुए मुन्नर चाचा जो कुछ भी रूस में 'समोही खेती' या नेहरू की योजना के बारे में बताते थे, उसका साकार रूप इनमें दिखाई देने लगा था। उस समय हमारे स्कूल पर बहुत बड़ा मेला लगा हुआ था। प्रदर्शनी में लहलहाती फसलों के बड़े-बड़े नमूने रखे गए थे। वहां बड़ी संख्या में किसान आते थे। शाम के समय बड़े स्तर पर सांस्कृतिक कार्यक्रम ब्लॉक द्वारा आयोजित किए जाते थे। उस समय जहानागंज ब्लॉक के एक मशहूर 'बिरहा गायक' थे, जो अपनी गायन शैली में विकास कार्यक्रमों को भी शामिल किए हुए थे। उनका नाम था जयश्री यादव। लोहे का करताल बजाते हुए जब बुलंद आवाज में इन लाइनों–

'होइहैं अब कल्यान पंचवर्षीय योजना से–
हरा-भरा खेत-खलिहान पंचवर्षीय योजना से',

को गाते थे, तो सभी रोमांचित हो उठते थे। ऐसी प्रदर्शनियों के बाद गांव-गांव में ग्रामसेवक घूमने लगे। साथ में कभी-कभी स्कूलों के कृषि छात्र भी होते थे। वे सभी डिबलर से बीज बोने के लिए किसानों को प्रेरित करते रहते थे। 'डिबलर' लकड़ी का एक दर्जन खूटियों वाला चौकोर खांचा होता था। इसके इस्तेमाल से खेत में खूटियों द्वारा बनाए गए छेद में फसलों के बीज बोए जाते थे। उस समय डिबलर से खेती का वर्णन विभिन्न लोकगीतों में खूब मिलता था। इन सब क्रियाकलापों से नेहरू जी की छवि ग्रामीण इलाकों में काफी निखरने लगी थी। लोग अकाल से उत्पन्न दुख-दर्द को भूल गए थे। धान की अच्छी फसलों के बाद चैत-वैशाख के दिनों में जौ, गेहूं, चना, मटर आदि फसलों की कटाई से दलितों के बीच काफी खुशहाली छा गई थी, इसका कारण था कुछ महीनों के लिए उचित भोजन व्यवस्था, इस संदर्भ में हमारे पूरे क्षेत्र में दूर-दूर तक ब्राह्मण तथा क्षत्रिय जमींदारों के बीच चमारों को लेकर एक काव्यात्मक मुहावरा प्रचलित था :

'भादों भैसा चइत चमार–इनसे कबहूं लगै न पार',

इस निरादरपूर्ण अमानवीय अभिव्यक्ति में चमारों की पेट भरकर खाने की खिल्ली उड़ाई गई थी। उपरोक्त उक्ति से यह भी प्रकट होता है कि भारत का सवर्ण समुदाय चमारों को भूखे पेट देखना ही ज्यादा पसंद करता है। हां, यह भी अवश्य परिवर्तन आया कि चैत आते ही अकाल के दौरान बंद शादी-विवाह के समारोह एक बार फिर पुनर्जाग्रत् हो गए। हल्दी की रश्म तथा 'मटमंगरा' के गीत दलित बस्तियों में गूंजने लगे। ऐसे अवसरों पर :

सोने की थारी में जेवना परोसो रामा,
जेवना ना जेवै हमार बलमा

यह एक अत्यंत प्रचलित लोकगीत हुआ करता था, जिसे मटमंगरा से लेकर शादी के दिन तक लगातार गाया जाता था। इस दौरान दलितों की झोंपड़ियों की दीवारों पर कोहबर कलाकृतियां विभिन्न रंगों में उभड़कर अपना एक अलग ही सौन्दर्य बिखेरने लगती थीं। दीवार पर गेरू तथा हल्दी से जो पेंटिंग की जाती थी, उसे कोहबर कहा जाता था। ऐसी कलाकृतियों में केले का पेड़, हाथी, घोड़े, औरत, धनुष-बाण आदि शामिल होते थे। इन कलाकृतियों को 'कोहबर लिखना' कहा जाता था। चिट्ठी की तरह कोहबर लिखने के लिए भी गांव वाले मेरी ही तलाश में रहते थे। अतः मैं जब तक गांव में रहा, शादी किसी के घर हो, कोहबर मैं ही लिखता रहा। एक विशेष बात यह थी कि इन कोहबर कलाकृतियों का प्रचलन सवर्ण जातियों में नहीं था। इन परम्पराओं से जाहिर होता है कि सदियों से चला आ रहा दलितों का यह बहिष्कृत समुदाय एक अलौकिक कला एवं संगीत का न सिर्फ संरक्षक रहा, बल्कि उसका वाहक भी है। अशिक्षा के कारण लिपि का ज्ञान न होने के कारण दलित लोग संभवतः भारत के पहले व्यक्ति थे जिन्होंने अभिव्यक्ति के लिए कोहबर पेंटिंग का सहारा लिया

था। शादी-विवाहों के इन अवसरों पर भांड़ मंडलियों या नौटंकियों का आयोजन दलितों के बीच एक आम बात थी। इन अत्यंत आकर्षक मंडलियों या नौटंकियों में नाटक से लेकर गायक, तबलची, अभिनेता, स्वांग आदि कोई प्रोफेशनल व्यक्ति नहीं, बल्कि वही अधपेटवा गुजारा करने वाले हरवाहे हुआ करते थे। ऐसे अवसरों पर एक सिद्धहस्त कलाकार के रूप में उनकी प्रस्तुति से सदियों पुराने उनके दुख-दर्द कुछ समय के लिए हवा में उड़ जाते थे। मेरे ननिहाल तरवां के एक चचेरे मौसा थे, जो एक बड़े हाजिरजवाब स्वांग (यानी मसखरे) थे। इन भांड़ मंडलियों में वे सामाजिक कुरीतियों पर लोकशैली में तरह-तरह के व्यंग्य द्वारा प्रस्तुति को बहुत ही मार्मिक बना देते थे। उनका एक गीत मुझे आज भी स्मरण होते ही रोमांचित कर देता है जिसकी कुछ पक्तियां इस प्रकार हैं :

हरिजन जाति सहै दुख भारी हो।
हरिजन जाति सहै, दुख भारी ॥
जेकर खेतवा दिन भर जोतली,
ऊहै देला गारी हो, दुख भारी ॥
हरिजन जाति सहै, दुख भारी ॥

इसी तरह बालविवाह जैसी कुरीतियों पर तीखी टिप्पणियां, जो नंगी सच्चाइयों का पर्दाफाश कर देने वाली होती थीं, उन्हें वही हरवाहे नर्तक गा-गाकर अपनी नृत्यकला को बेहद आकर्षक बना देते थे। उदाहरण के लिए :

मं त हौं जवान मोर बलमा लरिकइयां।
आधी-आधी रतिया क बाबा मांगै पनिया ॥
मं त जनि पियासल बाबा ले के गइलों पनिया,
बाबा के बोहरिया परै, धइलै करिहइयां
ऊ त लगलैं बोलै, जइसे बकरन की नइयां ॥

इसी कुरीति पर एक विरहा शैली में बड़ा ही लोकप्रिय गीत गाया जाता था, जिसकी इन पंक्तियों में बहुत गूढ़ तथ्य छिपे रहते थे, जैसे :

बाबा विदा करौ लं लरिका क मेहरिया
रहरिया में बाजै घुंघरू ॥

उपरोक्त पंक्ति में छिपा गूढ़ रहस्य यह है कि गांवों में अरहर के साथ उस जमाने में हमेशा सनई की भी फसल मिलाकर तैयार की जाती थी। सनई से पटसन बनता था तथा उसके फूल का साग बहुत स्वादिष्ट होता था। इसमें मूंगफली जैसी सैकड़ों फलियां लग जाती थीं, जिनके अंदर तीसी की तरह बीज भरे रहते थे। सनई की ये फलियां जब पककर सूख जाती थीं, तो उनके तने जरा भी किसी चीज के स्पर्श से हिल जाते तो यकायक इनके पूरे पेड़ से सैकड़ों घुंघरू जैसी खनक गूंज

उठती थी। उपरोक्त लोकगीत में छिपा हुआ रहस्य यह है कि बालविवाह से उत्पन्न कुरीति के कारण बालक दूल्हे की जवान पत्नी को उसका ससुर अरहर और सनई की संयुक्त खड़ी फसल के बीच से जाने वाले रास्ते से विदा कराकर ले जा रहा है। अतः सामाजिक रूप से अमान्य व्यवहार के स्पर्श से गहन फसल के बीच सनई के पौधों से घुंघरू की गूंजती आवाजों से सारा रहस्य उजागर हो जाता है। 'गीत गोविन्दम्' में जयदेव द्वारा वर्णित कृष्ण के शारीरिक स्पर्श से राधा के पैरों में बंधी पायल के खनक जाने से जो रहस्य खुल जाता है, उससे कहीं ज्यादा सौन्दर्यशास्त्रीय रहस्य इन अधपेटवा दलितों की सनई से उजागर हो जाता है। इस प्रकरण में सनई की फलियां राधा के पायल से कहीं ज्यादा खनकती नजर आती हैं। ऐसे ही पति के बूढ़े होने की शिकायत करती युवती का विरह इस लोकगीत में प्रस्फुटित हो जाता था :

कइसे सपरी हो भैया कइसे सपरी
मीलल हमके बूढ़वा भतार,
भैया कइसे सपरी,
होइहैं कइसे बेड़ा पार
भैया कइसे सपरी॥

इसी प्रकार इन नाच मंडलियों में दलित समाज में किसी भी नई चीज को अंधविश्वासों के दबाव में न स्वीकारने की भावना भी परिलक्षित होती रहती थी। उदाहरण के लिए जब सरकार अंग्रेजी डॉक्टरों को ग्रामीण क्षेत्रों के कस्बाई दवाखाने भेजने लगी तो दलित उनसे इलाज कराने में हिचकते थे। इसलिए वे अपने लोकगीतों में इन डॉक्टरों का मजाक अपनी बीमार बकरियों के माध्यम से उड़ाने लगते थे। जैसे :

हे डकडर बाबू बेमार भइली बकरी।
संझिया क चरि के अइली खेतवा में लतरी॥
हे डकडर बाबू बेमार भइली बकरी॥

इन लोककला मंडलियों में लैला-मजनूं, शीरी-फरहाद, सुल्ताना डाकू आदि जैसे नाटकों का मंचन भी दलित कलाकार बहुत आकर्षक ढंग से करते थे। इन सभी नाटकों का अंत एक विचित्र समापन शैली में होता था। मूल नाटक के खत्म होते ही मुख्य कलाकार मंच पर आकर अपने दोनों हाथों को कमर पर रखकर दाएं बाएं हिलाते हुए नृत्य शैली में 'मोहे ले चल रे—मोहे ले चल' गाने लगता था। कुतूहलवश एक के बाद एक सारे कलाकार बारी-बारी से मंच पर आते और सभी वैसा ही करना शुरू कर देते थे। ऐसा लगता था कि 'मोहे ले चल रे—मोहे ले चल' कोई छूत की बीमारी थी जो सबको लग जाती थी। इतना ही नहीं, अंततोगत्वा दर्शक भी 'मोहे

ले चल रे–मोहे ले चल' गाने लगते थे। इस तरह, इस लोककला में दर्शक विलुप्त हो जाते थे। इस कड़ी में बरात प्रस्थान के समय एक खास किस्म का नृत्य किया जाता था जिसे 'दुक्कड़' कहते थे। यह बहुत शक्तिशाली नृत्य होता था। इसमें सिर्फ दो कलाकार एक दफलावादक तथा दूसरा दुक्कड़ची नर्तक होता था, दफले की जोरदार लक्कड़ ध्वनि पर नाचने वाला व्यक्ति गोलाकार आवृत्ति में नाचते हुए तरह-तरह की कलाबाजियां दिखाता रहता था। इन कलाबाजियों में उसका मुकाबला दफलची स्वयं करता था। मेरे दादा के छोटे भाई के बड़े बेटे सुन्नर काका सिद्धहस्त दुक्कड़ची थे। ऐसे ही एक नाच हुआ करता था 'हूड़क' की ध्वनि पर कहंरउवा। हूड़क डमरू की आकृति वाला उससे काफी बड़ा वाद्य होता था जिसे कलाकार अपनी बांह के नीचे कांख में दबा लेता था तथा उसे अपनी केहुनी से बजाता था। यह बड़ा गजब का वाद्य होता था जिससे बहुत सुरीली कहरवा शैली में आवाज निकलती थी। वादक स्वयं जो कुछ गाता था, उसके बीच-बीच में 'दहि दहि दे–दहि दहि दे' नामक तकियाकलाम भी ठोक देता था। हूड़क वाले का 'दहि दहि दे' अत्यंत आकर्षक होता था। उस जमाने में भी इस शैली वाले कलाकार बहुत कम मिलते थे। आज के जमाने में तो वे सम्भवतः विलुप्त ही हो गए हैं। मैं इन नाच मंडलियों तथा लोककलाओं के पीछे एक तरह से पागल-सा हो गया था। अतः दूर-दूर तक के गांवों में मैं रात भर घूम-घूमकर इन्हें देखने-सुनने जाया करता था। अक्सर मैं इन नाचों को देखने के बाद देर रात हो जाने के कारण उन्हीं गांवों के मैदानों तथा खलिहानों में भूसा फैलाकर बरातियों के साथ सो जाता था तथा सुबह होते ही घर वापस आता था जिसके कारण घर पर मुझे भीषण गालीयुक्त अपमान से जूझना पड़ता था। एक रोचक बात यह थी कि इस तरह की सारी लोककलाएं सिर्फ दलितों के बीच ही केन्द्रित थीं। सवर्ण जातियों में किसी तरह की लोककला मौजूद नहीं होती थी। शायद यही कारण था जिसके चलते इन कलाओं के साथ जातिसूचक विशेषण जुड़ गए थे जैसे–चमरउवा नाच या गाना, धोबियउवा नाच, कहैरउवा धुन, गोड़इता नाच (हूड़क के साथ) आदि।

इस तरह उस अकाल का दुर्दिनिया असर समाप्त होते ही दलित बस्तियां तरह-तरह की लोककलाओं से गुलजार हो गई थीं। इस बीच अंग्रेजी के चलते मेरी पढ़ाई और भी रोचक होने लगी थी। छठी कक्षा में कोई विशेष समस्या नहीं हुई और मैं सन् 1960 की जुलाई में सातवीं में चला गया। तीन महीने बाद तिमाही इम्तहान होने वाला था। उस समय तिमाही, छमाही, सालाना आदि परीक्षाओं का प्रचलन था। स्कूल मास्टर ने कहा कि चार आने इम्तहान की फीस लाना है। मैंने अपने घर के मालिक मुन्नर चाचा से फीस की मांगकर दी। इस पर उन्होंने खीझकर बोल दिया : 'ई ससुरा सब इन्तिहाने के बदले पइसा ले जाइके नोनियनिया क पकौड़ी खालै।'

उस समय स्कूल के सामने शेरपुर गांव की एक नोनिया जाति की महिला ने पकौड़ी की दुकान खोल ली थी, जिसकी शोहरत दूर-दूर तक के गांवों में हो गई। मुन्नर चाचा की यह बात मुझे बड़ी गहराई से छू गई। क्योंकि मैंने कभी उस पकौड़ी वाली दुकान के आसपास तक जाने की हिम्मत नहीं की थी खरीदना या खाना तो दूर रहा। अतः मैं इस झूठे आरोप से इतना आहत हुआ कि घर से भागने की ठान ली। दूसरे दिन मैं घर से स्कूल के लिए चला। गांव के कुछ लड़के मुर्दहिया पर गाय-भैंस चरा रहे थे। मैंने अपना बस्ता एक लड़के को देकर यह कहा कि इसे मेरे घर पर देकर कह देना कि मैं किताब खरीदने बरहलगंज बाजार जा रहा हूं, अतः शाम तक घर आ पाऊंगा। यह कहकर मैं गांव से करीब 15 किलोमीटर दूर दुल्लहपुर नामक छोटी लाइन के रेलवे स्टेशन की तरफ बढ़ा। मेरे गांव का एक कोयला मजदूर आसनसोल में काम करता था, उनका नाम था टेनी काका। वे कहा करते थे कि 'रेलिया के पटरिया के निचवा सोइ के बिना टिकटवै के आसनसुर चहुंपि जाइला।' उस समय तक मैंने रेलगाड़ी नहीं देखी थी। इसलिए उनसे प्रायः पूछता था कि 'रेलिया क पटरिया का होले।' वे बताते थे कि बैठने या सोने के लिए बीरिन्च जइसन (यानी बेंच जैसा) फट्टा होता है, जिसके नीचे वे छिपकर सो जाते थे। उनकी बताई गई यह विधि मुझे हमेशा अपनी तरफ खींचती रही। यही सोचकर दुल्लहपुर की ओर चला था कि 'रेलिया के पटरिया के निचवा छिपि के कलकत्ता हमहूं चहुपि जइबै।' किन्तु आधी दूरी तय करने के बाद चिरैयाकोट थाना तक पहुंचते ही मेरे पांव थरथराने लगे। कारण यह था कि मेरे पास एक भी पैसा नहीं था। सोचने लगा कि खाऊंगा क्या? साथ ही, यदि दुल्लहपुर पहुंच भी गया, तो कलकत्ता का सफर कैसा होगा? तरह-तरह के दृश्य मेरे सामने से गुजरने लगे। कभी सोचता था कि यदि कलकत्ता पहुंच गया, तो शाम बाजार वाले टाना रिक्शा खींचने वाले विसराम को ढूंढूगा तो कभी बेलिया घट्टा के 'मुर्बीदास' की याद आती थी। हमारे गांव की औरतें अक्सर कहा करती थीं कि कलकत्ता में बंगाली औरतें बाहरी लोगों को जादू द्वारा वश में करके भेड़ा-बकरा बनाकर रख लेती हैं। अतः इससे भी आतंकित हो गया कि यदि भेड़ा-बकरा बन गया तो क्या होगा? इसके अलावा न जाने कितनी कल्पनाएं मेरे दिमाग से ओझल होती रहीं। अंततोगत्वा कलकत्ता की राह में सम्भावित खतरों से मैं डर गया, तथा कुछ वर्षों के लिए घर से भागने की आकांक्षा उसी चिरैयाकोट के थाने की इमारत से टकराकर चकनाचूर हो गई और मैं उल्टे पांव आजमगढ़ की ओर जाने वाली सड़क पर निरुद्देश्य चल पड़ा। संध्या होने वाली थी और मेरी भूख चरम सीमा पर थी। जी चाहता था कि कुछ भी खाने को मिल जावे, तो कुछ बात बने। उस समय मैं सड़क के पास 'अल्देमऊ सरौना' नामक गांव से गुजर रहा था। मेरे सामने गन्ने की खड़ी फसल दिखाई पड़ी। चुपके

से मैं गन्ने के अंदर घुस गया। बड़े धीरे से एक गन्ना तोड़ा। उसके पत्तों को छुड़ाकर उसके ऊपरी हरे हिस्से जिसे गेंड़ा कहते हैं, को धीरे से चटकाया। गन्ने के झुरमुट से बाहर निकलते हुए इधर-उधर दूर तक देखा कि कोई मुझे चोरी करते देखा तो नहीं। आश्वस्त होने पर गन्ना चूसते हुए आगे निकल पड़ा। किसी तरह, उसी सड़क पर स्थित बबुरा धनहुंवा के उस स्कूल पर पहुंचा जहां पांचवीं कक्षा का इम्तहान दिया था। वहां पहुंचते ही, मेरी कल्पना में एक बार फिर रामचरन भैया मेरे सामने खड़े हो गए। मैं किंकर्तव्यविमूढ़ होकर सोचने लगा कि इसके आगे कहां जाऊं? अब बिल्कुल अंधेरी रात हो चली थी। बीच-बीच में अचानक किसी एक्का में नधे घोड़े की टाप सड़क पर बजती सुनाई देने लगती थी। मुझे याद आया कि मेरे चचेरे भाई—वही पहलवानी सीखने वाले गोकुल भैया की ससुराल बबुरा से करीब डेढ़ किलोमीटर पश्चिमोत्तर में स्थित दलित बस्ती में है। पता के नाम पर इसका पता था 'बबुरा के पास वाली चमरौटी'। मैंने इस चमरौटी को इधर-उधर पूछते हुए ढूंढ़ निकाला, क्योंकि इससे पहले वहां कभी नहीं गया था। गोकुल भैया के ससुराल वाले खाना खाकर सो गए थे। वे लोग मुझे देखते ही अचम्भित हो गए और समझ गए कि मेरा इस तरह आना कुछ गड़बड़ सा लगता है। वे लोग बेहद गरीब थे। इसलिए तत्काल कुछ खाने का इंतजाम करना उनके लिए एक समस्या थी। घर के अंदर चल रही कानाफूसी से इसका आभास मुझे हो गया था। वे लोग एक मोटी रोटी और कुछ कर्मी का साग सुबह बच्चों के 'खरमेटाव' यानी नाश्ते के लिए बचाकर रखे थे। अतः उनका खरमेटाव मेरे 'डिनर' के हिस्से में काम आया। उनकी झोंपड़ी के सामने एक ही जड़ से निकले जुड़वां ताड़ के दो लम्बे पेड़ थे, वहीं एक झिलगां डालकर मुझे सुलाया गया। कलकत्ता की असफल यात्रा तथा घरवापसी से उत्पन्न सम्भावित कलह की पीड़ा से आक्रांत मुझे नींद नहीं आई। मैं ताड़ के इन जुड़वां भाइयों को रात भर निहारता रहा। अक्सर भावनात्मक बहाव से जूझते हुए सोचने लगता था कि इन्हें पकड़कर रोने लगूं। इसी ऊहापोह के बीच रात के तीसरे पहर के सन्नाटे को भंग करते हुए मेरे पैरों के पास जमीन पर किसी बड़ी-सी वस्तु के 'धम्म' से गिरने की आवाज सुनकर मैं उठ बैठा। एक बार तो मुझे लगा कि इन ताड़ के पेड़ों का भूत है, इसलिए लाख चाहने पर भी मैं न तो उस वस्तु की तरफ देख सका और न ताड़ के ऊपरी झुरमुट को। भुतहे माहौल से बहुत डर गया था। अब कहां सोऊं इसका विकल्प कुछ भी नहीं था। झिझक के कारण झोंपड़ी के अंदर सोए रिश्तेदारों को बुला भी नहीं सकता था। लगभग कम्पन की मुद्रा में मैं बैठा रहा। जैसे-तैसे मन-ही-मन 'हनुमान चालीसा' रटते हुए उस गिरी वस्तु की तरफ देखा। इसकी वही प्रसिद्ध लाइनें,

'भूत पिशाच निकट नहिं आवै—महाबीर जब नाम सुनावै'

उस रात मेरे काम आईं और वह वस्तु भूत नहीं, बल्कि ताड़ के पके हुए फल के रूप में नजर आई, जिसे हमारे गांव वाले तरकुल का 'कुज्जा' कहा करते थे। मैंने उसे उठाकर रख लिया। नींद से वंचित सवेरा होते ही मैं तरकुल के उस कुज्जे को लेकर अपने गांव की तरफ चल पड़ा। तमाम आशंकाओं से बोझिल दिमाग को ढोते हुए भरी दोपहरी में मैं अपनी उसी पुरानी मुर्दहिया पर एक बार फिर आ पहुंचा। वहां कोई नहीं था। वहां से कुछ ही दूर स्थित अपनी दलित बस्ती की तरफ दस-बीस कदम बढ़ाता, फिर डर के मारे मुर्दहिया की तरफ वापस आ जाता था। सबसे बड़ा डर इस बात का था कि पिटाई तो जो होनी है, वह होगी ही, मेरी पढ़ाई हमेशा के लिए छुड़ा दी जाएगी। उस समय मैं तुलसीदास जी के शब्दों में :

'तरु पल्लव महं रहौं छिपाई—करैं विचार करौं का भाई',

वाली स्थिति में आ गया था। मैं घबराकर मुर्दहिया के उस हिस्से में एक सिंघोर के पेड़ के नीचे बैठ गया, जहां मरे पशुओं के चमड़े छुड़ाए जाते थे। कल्पना के तौर पर अचानक मेरे सामने डांगर के मांस पिंड पर झपटते गिद्ध तथा झौहाते हुए कुत्तों की होड़ नजर आने लगी। तभी हमारे गांव के एक मात्र नट परिवार के मुखिया सोफी कंधे पर ढोल टांगे किसी अन्य गांव से आल्हा गायकी के बाद अपनी झोंपड़ी की तरफ आते दिखाई दिए। मुझे देखते ही वे कहने लगे : 'तू कहां चला गवा था बाबू। तुमरे घरे रोवन पड़ा था। लोगन एहर ओहर खोजन निकला है, चल-चल घर चल।' 'घर चल' सुनकर मैं फूट-फूटकर रोने लगा। सोफी मुझे पकड़कर घसीटते हुए घर की तरफ चल पड़े। वे जोर-जोर से मेरे पिता जी का नाम लेकर बुलाने भी लगे। साथ ही बीच-बीच में वे अपनी ढोल पर एक जोर का तमाचा भी जड़ देते थे। उनका यह विचित्र ढोलकची शोर मेरी बस्ती में आसानी से जा पड़ा। दर्जनों लोग मेरी तरफ चल पड़े जिनमें मेरे गुस्सैल नग्गर चाचा भी शामिल थे। मेरे पास पहुंचते ही नग्गर चाचा सबको कहने लगे कि कोई इसे कुछ न कहे, वरना यह फिर भाग जाएगा। उनकी इस वाणी से मुझे बड़ी राहत मिली। मैं घर पहुंचकर जोर-जोर से फिर रोने लगा। इस बार मेरी इस रुलाई में मेरी मां शामिल हो गई। गांव की अनेक औरतें भी अपनी अपनी आंखें पोंछने लगीं। कोइलरी के पते पर चिट्ठी लिखवाने वाली किसुनी भौजी मेरे सिर पर हाथ रखकर बोली, 'देसवा तूं छोड़ि देबा बाबू, त हमारि चिठिया के लिखवी?' ऐसे ही दिल को छू लेने वाले अनेक जुमले मुझे उस दिन सुनाई पड़े। गांव के फेरू काका गुस्से में घर पर आकर बोले कि इसकी पढ़ाई नहीं छुड़ाई जाए। इस दौरान मेरे पिता जी घर पर नहीं थे। वे मेरे ननिहाल तरवां मुझे ढूंढ़ने चले गए थे। वे उस दिन शाम को घर वापस आने पर मुझे देखकर स्वयं जोर-जोर से रो पड़े और कहने लगे : 'अब हम कहिओ हरवाही करै के ना कहब। तूं जेतना पढ़ल चाहत हउवा, ओतना पढ़ा, अब केहू ना बोली।' पिता जी ने यह भी बताया कि शेरपुर

कुटी पर बाबा हरिहरदास ने उन्हें रामायण से सगुन निकालकर बताया था कि लड़का घर वापस जरूर आएगा। इस सगुन के बारे में उन्होंने कहा कि बाबा हरिहरदास ने दूब के एक डंठल को तोड़कर बंद रामायण के अंदर एक जगह घुसेड़ दिए और जब उस पन्ने को खोलकर देखे, तो उस पर राम के लंका से अयोध्या लौटने की बात लिखी थी। बाबा ने इसका मतलब शुभ समाचार के रूप में निकाला। मेरे धर्मान्ध पिता मेरे घर पहुंचने से पहले ही पूर्णरूपेण आश्वस्त हो चुके थे कि बाबा हरिहरदास का सगुन कभी झूठा साबित नहीं होगा। मेरी पढ़ाई तो फिर चालू हो गई किन्तु इससे जुड़ी सारी समस्याएं ज्यों की त्यों पड़ी रहीं। स्कूल में मेरे सारे अध्यापक घर से भागने की खबर से काफी स्तब्ध रह गए थे। मेरे संस्कृत के अध्यापक जगदीश पांडे तो मेरे घर से भागने से लेकर वापस आने तक के वृत्तांत को सुनकर स्वयं दूसरे लोगों को सुनाने लगे थे। वे तरकुल के कुज्जे वाली भुतही घटना का खूब मजा ले-लेकर औरों से गुणगान करते थे। वास्तव में मैं इस पंडित जी का सबसे बड़ा चहेता बन गया था। इस बीच बाबा हरिहरदास ने भी मुझे आश्वस्त किया कि वे मेरी पढ़ाई नहीं बंद होने देंगे। इस बार मात्र दो दिन के अंतराल के बाद सातवीं कक्षा में मेरी पुनर्वापसी एक युगांतरकारी घटना साबित हुई। स्कूल की पढ़ाई तो सामान्य हो गई, किन्तु घर पर जब पढ़ने बैठता, तो सभी लोग ताने मारते कि काम के डर से पढ़ने का बहाना बनाकर बैठ गया है। ऐसी बातें मुझे बहुत खलती थीं।

उसी समय मेरी मां को रात में दिखाई देना बहुत कम हो गया। अतः टोटका स्वरूप वह रात के अंधेरे में सरसों के तेल से मिट्टी की ढकनी में कपास की बाती जलाकर यूं ही कुछ ढूंढ़ने निकल पड़ती थी। कौतूहलवश किसी ने पूछ लिया कि क्या ढूंढ़ रही है, कुछ खो गया है क्या? तो वह तुरंत घर में यह कहते हुए वापस आ जाती थी कि वह 'रतौन्ही' ढूंढ़ रही थी। रतौन्ही आंख की एक बीमारी होती थी जिसके चलते रात में दिखाई देना कम हो जाता था। गांव में सबका विश्वास था कि दीया-बाती जलाकर रतौन्ही ढूंढ़ते हुए किसी के द्वारा टोक दिए जाने से यह टोटका सफल हो जाता है और फिर रोगी को साफ दिखाई देने लगता है। मेरी मां भी दावा करने लगी कि इसी टोटके से वह ठीक हो गई। मुझे ऐसे टोटकों के प्रति आशंका तो होती थी, किन्तु घोर अंधविश्वासी माहौल में कोई प्रतिरोध नहीं कर पाता था। उसी माहौल में अक्सर किसी भी व्यक्ति को हाथ में खाद्य सामग्री ले जाते देखकर कौवे झपट्टा मारने लगते थे। इस प्रक्रिया में यदि कौवे का पांव किसी के सिर से टकरा गया, तो इसे बहुत बुरा असगुन (अपशकुन) माना जाता था। जैसा कि इसके काट के लिए किसी नजदीकी रिश्तेदार को मृत्यु का संदेश दिया जाता था, ताकि वहां रुदन शुरू हो जाए। एक ऐसी ही घटना नग्गर चाचा की बड़ी बहू बसमतिया भौजी के साथ हुई। इसी भौजी के पिता तथा चाचा ओझा-सोखा थे। नग्गर चाचा कहने

लगे कि 'असगुनिया क सनेसा असगुनिया से ही भेजवावै के चाही।' अतः इस अपशकुन के काट का संदेश भेजने के लिए मेरे जैसे अपशकुनकारी व्यक्ति का चुनाव किया गया। मेरे लिए यह एक विराट संकट था कि एक जिन्दा व्यक्ति को कैसे मृतक घोषित करूं, वह भी उसके मां-बाप के सामने। अंततोगत्वा मैंने लगभग दस किलोमीटर दूर उनके गांव 'मंगरपुर' जाकर बसमतिया भौजी की मृत्यु का 'सनेसा' सुना ही दिया। उनकी मां फूट-फूटकर रोने लगी। साथ ही छाती भी पीटने लगी। मैंने पुनः घबराते हुए बोल दिया कि कौवा मुंड़वा पर झपट्टा मरले रहल। इतना सुनते ही बड़ी राहत के साथ रुदन शांत होते ही असगुन के टल जाने का इत्मीनान भी हो गया। उस दिन मंगरपुर में जोर की आंधी आई थी। अतः खूब धूल-धक्कड़ का माहौल था। इस कथित मृत्यु संदेश से ओझा-सोखा के घर वाले इसलिए भी थोड़ी देर के लिए घबरा गए थे कि आंधी में किसी बगल के गांव का एक बकरा बहककर ओझा के घर के पास आ गया था, जिसे पकड़कर उन्होंने अपने आंगन में काट दिया था। अतः वह क्षणिक मातम एक उत्सव में बदल गया। संयोग देखिए कि उसी समय बकरे का मालिक उसे ढूंढ़ते-ढूंढ़ते ओझा ही के घर ओझैती कराने के लिए आ गया। इन ओझाओं के सामने भी विकट संकट था। आखिर, उनके ही घर में कटा हुआ बकरा पकाए जाने के इंतजार में पड़ा हुआ था। ओझैती तो जमानी ही थी। अतः ओझैती के लिए बकरे के मालिक ने सवा रुपए 'अच्छत' में दिया। लौंग काटते हुए 'जै भवानी काली माई की' उद्घोष के साथ गिड़गिड़ाते हुए ओझा बाबा तुतलाते हुए बोल पड़े : 'दुइगोड़वा कुक्कुर–दुइगोड़वा कुक्कुर साफ देखाई देत हौ–साफ देखाई देत हौ–अब जात हौ–जात हौ–चलि गयल–चलि गयल–अब भवानियों माई के ना देखात हौ–ना देखात हौ–ले गयल दुइगोड़वा कुक्कुर तोहरे खस्सी के।' इसके बाद ओझा बाबा ने समझाया कि 'दुइगोड़वा कुक्कुर' का मतलब कि चोर बकरे को लेकर कहीं गायब हो गया जिसे भवानी मां भी अब नहीं देख पा रही हैं, अर्थात् बकरा अब जिन्दा नहीं है। जिन्दा होता तो भवानी मां जरूर बता देतीं। ओझैती से आश्वस्त होकर बकरे का मालिक, जो बगल के ही गांव का एक खेत मजदूर था, वापस चला गया। ओझा को अच्छत में मिला सवा रुपया मसाला खरीदने के काम आया और शीघ्र ही 'सी-सी' कर चभकने वाली दावत का सभी ने आनंद लिया। जब दूसरे दिन मैंने घर वापस आकर 'दुइगोड़वा कुक्कुर' की कहानी सुनाई, तो नग्गर चाचा पछताने की मुद्रा में आ गए, जिसका कारण यह था कि उस 'दुइगोड़वा कुक्कुर' की दावत से वे स्वयं वंचित रह गए।

स्कूल में मेरी पढ़ाई रंग लाने लगी। लेजर के समय अनेक छात्र मेरे साथ मैदान में बैठ जाते थे और कोई गणित तो कोई अंग्रेजी का ग्रामर पूछने लगता। मैं तुरंत खपड़े से जमीन पर आदिमानव की तरह लिखना शुरू कर देता था। इस तरह मेरी

समानांतर कक्षा बारहों महीने जारी रही। शायद भविष्य में प्रोफेसर होने की यही मेरी पृष्ठभूमि थी।

इसी बीच मुझे एक अकल्पनीय समस्या से जूझना पड़ा। मेरे पिता जी जिन पंडित जी की हरवाही करते थे, उनकी बेटी आशा लगभग मेरी ही उम्र की थी, किन्तु देर से पढ़ाई शुरू करने के कारण कक्षा पांच में पढ़ रही थी। हरवाही के चलते वह हमारे पूरे परिवार से घुली-मिली रहती थी। स्कूल जाते-आते जब भी वह साथ होती, मुझसे अपना 'होमवर्क' हल करवाती रहती थी, विशेष रूप से गणित। वह 'भैया' के सम्बोधन से मुझे बुलाती भी रहती थी। एक दिन वह स्कूल के पास वाले नाले के किनारे अकेले खड़ी थी। मैं स्कूल से आते हुए दूर से ही देख रहा था कि कोई नाले में थोड़ी दूर जाकर फिर किनारे वापस आ जाता था। हुआ यह था कि अचानक नाले में ज्वार की तरह अधिक पानी चढ़ आया था। उस समय छोटी-छोटी लड़कियां भी साड़ी पहनती थीं। अतः वह अपनी साड़ी उठाए घुटने तक पानी में जाती किन्तु आगे अधिक पानी के चढ़ाव के कारण वापस आ जाती थी। वह नाले के कई हिस्से में छिछली जमीन की खोज में जाकर देख चुकी थी, किन्तु उससे नाला पार नहीं किया जा सका। मैं जब वहां पहुंचा तो बेझिझक मैंने कहा कि कोई बात नहीं, मैं नाला पार कराता हूं। जैसा कि मेरे जैसे लड़के पानी चढ़ आने पर हमेशा अपनी धोती उतारकर अंगोछा पहन लेते थे और फिर नाला पार कर पुनः सारे कपड़े पहनकर स्कूल जाते थे। मैंने भी अंगोछा पहन लिया। मेरा कुर्ता-धोती तथा बस्ता बेझिझक उसने हाथों में पकड़ लिया और मैं जमीन पर बैठकर उसके घुटने के नीचे के पैरों को पकड़कर खड़ा हो गया। उसका धड़ मेरे कंधों के पार चला गया। कमर भर पानी में हल कर हम नाला के उस पार पहुंच गए। मेरे पिता जी भी अनेक बच्चों को नाला पार कराते रहते थे। अतः मेरे अंदर भी इस क्रिया में किसी तरह का संकोच नहीं होता था। अचानक एक बड़ी मुसीबत यह आ गई कि नाले के उस पार गांव के कुछ ब्राह्मण छात्र दूर से ही रामचरितमानस के इस नए 'केवट प्रकरण' को बड़े गौर से देख रहे थे। जाहिर है तिल का ताड़ बनना ही था। तरह-तरह की अफवाहें गर्म होने लगीं, ये अफवाहें उसके पिता को भी सुनाई पड़ीं। घबराकर उन्होंने उसका स्कूल जाना बंद करा दिया। वह मुश्किल से बारह साल की थी, किन्तु अनहोनी का भय भयानक था, इसलिए साल भर के ही अंदर उसकी ससुराल ढूंढ़ ली गई। विदाई के समय मेरी मां भी वहां मौजूद थी। घर वापस आकर मां ने बताया कि डोली में बैठते समय पंडित की बेटी रो-रोकर कहती रही कि 'हमार पढ़ैया छूटि गयल हो बाबा।' जाहिर है शिक्षा से यदि एक 'गुलाम पुत्र' इतना कुछ हासिल कर सकता था, तो फिर मालिक पुत्री न जाने कितना आगे जाती? किन्तु एकमात्र अदना अफवाह ने उसका सब कुछ छीन लिया और वह अपनी ससुराल में सिर्फ मालकिन बनकर रह गई। इस

संदर्भ में वर्षों बाद जब सन् 1977 में जवाहरलाल नेहरू विश्वविद्यालय में मैं पश्तो भाषा पढ़ रहा था, तो काबुल के प्राध्यापक बेयेजिद हात्साक साहब ने पढ़ाते हुए बताया कि पश्तो साहित्य में मलालई (मलाली) की लंडइयां सौन्दर्यशास्त्रीय दृष्टि से बहुत महत्त्वपूर्ण हैं। छोटे-छोटे दोहे जैसी रचनाओं को पश्तो में लंडई कहते हैं। मलालई किसी मध्ययुगीन अफगानी राजा की बेटी थी, जिसका लगाव उसके ही एक गुलाम से हो गया था। घबराकर राजा ने मलालई को जेल में बंद कर दिया। जेल की कोठरी में उसके पास न कागज था न कलम। अतः वह उंगलियों को घायल कर निकलते हुए खून से दीवारों पर लंडइयां लिखने लगी। ये रचनाएं बाद में चलकर पश्तो साहित्य की अमूल्य निधि सिद्ध हुईं। ऐसा सुनकर क्षण भर के लिए मेरी कल्पना से होकर एक नई मलालई गुजर गई।

5

भुतनिया नागिन

जैसा कि हमारे गांव में एक नट परिवार रहता था, जिसके मुखिया सोफी थे। यह नट परिवार इस्लाम धर्म को मानता था किन्तु कभी वे नमाज आदि नहीं पढ़ते थे। उनका रहन-सहन सब कुछ हिन्दुओं जैसा था। यह परिवार सही मायनों में धर्मनिरपेक्षता की एक ज्वलंत मिसाल था। सोफी की बड़ी बेटी ललती, जिसे समस्त ग्रामीणवासी 'नटिनिया' के नाम से पुकारते थे, वह मुझसे अंग्रेजी सीखने के लिए अति उत्सुक हो गई। वह पूर्णरूपेण अनपढ़ थी, किन्तु अंग्रेजी के विचित्र बोल ने उसे बेहद प्रभावित कर दिया था। नटिनिया अप्रतिम मोहक होने के साथ एक अत्यंत कुशल नर्तकी थी। उन दिनों दिन भर मजदूरी करने के बाद दलित प्रायः विभिन्न गांवों में ढोल की थाप पर लोकगायन के साथ अपनी थकान मिटाया करते थे। ढोल चाहे किसी गांव में बजे, उसकी ध्वनि सुनते ही नटिनिया जहां भी हो, थिरकना शुरू कर देती थी। नाचना किसी से सीखा नहीं था, किन्तु उसे देखते ही ऐसा लगता था कि मानो वह नाचते ही पैदा हुई थी। उसके अंग-प्रत्यंग नृत्यकला के कल-पुर्जे जैसे लगते थे। यहां तक कि संध्या होते ही मुर्दहिया से चरकर लौटीं गाय-भैंसों की 'बांव बांव' वाली धुन पर भी वह नृत्य की दो-चार छलांगें लगा लेती थी। हम जब मुर्दहिया पर गोरू चराने जाते, नटिनिया अपनी झोंपड़ी से निकलकर हमारे बीच आ जाती और सबके साथ 'लखनी ओल्हापाती' तथा 'चिल्हिया चिल्होर' आदि सारे खेल खेलती। इन सबके अंत में हम प्रायः अपनी गोरू हांकने वाली लाठियों को किसी मेड़ या झाड़ी से ओठगांकर दो सूखी लकड़ियों से लाठी पर नगाड़े की तरह बजाना शुरू कर देते थे जिसके साथ ही शुरू हो जाती थी नटिनिया की अनोखी नृत्यकलाएं। शायद दुनिया की वह पहली नर्तकी थी, जो मेरे जैसे नौसिखुए लट्ठवादकों की लक्कड़ ध्वनि पर किसी श्मशान में यूं ही नाचने लगती थी। कालांतर में नृत्यकला में उसकी स्वाभाविक सहजता ने ही उसे बदनामी का शिकार बना दिया। मैं जब भी शाम के समय स्कूल से लौटते हुए मुर्दहिया से गुजरता, वह झोंपड़ी से निकलकर रास्ते में अपने अंकवार

(दोनों बांहों में) में समा जाने वाले किसी पेड़ के तने को जकड़ लेती और अपने मुंह को निरंतर कभी दाएं तो कभी बाएं घुमाते हुए मुझसे कहती : 'हमहूं के रिंगरेजिया पढ़ाव रे बाबू।' वह ऐसा कहते हुए एकदम दीन-हीन हो जाती थी। मैंने शुरू में उसे चिकनी जमीन पर खपड़े से लिखकर कुछ अक्षर सिखाने की कोशिश की, किन्तु उसके पल्ले कुछ भी नहीं पड़ता था। एक दिन वह एक आंवां से निकला हुआ नया थपुआ लेकर आई। उस समय घर की छवाई के लिए कुम्हार गांव में ही मिट्टी से थपुआ यानी टाइल पाथकर आंवां में आग से पका लेते थे। वह कहने लगी कि मैं दुधिया से थपुआ पर लिखकर पढ़ाऊं। मैं वैसा ही करने लगा। 'ए बी सी डी' तो उसने पहले ही दिन रट लिया था, किन्तु लिखना असम्भव हो गया। मैं उसके हाथ में दुधिया पकड़वाकर लिखवाता, किन्तु जब वह स्वयं लिखती तो उसका हाथ कांपने लगता। शीघ्र ही उसके कांपते हाथ नाचने की मुद्रा में आ जाते थे। वह मेरी विकट शिष्या थी। तमाम कोशिशों के बावजूद मैं उसे लिखना नहीं सिखा पाया। अब वह इस बात पर जिद करने लगी कि वह अंग्रेजी बोलना सीख जाए। उसने मुझसे पहला अंग्रेजी अनुवाद पूछा : 'पिपरा पे गिधवा बइठल हउवैं।' मैंने उसे बताया : 'वल्चर्स आर सिटिंग आन पीपल ट्री।' यह वाक्य उसे इतना भाया कि उसने इसे तुरंत रट लिया और यही वाक्य उसके जीवन का तकियाकलाम बन गया। वह जब भी मुझे देखती, 'वल्चर्स आर सिटिंग आन पीपल ट्री' से ही मेरा स्वागत करती। इतना ही नहीं वह किसी अन्य से भी बातें करते समय इन्हीं जुमलों को दोहराती रहती थी, किन्तु सबसे मजेदार बात यह थी कि वह जब भी उन गिद्धों वाले पीपल, जो उसकी झोंपड़ी से मुश्किल से सौ कदम दूर था, के पास होती, जोर-जोर से चिल्लाकर कहती : 'वल्चर्स आर सिटिंग आन पीपल ट्री।' नटिनिया की विचित्र बोली शैली में बोले जाने वाले इस वाक्य ने शीघ्र ही गांव में कुतूहल के साथ कोहराम मचा दिया। मेरे घर वाले मुझे कहने लगे : 'ई त वारिया निकरि गयल।' अर्थात् 'यह आवारा हो गया है।' मेरे लिए यह एक नई मुश्किल थी। वह हमेशा अपनी उसी स्वाभाविक मुद्रा में किसी पेड़ को अंकवार में भरकर दाएं बाएं मुंह फेरती हुई मेरा रास्ता रोक लेती और आगे कुछ और सिखाने की विनती करती। मैंने उसे अनेक छोटे-छोटे वाक्यों वाला अनुवाद सिखाया, किन्तु गिद्धों वाला वाक्य उस पीपल के पेड़ से उतरकर उसके मस्तिष्क में हमेशा के लिए छा गया था। बात की बात में वह उसी को दोहराती। उसके द्वारा बार-बार दोहराये जाने वाले इस वाक्य ने मुझे दलित बस्ती का सबसे बड़ा आवारा बना दिया था।

उस समय मैं अभी सातवीं में ही पढ़ रहा था, फिर भी कोई मुझसे कुछ सीखना चाहता, तो मैं उसे बहुत मानने लगता था तथा शिक्षा में तल्लीन हो जाता था। किन्तु पारम्परिक ग्रामीण समझ में यदि दो पात्र कहीं बात करते हुए भी दिख जाएं, तो

कल्पना की उड़ान उन तमाम अंधेरे गलियारों से होते हुए झाड़-झंखारों तक समा जाती थी। हमारे गांव में तो पूरा एक घना जंगल ही था। अतः ऐसी काल्पनिक उड़ानों के लिए यह एक स्वाभाविक रंगमंच था। कुल मिलाकर मैं अत्यंत तनावग्रस्त रहने लगा। इसी बीच एक दिन मैं स्कूल से शाम को वापस आ रहा था। अचानक देखा कि मुर्दहिया के पास एक झाड़ी से होकर नटिनिया चिल्लाते हुए बेतहाशा भाग रही थी। मुझे देखकर उसने 'सांप-सांप' चिल्लाया। तब तक वहां कुछ चरवाहे आ गए। मैं एक बच्चे से लाठी लेकर सांप के पीछे दौड़ा। वह बगल के धान के खेत में मेड़ के किनारे-किनारे चलने लगा। खेत में पानी भरा हुआ था। मैंने सोचा कि यह पानी वाला सांप 'डोड़हा' होगा। डोड़हा विषहीन होता है, इसलिए ग्रामीण बच्चे इससे नहीं डरते। मैंने डोड़हा के चक्कर में मेड़ से सटकर भागते हुए सांप को एक लाठी मारी। वह तुरंत खड़ा होकर बड़ा फण फैलाकर मेरी तरफ काटने के लिए मुड़ा। मैं थरथराते हुए लाठी से बगल से प्रहार करके सांप को पानी में गिराकर अंधाधुंध लाठी चलाता रहा। अनगिनत लाठी मारने के बाद जब थककर चूर हो गया, तो देखा कि सांप अभी भी पूंछ हिला रहा था। उसके पेट में लाठी डालकर सांप को बाहर जमीन पर फेंका। अन्य चरवाहों ने उसके मुंह को कुचलकर पिदला कर दिया। फिर सारे चरवाहे कहने लगे यह तो बड़ा पुराना गेहुंवन सांप है। इसकी पूंछ झड़ गई है, इसलिए यह सौ साल पुराना है। वास्तव में हमारे गांव में पूंछ झड़े सांप के बारे में ऐसा ही अंधविश्वास था। हमारे गांव वाले यह भी विश्वास करते थे कि यदि मंगलवार को किसी को कोई सांप काट ले तो उसे जहर नहीं चढ़ेगा। इस अंधविश्वास के कारण लोग पानी वाले विषहीन सांप डोड़हा को पकड़-पकड़कर उससे अपने को कटवाने की कोशिश करते रहते थे। इसी कोशिश के चलते मैं स्वयं पानी में भागते एक दो फीट लम्बे डोड़हे के बच्चों को पूंछ की तरफ से पकड़कर एक खास अंदाज से जमीन पर पटककर मार डालता था, किन्तु ये सांप कभी काटते नहीं थे। इसलिए सांपों से मेरा भय धीरे-धीरे समाप्त होने लगा था। मेरे गांव के कई लोग डोड़हे को मेरी ही तरह पानी से पकड़कर जमीन पर पटका करते थे। किन्तु उस दिन जो सांप मारा, वह वास्तव में जहरीला गेहुंवन ही था। उसे मारते समय डरकर मैं दादी द्वारा बताए गए मंत्र 'जै राम जमेदर जै राम जमेदर' को भी दोहराता जा रहा था। मरे सांप को वहीं छोड़कर हम अपनी दलित बस्ती में आ गए। कुछ देर बाद सांप मारने की कहानी तेजी से बस्ती में फैल गई। लोग कहने लगे कि वह मुर्दहिया का बहुत पुराना भूत था, इसलिए उसकी पूंछ झड़ गई थी। मेरे गुस्सैल नग्गर चाचा कहने लगे भूत नाग के रूप में घूमते हैं और उन्हें कोई मार दे तो भुतनी नागिन बनकर मारने वाले का फोटो खींचकर अपनी आंख में बसा लेती है और वह बारह वर्ष तक बदला लेने के लिए घूमती रहती है। वे गालियां बरसाते हुए कहने लगे कि भुतनी नागिन कभी न कभी जरूर बदला

लेगी। पूरी बस्ती में नागिन की ऐसे ही चर्चा होने लगी। मेरी सबसे बड़ी मुसीबत यह थी कि घर वाले कहने लगे कि नटिनिया के चलते इसने नाग को मारा है। इस बीच गांव की विचित्र महिला सोमरिया ने रहट्ठा जलाकर उस मरे गेहुंवन को एक मोटे डंडे से लटकाकर उसका एक हंड़िया तेल निकाला। गांव में किसी को कैसा भी फोड़ा हो, उस पर सांप का तेल लगा देने से शीघ्र ही ठीक हो जाता था। इसलिए प्रायः लोग सांप का तेल घर में रखते थे। चूंकि मैंने सांप को मुर्दहिया पर मारा था, इसलिए अफवाहों तथा अंधविश्वासों का बाजार काफी गर्म हो गया। फोटो खींचकर नागिनों की बदला लेने वाली कला से नग्गर चाचा इतना आतंकित हो गए कि मुझे घर के दालान में अन्य लोगों के साथ सोने से मना कर दिया। उनका विश्वास था कि नागिन बदला जरूर लेगी। इस प्रकरण में मेरे साथ नटिनिया भी नाहक में नग्गर चाचा की भद्दी-भद्दी गालियों का शिकार होती रही। हमारे घर के अंदर एक ऐसा कमरा था, जिसमें भैंस बांधी जाती थी, इसे 'भैंसउर' कहते थे। ऐसा ही एक बड़ा कमरा बैलों के बांधने का होता था, जिसे 'बर्दउल' कहते थे। अंततोगत्वा भैंस वाले कमरे में मेरी चारपाई लगा दी गई। वास्तविकता यह थी कि कमरा छोटा था। बंधी हुई भैंस के पास मुश्किल से चारपाई अंटी थी। मैं वहीं सोने लगा। भैंस अक्सर मच्छरों से बचने के लिए अपनी पूंछ को हिलाते हुए कभी-कभी मेरे ऊपर मार देती थी। मैं अचानक यह सोचकर भयाक्रांत हो जाता था कि नागिन बदला लेने आ गई। डर के मारे रोंगटे खड़े हो जाते थे, किन्तु मैं चिल्ला भी नहीं सकता था। मेरे जीवन का यह एक अनोखा दौर था। यह वही भैंस थी जिसकी पीठ पर चढ़कर मैं मुर्दहिया जाया करता था। वह किसी मानव की अपेक्षा मुझसे ज्यादा घुली-मिली रहती थी। सवेरा होते वह प्रायः चारपाई से बाहर लटकी मेरी बांह को 'फूं फूं' करके चाटने लगती थी। सम्भवतः मुझे जगाने का उसका यही अंदाज था। इस संदर्भ में याद आती है तरवां गांव की मेरी चचेरी मामी धनवंती। उसके बेटे लक्खन का गौना हो गया था किन्तु उसकी पत्नी मोटी थी, इसलिए वह उसे विदा कराने नहीं जाता था। धनवंती मामी उसे यह कहते हुए हमेशा कोसती रहती थी : 'भंइस जइसन येकर मेहरारू नैहरे में पड़ल हौ, अउर ई येहर ओहर लुहेड़वा बनि के घुम्मै ला।' सम्भवतः धनवंती मामी की पतोहू से बेहतर थी मेरी वह साक्षात् भैंस? इस प्रक्रिया में नाग-नागिन की कहानी ने मुझे घोर अंधविश्वासी बना दिया था। स्कूल के संस्कृत पंडित जी के कहने पर शेरपुर कुटी पर लगे एक मेले से मैंने चार आने की एक छोटी-सी 'गीता' खरीदी। रोज सुबह उस भैंसउर से उठने के बाद गीता से पांच श्लोक पढ़ता और आश्वस्त हो जाता कि अब नागिन पास नहीं फटकेगी। यहां तक कि इसके बाद मैं जब भी मुर्दहिया पर गोरू चराने जाता, गीता हमेशा साथ रहती थी। इस तरह मैंने घर से हमेशा के लिए भागने से पूर्व तीन साल से भी ज्यादा का समय

उसी भैंसउर में गीता पढ़-पढ़कर बिताया। शायद दुनिया की वह पहली भैंस थी, जो इतने लम्बे समय तक मुझसे गीता का प्रवचन सुनती रही। यह कैसी विचित्र कहानी थी जो सौन्दर्यमोहिनी नटिनिया से शुरू होकर भुतनिया नागिन से होते हुए भैंस के तबेले में जा गिरी? गांव वाले ठीक ही कहते थे : 'करिया अक्षर भैंस बराबर', इतना ही नहीं, आज मुझे ऐसा प्रतीत होता है कि चार सौ साल पहले जब शेक्सपियर ने अपना विश्वविख्यात दुखांत नाटक 'एंटोनी एंड क्लियोपेट्रा' लिखा तो शायद उसे मेरे ही गांव वाले जैसे लोगों से नाग-नागिन की प्रेरणा मिली होगी, अन्यथा एंटोनी द्वारा अपनी ही तलवार से आत्महत्या के बाद उसकी चहेती मिस्र की रानी क्लियोपेट्रा किसी सपेरे की नागिनों से अपने को डसवाकर क्यों मरती?

इस प्रकरण के दौरान हमारे प्रसिद्ध चौधरी सोम्मर चाचा बुरी तरह बीमार पड़ गए। यद्यपि शरीर से वे बहुत हृष्ट-पुष्ट थे किन्तु काफी दिनों से कोढ़ रोग से ग्रस्त हो गए थे। दवा के नाम पर गांव के पौहारी बाबा अगियारी से बनी राख प्रसाद के रूप में देते और उसी को चौधरी चाचा खाते तथा शरीर पर मलवाते। उनके हाथ-पांव की उंगलियां टेढ़ी-मेढ़ी होकर सड़ने लगी थीं। वे मुझे हमेशा अपनी पीठ खुजलाने के लिए कहते। मैं जब भी उनकी पीठ अपने नाखूनों से खुजलाता उसके खरोंच से साफ-साफ निशान बन जाते, जिसका फायदा उठाकर मैं उनकी पीठ पर गणित के लघुत्तम तथा महत्तम जैसे सवाल हल करने लगता था। गणित के इन अंकों की नाखूनों द्वारा लिखावट के कारण पीठ खुजलाने की गति धीमी हो जाती थी, जिससे चिढ़कर वे मुझे गरियाने लगते थे। अतः इन सवालों को अधूरा छोड़कर मैं पुनः जोर-जोर से पीठ खुजलाने लगता था। इस प्रक्रिया में हल किया हुआ गणितांश एकदम मिट जाता था। उनके बार-बार चिढ़कर गरियाने के बावजूद मैं लगभग रोज ही उनकी पीठ को श्यामपट बना लेता था। सन् 1961 के जाड़ों में उनकी हालत बहुत खराब हो गई। चमरिया माई तथा भूतों की पूजा आदि से उनकी बीमारी पर कोई असर नहीं पड़ा। हमारे वही दोनों ओझा-सोखा रिश्तेदारों ने अपनी सारी तांत्रिक शक्ति चौधरी चाचा को जिन्दा रखने में लगा दी थी। उनके द्वारा एक रहस्यमयी अनुष्ठान आधी रात को किया गया। हमारे घर के ठीक सामने एक बहुत पुराना नीम का पेड़ था। बरसात के दिनों में इस पेड़ के एक कोतड़े से ताड़ी की तरह श्वेत पदार्थ निकला करता था, जिससे वह अत्यंत रहस्यमयी बन गया था। हमारे घर में मुर्गे पाले जाते थे। उनके रहने के लिए उसी नीम के पेड़ पर एक छितना बांध दिया गया था, जिस पर शाम होते ही वे उड़कर बैठ जाते थे और सारी रात वहीं बिताते थे। यही मुर्गे हमारी दलित बस्ती में एलार्म घड़ी का काम करते थे। इसी नीम के पेड़ के नीचे ओझा-सोखा अपने कानों में उंगली डालकर देवी मां का सस्वर गुणगान करते तथा छोटा-सा गोल चक्कर लगाते हुए खूब हिचकने लगते थे। इस दौरान एक बलि का

बकरा भी घुमाया जाने लगा। इस प्रक्रिया के सात बार पूरा होने के बाद इन तांत्रिकों ने जोर से 'खून-खून' चिल्लाया और शीघ्र ही नग्गर चाचा के बड़े बेटे बल्ली भैया ने गंड़ासे के एक ही वार से घुमाए जा रहे बकरे का सिर धड़ से अलग कर दिया। इस बलि प्रक्रिया में गंड़ासे के वार और बकरे की मरण ध्वनि के मेल ने अजीब सी 'खचक' उत्पन्न कर दी, जिससे नीम पर बैठे मुर्गे यकायक घबराकर फड़फड़ा उठे। मैं हाथ में लालटेन लिये हुए यह सब दृश्य देखकर उतना ही घबराया हुआ था जितना कि नीम पर बैठे मुर्गे। इस बलि का भी चौधरी चाचा की बीमारी पर कोई असर नहीं पड़ा।

बगल के गांव टड़वां के परभू चौबे यज्ञ कराने के लिए बहुत प्रसिद्ध थे। उन्होंने हमारे घर वालों को सुझाव दिया कि चौधरी की जान बचानी है तो शंकर भगवान की मूर्ति पर ग्यारह सौ एक कमल का फूल चढ़ाकर लगातार नौ दिन तक 'गायत्री जाप' कराया जाए। साथ ही नौवें दिन 501 ब्राह्मणों को भोज दिया जाए। उनकी बात मान ली गई। पिता जी तथा चौधरी चाचा के बड़े बेटे रजई भैया उसी गम्भीर वन के ताल से गिनकर ग्यारह सौ एक फूल तोड़कर बहंगी पर लटकाकर लाए थे। चौबे जी ने कड़ा आदेश दिया था कि कमल के फूलों को अपने सिर पर रखकर हरगिज नहीं लाना है, क्योंकि किसी के सिर पर पहले चढ़ा फूल शिव के सिर पर कैसे चढ़ाया जाएगा। कमल के फूलों को परभू चौबे ने अपने छोटे भाई शम्भू की मदद से एक-एक करके शिव मूर्ति पर चढ़ाया। इसके बाद उसी बाबा हरिहर दास की कुटी वाले शिवमंदिर में वे रोज सुबह से शाम तक गायत्री जाप करते तथा दिन भर व्रत रहते। शाम के समय उन्हें वहीं सिद्धा पहुंचाया जाता, जिसे वे अपने हाथों से अहरा लगाकर पकाते और खाते। सिद्धा में आटा, दाल, चावल तथा आलू आदि रोज मैं ही पहुंचाने जाता था। गायत्री जाप के प्रति ये दोनों पुरोहित भाई बेहद समर्पित व्यक्ति थे। विशेष रूप से परभू चौबे अत्यंत शराफत से बात करते थे तथा उन्हें कभी क्रोधित होते नहीं देखा गया। वे कर्मकांडी अवश्य थे, किन्तु उनके व्यवहार में सामाजिक तिरस्कार की भावना बिल्कुल नहीं थी। गायत्री जाप का उनका तरीका बड़ा विचित्र था। परभू चौबे ने शुरू में ही कह दिया था कि यह जाप जब भी शुरू होगा, वह लगातार एक सौ एक बार चलता रहेगा। अतः उन्होंने इसकी गिनती के लिए एक परई में जौ के एक सौ एक दाने गिनकर रख लिये थे तथा साथ में वे एक खाली परई भी रखते थे। हर गायत्री मंत्र के पूरा होने पर वे जौ के एक दाने को खाली परई में डालते जाते थे। इस तरह उनके द्वारा गायत्री जाप का अभियान पूरा होता था। इसी प्रक्रिया में दिन भर जाप चलता रहता था। वे शिवमंदिर में स्थापित शिवलिंग के ठीक सामने दालान में चटाई बिछाकर बैठ जाते और सस्वर वैदिक विधा में मंत्रोच्चार करते रहते थे। मैं जब भी सिद्धा लेकर जाता, मुझे काफी

देर तक मंत्रावधि समाप्त होने का इंतजार करना पड़ता था, जिसके कारण मैं मंदिर के बाहर खड़ा-खड़ा मन-ही-मन उनके द्वारा उच्चारित मंत्रों को दोहराता रहता था। इसका परिणाम यह हुआ कि गायत्री मंत्र का यह श्लोक मेरी जबान पर पूरी तरह समा गया :

ओम् भूर्भुवः स्वः तत् सवितुर्वरेण्यम्
भर्गो देवस्य धीमहि धियो योनः प्रचोदयात्

मैं घर वापस आकर यह श्लोक दोहराता रहता तथा घर वालों को बताता कि परभू चौबे इसी का जाप करते हैं। मेरे द्वारा मंत्र उच्चारण से घर वाले हैरत में जरूर पड़ जाते थे, किन्तु दादी कहती : 'बभनन् क नकल मत करा, तोहके पाप पड़ी।' दादी की इन बातों से मेरे मन में बड़ा डर पैदा हो जाता था। गायत्री जाप के नौवें दिन 501 ब्राह्मणों की दावत उसी मंदिर पर होनी थी। परभू चौबे पहले ही से कह रखे थे दावत के बाद हर ब्राह्मण को दक्षिणा में कम से कम एक पैसा लाक्षणिक रूप से अवश्य दिया जाना चाहिए। अतः मुझे जब भी दुकान या बाजार भेजा जाता, एकन्नी, दोअन्नी या चवन्नी वाले सिक्कों को मैं दुकानदारों को देकर फुटकर में तांबे वाला एक एक पैसा मांगता। यही बड़ा वाला एक पैसा डब्बल कहलाता था। इस तरह हमने उस नौ दिन के अंदर 501 डब्बल इकट्ठा किया था। गायत्री जाप के दौरान घर का कोई अन्य व्यक्ति मंदिर में नहीं जा सकता था। किन्तु ब्राह्मण भोज के दिन वहां सबको रहना था। भोज में पूड़ी, आलू, कोहड़े की सब्जी, लड्डू तथा दही का इंतजाम किया गया था। सारा भोज पदार्थ मंदिर पर एक हलवाई ने तैयार किया था। हमारे गांव के आसपास के दर्जनों गांवों के ब्राह्मणों को घर वालों ने हाथ जोड़-जोड़कर भोज में आने का निमंत्रण दिया था। चूंकि हमारे चौधरी चाचा की बारहगांवा में बड़ी इज्जत थी, इसलिए सैकड़ों की संख्या में ब्राह्मण उस भोज में आए थे। हमारे गांव के ब्राह्मणों को तो झांरा न्योता था अर्थात् हर घर के सभी सदस्यों को निमत्रंण। कुल मिलाकर 501 से ज्यादा ही ब्राह्मण भोज में आए थे। जिस दिन यह भोज था, उस दिन घर में उत्सव-सा माहौल था। शादी-विवाह जैसे अवसरों वाली खुशी छाई हुई थी। परिवार के सभी लोग नहा-धोकर मंदिर जाने की तैयारी करने लगे। अचानक नग्गर चाचा ने आदेश दिया कि मुझे छोड़कर अन्य सभी लोग मंदिर जाएंगे। ऐसा सुनकर मैं धराशाई सा हो गया। मैं कुछ बोल नहीं पाया। घर के सभी लोग मंदिर की तरफ चल पड़े और मैं उन्हें जाते देखता रहा। बात समझ में आ गई थी। हकीकत यह थी कि मैं अपशकुन था, इसलिए मुझे घर पर रोक लिया गया था। सबके मंदिर चले जाने के बाद मैं अपने घर के सामने वाले पंचायती कुएं की जगत पर लेटे-लेटे उसी गायत्री मंत्र का पाठ मन-ही-मन तब तक करता रहा, जब तक कि देर रात गए सभी लोग ब्राह्मणभोज से वापस नहीं आ गए। घर वालों से ही पता

चला कि भोज के बाद ब्राह्मणों ने चौधरी चाचा की बहुत जयकार की थी तथा परभू चौबे ने पूछा था कि सिद्धा पहुंचाने वाला लड़का आज क्यों नहीं आया?

अंततोगत्वा, गायत्री जाप तथा ब्राह्मणभोज से चौधरी चाचा की बीमारी पर कोई असर नहीं पड़ा। जाहिर है यह सब अंधविश्वासों का खेल था। शीघ्र ही हफ्ते भर के अंदर चौधरी चाचा की मृत्यु हो गई। उनकी मृत्यु का समाचार चारों तरफ गांवों में फैल गया। सैकड़ों की संख्या में लोग हमारे घर पर इकट्ठा हो गए। घर की औरतों ने बेतहाशा विलाप करते हुए चौधराइन चाची की चूड़ियां लोढ़े से मारकर फोड़ दीं। चूड़ियां फोड़ना भविष्य में एकाकी जीवन का प्रतीक था। इकट्ठा हुए लोग चौधरी चाचा का गुणगान कर रहे थे। बारह गांव के चौधरी होने के कारण उनकी न्यायिक भूमिका निश्चित रूप से बेजोड़ थी। वे बेहद निष्पक्ष होकर फैसला सुनाते थे। एक बार दलित बस्ती का कोतवाल नामक दलित अपनी झोंपड़ी को ब्राह्मणों द्वारा जला देने की गुहार लेकर दौड़ता हुआ हमारे घर आया। चौधरी चाचा ने सभी दलितों को आदेश दिया कि तुरंत उन ब्राह्मणों पर हमला बोल दिया जाए। हमारे घर के सभी लोग लाठियां लेकर दौड़ पड़े। बस्ती की औरतें अपना वही पुराना हथियार गाय-बैलों की पसलियां तथा बियाना की हांड़ियां आदि लेकर जंग के लिए निकल पड़ीं। उस दिन बहुत बड़ा खूनखराबा हो सकता था। ब्राह्मण बहुत डरे हुए थे तथा वे चिल्ला चिल्लाकर कह रहे थे कि उन्होंने कोतवाल की झोंपड़ी नहीं जलाई। इस बीच कोतवाल के पड़ोसी ने ही बता दिया कि कोतवाल का अपने जमींदार से मजदूरी को लेकर गाली-गलौज हुआ था किन्तु उनकी झोंपड़ी ब्राह्मणों ने नहीं, बल्कि उसने स्वयं जलाकर ब्राह्मणों से बदला लेना चाहा था। इस तथ्य का रहस्य खुलते ही चौधरी चाचा आगबबूला हो गए थे। उन्होंने गांव भर से माफी मांगी तथा कोतवाल को कुजाति करने का आदेश दिया था। ऐसी थी चौधरी चाचा की न्यायप्रियता। उनके ही कहने पर हमारे घर में हमेशा एक नया कांसे का लोटा, पीतल की बाल्टी तथा डोर अलग सुरक्षित रखी जाती थी, ताकि यदि कोई सवर्ण प्यासा बस्ती में आ जाए तो वह कुएं से स्वयं पानी निकालकर पी सके। घर में दो-चार मिट्टी की हड़िया भी हमेशा रखी रहती थीं, ताकि देर रात गए कोई सवर्ण अपनी यात्रा रोककर बाहर खाना पका कर खा सके और रात में घर पर ही सो जावे। इतना ही नहीं, जब भी कोई अजनबी व्यक्ति अंधेरा होने पर बस्ती से गुजरता, चौधरी चाचा तुरंत उससे कहते कि यदि दूर जाना है तो रात में रुक जाए। ऐसे व्यक्तियों को कई बार गंतव्य स्थल पर पहुंचाने के लिए घर वालों के साथ भेज देते थे ताकि रात के अंधेरे में कोई चोर-बदमाश हानि न पहुंचा सके। इन सब बातों को लेकर चौधरी चाचा की बहुत मान्यता थी। यही कारण था कि बहुत बड़े पैमाने पर लोग उनकी मृत्यु पर हमारे घर इकट्ठा हो गए थे।

चौधीर चाचा गुरुमुख नहीं थे, इसलिए शिवनारायण पंथ वाला कोई कर्मकांड उनके साथ नहीं जुड़ा था। कोई गाजा-बाजा भी नहीं था। किन्तु वही बरहलगंज वाला बंकिया डोम अपना युद्धोन्मादी सिंघा लेकर आ धमका था। वह बेहद तीव्र ध्वनि के साथ सिंघा बजा रहा था। सिंघा बजाते समय उसका रौद्र रूप देखने में ऐसा लगता था कि मानो वह स्वर्ग का फाटक खोलने के लिए देवराज इंद्र को फरमान जारी कर रहा हो। जाहिर है कुछ दिन पूर्व बंकिया डोम मंदिर पर सम्पन्न ब्राह्मणभोज में भी आया था और तृप्त होकर सिंघा बजाते वापस गया था। किन्तु चौधरी चाचा की मृत्यु के दिन वह निःस्वार्थ भाव से रणभेरी बजा रहा था। उसे उस दिन खाने की परवाह नहीं थी। गुरुमुख न होने के कारण चौधरी चाचा को दफनाया नहीं जा सकता था, इसलिए उन्हें गाजीपुर जिले में स्थित बहती गंगा में जलसमाधि देने का निर्णय लिया गया था। गाजीपुर की गंगा हमारे गांव से करीब 45 किलोमीटर दूर थी। हमारे उस पूरे इलाके में बैलाकोट नामक गांव के कंतिया पासी का एक्का बहुत मशहूर था, क्योंकि उसका घोड़ा बड़ा फैतूनी था, ऐसा ही लोग कहते थे। इलाके का कोई भी मानिन्द मरता कंतिया पासी का घोड़ा लाश लेकर सरपट को हमेशा तैयार रहता था। गंगा में जलसमाधि के निर्णय से हमारी मुर्दहिया एकदम उदास पड़ गई थी क्योंकि उस दिन उधर कोई नहीं था। सारी भीड़ हमारे दरवाजे पर थी। इस गहमागहमी के दौरान एक्के में नधा कंतिया पासी का घोड़ा हिनहिनाते हुए हमारे घर पर दाखिल हुआ। एक्के के पीछे चौधरी चाचा की लाश बांधी गई। जिस समय लाश बांधी जा रही थी, उस समय घर की औरतें बड़ी तेजी से चिल्ला पड़ीं। विशेष रूप से चौधराइन चाची छाती पीट-पीटकर रुदन गायकी के लहजे में कराह उठीं : 'हमरे रजवा के कहंवा लेहले जात हउवा हो घोड़ा बीरना।' एक्का के पिछले हिस्से में दोनों पहियों के पास बांस की कंइन में लाल झंडियां फहराकर बांध दी गई थीं। इन झंडियों से बंधा एक्का महाभारत के रथ जैसा दिखाई देने लगा था। यकायक जोर का शोर मचा और 'चौधरी साहब की जय' तथा बिलखती औरतों के क्रंदन के बीच बंकिया डोम का सिंघा चिंघ्घाड़ उठा। देखते ही देखते कंतिया पासी ने घोड़े पर जोर का चाबुक लगाया और वह कंचिया पगडंडी पर पड़ी धूल उड़ाता हुआ गाजीपुर की गंगा की तरफ दौड़ पड़ा। नग्गर चाचा तथा चौधरी चाचा के बड़े बेटे रजई भैया लाश के साथ गए। उन्होंने गंगा की बीच धारा में एक नौका के माध्यम से लाश के साथ कुछ भारी-भारी पत्थर बांधकर उसे डुबो दिया। उस समय गंगा में ऐसे ही जलसमाधि दी जाती थी। अपनी तेज रफ्तार के कारण कंतिया पासी का एक्का लाश ढोने के लिए विख्यात हो गया था। उसकी चाल से ही लग जाता था कि असली मुक्तिदाता गंगा नहीं बल्कि वह घोड़ा था। मृत्यु के तीसरे दिन के संस्कार को 'घाट नहाना' कहते हैं, उस दिन पुनः बारहगांवा से सैकड़ों लोगों ने पत्तू मिसिर के पोखरे में नहाकर

छटंकिया नाई से सिर मुंड़वाया तथा घर आकर बहुरी खाया। तेरहवें दिन बहुत बड़ा मृत्युभोज हुआ। इलाके के सैकड़ों लोग मृत्युभोज में सिद्धा लेकर आए। अर्थात् मृत्युभोज में खर्च होने वाला सारा राशन-पानी पंचों ने उठाया। उस दिन बंकिया डोम के साथ-साथ इलाके के अनेक दफलची तथा ढोल-नगाड़े वाले घर पर जमघट लगाए हुए थे। कवि काजी नजरुल के शब्दों में 'आकाशे दमामा बाजे' वाली स्थिति थी। घंटों तक दफले-नगाड़े बजते रहे। भोज के बाद इनकी ध्वनियां और तेज हो गई थीं। वहां कोई नृत्य का दृश्य तो नहीं था, किन्तु मैं बार-बार सोच लेता था कि नटिनिया अपनी झोंपड़ी में अवश्य थिरक रही होगी।

इस तरह चौधरी चाचा की मृत्यु के साथ हमारे इलाके के दलित जीवन का एक अनोखा दौर समाप्त हो गया। इसके कुछ दिन बाद पास के ही एक गांव में गौना की बरात आई थी। बरात के साथ जो नौटंकी आई थी, उसका मुख्य नचनिया ही दूल्हा था। वह रंगमंच पर साड़ी पहनकर नाचने लगा। इस बीच गांव की एक अन्य लड़की से उसकी आंखें टकरा गईं। वह रात के अंधेरे में बरात को वहीं छोड़कर उस लड़की को लेकर भाग गया। रात में ही घरातियों तथा बरातियों में मारपीट की नौबत आ गई। दूसरे दिन दोनों पक्ष पंचायत के लिए हमारे घर आए। चौधरी चाचा के बिना यह पहली पंचायत थी। मुन्नर चाचा ने फैसला सुनाया कि जो लड़की, नचनिया दूल्हे के साथ भाग गई, उसे उसके साथ रहने दिया तथा गौना वाली लड़की की दूसरी शादी कर दी जाए, जिसका खर्च भगोड़ा पक्ष देगा। इस तरह यह मामला हल हुआ। इस घटना के बाद मठिया की एक अन्य लड़की श्यामा, जो हमारे ही स्कूल में सातवें दर्जे में पढ़ती थी, की शामत आ गई। लोग कहने लगे कि वह बाल खोलकर स्कूल जाती है, बेशवा हो गई है। अतः उसकी पढ़ाई छुड़ा दी गई। इस बीच हमारे घर में भी एक विचित्र स्थिति पैदा हो गई। मेरी मां बस्ती के किसी भी व्यक्ति से बात करती, पिता जी तुरंत उसके चरित्र पर उंगली उठाना शुरू कर देते थे। वे मां को बहुत भद्दी-भद्दी गालियां देने लगते थे। उनकी गालियों से ही पता चला कि मेरे नाना का नाम सरजू था। वे हमेशा गाली में 'सरजुवा की बेटी' का इस्तेमाल करते थे। मां के चरित्र की शिकायत वे उसी गुस्सैल नग्गर चाचा से भी करते। किन्तु नग्गर चाचा हमेशा पिता जी को बुरी तरह डांट देते थे और कहते थे कि उनका आरोप झूठा है। नग्गर चाचा के इस व्यवहार से मुझे बड़ी राहत मिलती थी, किन्तु पिता जी एकदम चित्तविक्षेपी हो गए थे। वे अक्सर मां को फरुही से मारने दौड़ पड़ते थे। फरुही का इस्तेमाल खेत में क्यारी बनाने के लिए किया जाता था। वह फावड़े की तरह होती थी, जो लकड़ी के फट्ठे से बनाई जाती थी। इसका बेंट लाठी की तरह लम्बा होता था। धीरे-धीरे मेरे मस्तिष्क में पिता जी के प्रति असीम घृणा उत्पन्न होने लगी। मेरी इस घृणा की पराकाष्ठा शीघ्र ही पिता जी के प्रति हिंसा में बदल गई।

सन् 1961 के ही जाड़ों की बात है, पिता जी मां को मारने के लिए फरुही लेकर दौड़े। मैं वहीं खड़ा था। मैंने बहुत जोर से पिता जी को एक तमाचा मारा। उन्होंने मुझे उलटकर वैसे ही मारा। उनका तमाचा इतना जोर का था कि मैं कुछ देर के लिए चौंधिया-सा गया था। मुझे कुछ पल के लिए कुछ भी दिखाई नहीं दिया। मुझे ऐसा लगा कि मानो मैं अंधा-सा हो गया। किन्तु इस घटना का परिणाम यह हुआ कि आगे पिता जी मां को मारने से घबराने लगे। बस्ती के लगभग सभी लोगों ने मुझे सही ठहराया। आगे चलकर पिता जी के प्रति मेरी घृणा विकराल रूप लेती चली गई। उसी समय स्कूल में कुछ नए कमरे बनाए जा रहे थे। स्कूल से थोड़ी दूर पर ईंट का भट्ठा था जहां से ईंटें लाकर इमारत बनाई जा रही थी। मेरे पिता जी कहते कि स्कूल बनाना पुण्य का काम है, इसलिए वे अक्सर हरवाही बंद कर उस भट्ठे से सिर पर ईंटें लादकर स्कूल में रख देते। वे मिट्टी का गारा भी बनाते। पूरा दिन इन्हीं कामों में वे बिना किसी मजदूरी के लगा देते थे। उनका ऐसा व्यवहार अत्यंत परोपकारी था, किन्तु मां के प्रकरण से उत्पन्न घृणा मेरे अंदर बढ़ती ही गई। उनका भट्ठे से ईंट ढोना तथा गारा बनाना मुझे अपने लिए अपमानजनक भी लगता था, क्योंकि स्कूल के अधिकतर बच्चे उन्हें पहचानते थे। इस बात को लेकर पिता जी से मेरी खूब झड़प हो जाती थी। समय ज्यों-ज्यों बीतता गया, मां और पिता जी की लड़ाई में मैं पिता जी का दुश्मन बनता गया।

अगला साल सन् 1962 देश के तीसरे चुनाव वाला साल था। इसकी दस्तक से पहले ही स्कूल में एक बार फिर विकास प्रदर्शनी लगाई गई। इस बार के सांस्कृतिक कार्यक्रमों में पहली बार एक फिल्म दिखाई गई। जिसका नाम था 'चक्रधारी'। सन् 1961 के नवम्बर का महीना था। खूब जाड़ा लग रहा था। स्कूल के आसपास के दर्जनों गांवों से सैकड़ों लोग फिल्म देखने आए थे। स्कूल के सामने मैदान में एक बड़े श्यामपट की तरह सफेद पर्दा लगाया गया था जिस पर जनरेटर के माध्यम से फिल्म दिखाई गई। मैं उस भीड़ में काफी दूर बैठा था। जनरेटर की आवाज इतनी ज्यादा शोर मचाने वाली थी कि फिल्म का कोई डायलॉग समझ में नहीं आता था। हीरो-हिरोइन का नाम भी किसी को मालूम नहीं हुआ, किन्तु उस फिल्म का एक गाना सबकी जुबान पर छा गया। गाने की पहली लाइन थी : 'चोली तूं सीना संभाल के ऐ दरजी, जाना है कल ससुराल'। फिल्म की थीम बिल्कुल समझ में नहीं आई, क्योंकि रीलें बार-बार कट जाती थीं। अंत में सिर्फ इतना समझ में आया था कि अकाल के कारण एक कुम्हार का मिट्टी के बर्तन बनाने का कारोबार खत्म हो गया था, किन्तु कृष्ण भगवान की पूजा से तेज बारिश हुई और कुम्हार के घर खुशहाली वापस आ गई। चूंकि हमारे उस दूर-दूर के इलाके में पहली बार किसी फिल्म का प्रदर्शन हुआ था, इसलिए उसकी चर्चा गांव-गांव में होने लगी थी। शीघ्र

ही इलाके के लफंगे जहां कहीं भी किसी युवती को देखते, उक्त गाने को दोहराने लगते थे। इस बीच मेरे पिता जी गृहकलह से ऊबकर आसनसोल चले गए। वे वहां किसी 'कोइलरी' में काम करने के लिए गए थे। किन्तु मुश्किल से 15 दिन रहने के बाद उन्हें सुदेस्सर पांड़े की हरवाही छोड़ देने का 'पाप' सताने लगा। अतः अपने अंधविश्वासी 'ब्रह्महत्या' के पाप से बचने के लिए वे गांव वापस आ गए। अंधविश्वासों की कड़ी में हमारे घर की एक भाभी दुलरिया जो पहलवानी सीखने वाले गोकुल भैया की पत्नी थीं, और जो बबुरा धनहुवां गांव के पास वाली चमरौटी से ब्याह कर आई थीं, एक तरह के मनोरोग से पीड़ित हो गईं। उनका अक्सर पेट दर्द करता और वह तुरंत ओझैती वाली भभूत मांगने लगतीं। उस समय पास के ही चतुरपुरा नामक गांव में एक दलित औरत ओझैती करती थी। उसे लोग 'चमैनिया' के नाम से पुकारने लगे थे। लगभग हर रोज ही वह भभूत लाने को कहतीं। भभूत यानी अगियारी से बनी राख लाने का काम मुझे ही सौंपा जाता था। वह चमैनिया की भभूत खाते ही, कहने लगतीं कि पेट दर्द बंद हो गया। कुछ दिन तक तो मैं चमैनिया से भभूत लाकर उन्हें देता रहा, किन्तु बाद में मुझे एक खुराफात सूझी। मैं घर से शाम के समय भभूत लेने निकलता और मुर्दहिया के पास नटिनिया की झोंपड़ी से राख लेकर एक पलाश के पत्ते में लपेटकर कुछ देर बाद घर वापस आ जाता। इस राख को भी खाकर वह कहतीं कि पेट दर्द ठीक हो गया। इसके बाद मैं अनगिनत बार भभूत मांगने पर उस भाभी को नटिनिया की झोंपड़ी से राख ला लाकर देता रहा और वह ठीक होती रहीं। कभी-कभी तो मैं घर से ही राख लेकर इधर-उधर से घूमकर वापस आ जाता था, जिसे खाकर वह ठीक हो जाती थीं। वह कहतीं कि उनका पेट दर्द भूत-प्रेत के कारण होता था। इस संदर्भ में मुझे याद आता है एक ढाई हजार साल पुराना भुतहा बौद्ध भिक्षु जो बीमार पड़ने पर सूअर के वध्यस्थल पर जाकर उसका कच्चा मांस खाता तथा खून पीकर कहता कि उसकी बीमारी ठीक हो गई। उस भिक्षु के बारे में अन्य भिक्षुओं ने बुद्ध को बताया जिसके बाद उन्होंने एक नियम बनाकर अनुमति दी कि भुतहे रोग से पीड़ित भिक्षु सूअर के कच्चे मांस तथा खून का सेवन कर सकता है। इस घटना का उल्लेख 'विनय पिटक' के 'भैषज्य स्कंधक' में किया गया है। यद्यपि बुद्ध भूत-बैताल आदि में विश्वास नहीं करते थे, किन्तु मनोरोगियों को ठीक करने के लिए वे नियमों को लचीला बना देते थे। इन सब घटनाओं से पूर्व सन् 1961 की गर्मियों में मैं स्वयं भूतों के संदर्भ में मतिविभ्रम का शिकार हो गया था। उन दिनों गन्ने की फसल बोई जा रही थी। जैसा कि गन्ने का कोई जौ-गेहूं की तरह बीज नहीं होता है, उसके डंठल का ही बोझ बांधकर एक दिन पहले पानी में डुबो दिया जाता था, जिससे गन्ने के पोर जहां से अंकुर निकलते हैं, मुलायम हो जाते थे। बोने से पहले गन्ने के तीन-तीन पोर वाले डंठल को गंड़ासे से काटा जाता था, उसे पताड़ी

कहते थे। दो पताड़ियों के बीच के बिना पोर वाले हिस्सों को अंगरी के रूप में जाना जाता था, जिसे बच्चे बड़े चाव से चूस जाते थे। उस समय गन्ने की बोवाई से कुछ दिन पूर्व खेतों में 'लेहड़' बैठाया जाता था। हमारे गांव में गड़ेरियों का एक परिवार था, जो सैकड़ों की संख्या में भेड़ पालता था। गड़ेरिया परिवार कुछ शुल्क लेकर बारी-बारी से इन खेतों में रात के समय अपनी भेड़ों को बैठा देता था। ये भेड़ें रात भर उसी खेत में रहकर मूतती तथा लेड़ी करती थीं, जिससे खेत उपजाऊ हो जाता था। इस प्रक्रिया को 'लेहड़' बैठाना कहते थे। पताड़ी जब भी बोई जाती, एक उत्सव सा माहौल हो जाता था। दलित बस्ती के अपने-अपने सभी पट्टीदार उसमें सहयोग देते तथा बोवनी समाप्त होने पर सभी हिस्सेदारों को 'ऊखभोज' दिया जाता। ऊखभोज की दावत शादी-विवाहों जैसी होती थी। उखभोज के पीछे मान्यता यह थी कि गन्ना जीवनदाई फसल है, इसलिए उसकी बोवाई का दिन त्योहार जैसे होता था। बोवाई के बाद गन्ने के खेतों में पानी की बहुत ज्यादा आवश्यकता होती थी, किन्तु सिंचाई के साधन बहुत कम थे। गांव के एक कुएं में एक पंडित का रहट अभी नया-नया लगा था। रहट एक बैलगाड़ी के पहिए के बराबर बड़ी-सी घिर्री होती थी जिस पर से गुजरती हुई पचासों डब्बेनुमा छोटी-छोटी बाल्टियां कुएं के पानी में लटकी होती थीं। इस मशीन को दो बैलों की जोड़ी के माध्यम से गन्ना की पेराई करने वाली कल (मशीन) की तरह चलाया जाता था। इस तरह रहंट के चलने से बाल्टियों का पानी लगातार कुएं से बाहर नाली में गिरकर खेतों में चला जाता था। पंडित रहट किराए पर चलाते थे। सिंचाई की व्यस्तता के कारण हमारे घर वालों की बारी रात के समय आई। अर्थात् गन्ने की सिंचाई के लिए रात भर रहट हांकना था। वहां रात भर लालटेन जलाकर रखना था किन्तु मिट्टी का तेल समाप्त हो गया था। अतः रात के समय मुझे टड़वां गांव की एक दुकान से मिट्टी का तेल लाने के लिए भेजा गया। मैं अंगोछे में आधा सेर जौ बांधकर तेल लेने चल पड़ा। ऐसे किसी भी काम के लिए घर वाले हमेशा रात के समय मुझे ही भेजा करते थे, जिसका एकमात्र कारण यह था कि अपशकुन होने के कारण मेरा चाहे जो भी अनिष्ट हो जावे, किन्तु घर के किसी अन्य व्यक्ति का कुछ न बिगड़े। यहां तक कि घर का कोई आदमी बरहलगंज बाजार जाता और लौटते समय रात हो जाती, तो हमेशा मुझे मुर्दहिया के पास भेजकर बाजार गए आदमी को जोर से चिल्लाकर पुकारने को कहा जाता था। मुर्दहिया के सन्नाटे से लगाई गई मेरी आवाज बहुत दूर तक जाती, जिसे सुनकर बाजार से लौटता हुआ आदमी मेरी ही तरह चिल्लाकर कहता : 'आवत हंईं'। मैं उन्हें लेकर घर वापस आ जाता, किन्तु जब कभी मैं कहीं से रात होने पर लौटता, घर से किसी को वैसी हांक लगाने के लिए नहीं भेजा जाता। रहट वाले दिन मैं तेल लेने उसी मुर्दहिया से होते हुए टड़वां चला गया। जाते समय जरा भी नहीं डरा। किन्तु लौटते समय चारों

तरफ सोता पड़ गया था और जंगली रास्ते से गुजरते हुए मुर्दहिया यकायक डरावनी लगने लगी। रात उजाली थी, क्योंकि चांद मुर्दहिया के ठीक ऊपर जगमगा रहा था। कुछ दूर पीपल के पेड़ पर बैठा एक गिद्ध फड़फड़ा उठा और मैं काल्पनिक भूत की आशंका का शिकार हो गया। मैंने देखा कि ठीक मुर्दहिया के बीच से एक काला व्यक्ति निर्वस्त्र बैठा हुआ लाठी के बराबर की ऊंचाई पर आसमान से मेरी तरफ चलता दिखाई दे रहा था। मैं जब खड़ा हो जाता था, तो वह आकृति आसमान में ही रुक जाती थी और जब चलने लगता था, तो वह आकृति मेरी तरफ आने लगती थी। मैं डरकर 'हनुमान चालीसा' पढ़ते हुए एक हाथ में मिट्टी के तेल वाली बोतल तथा दूसरे हाथ में लाठी को मजबूती से पकड़े हुए नटिनिया की झोंपड़ी की तरफ भागा। जब मैं भाग रहा था तो मेरे उठते कदमों से जोरदार धूल का झोंका भी उड़ने लगता था। जैसे-तैसे हांफता हुआ मैं रहट के पास पहुंचा। मैंने इस घटना का उल्लेख किसी से नहीं किया, किन्तु सुबह होने पर चमरिया माई को धार-पुजौरा चढ़ाया। इस उड़ते हुए भूत के प्रकरण के दौरान मुझे सबसे ज्यादा चिन्ता इस बात की थी कि यदि मिट्टी के तेल वाली बोतल गिरकर टूट गई, तो घर पर मेरी बहुत दुर्गति होगी। जाहिर है यह भुतहा प्रकरण तत्कालीन भयग्रंथि से उत्पन्न मेरा मतिभ्रम था।

इन्हीं दिनों पिता जी के भाइयों में दूसरे नम्बर वाले भंडारी चाचा कलकत्ता की एक जूट मिल से रिटायर होकर घर वापस आए। उन्हें रिटायरमेंट के बाद की कुल जमाराशि 1760 रुपए मिली थी। सभी लोग डाकुओं के डर से आतंकित थे। अतः मुन्नर चाचा जो घर के मालिक थे, इन रुपयों को डाकू-चोर के भय से एक कपड़े में बांधकर रोज उसी भैंसउर में पड़ी चारपाई पर मेरी पीठ के नीचे रख देते थे। मैं इन्हीं नोटों पर हफ्तों सोया करता था। सुबह होते ही मुन्नर चाचा रुपयों को उठा ले जाते थे। बाद में एक बड़ा-सा आम का पेड़ खरीदा गया, जिसकी लकड़ी से पुराने घर को फिर से नया बनाया गया। उस समय आठ दस आदमियों का एक ग्रुप 'लकड़चिरवा' कहलाता था। मेरे घर के रजई भैया लकड़चिरवा थे। लकड़चिरवा बहुत कम लोग होते थे, क्योंकि उन दिनों किसी हरे पेड़ को काटना महापाप समझा जाता था। अतः लकड़चिरवा ग्रुप स्वयं कभी किसी पेड़ को नहीं काटता था। उसके लिए दस-बीस गांव में कोई एक व्यक्ति ऐसा होता था, जो पांच रुपए लेकर किसी बिके हुए पेड़ की जड़ को पांच टांगा मारकर काटता। इसके बाद लकड़चिरवा ग्रुप उस पेड़ को काटकर गिरा देता। इस पांच टांगा मारने वाले व्यक्ति को आम लोग बहुत बुरा समझते थे। हमारे पूरे इलाके में बैलाकोट नामक गांव में ऐसा सिर्फ एक व्यक्ति था, जो घूम-घूमकर टांगा मारा करता था। उसकी जीविका का वही साधन था। पेड़ों की रक्षा के प्रति हमारे इलाके के ग्रामीण जीवन की यह अनोखी संवेदनशीलता थी। किसी भी हरे पेड़ के काटे जाने के बाद गांव की महिलाएं बहुत दुखित हो जाती थीं,

विशेष रूप से मेरी बुढ़िया दादी बार-बार ऐसे पेड़ों का जिक्र करती रहती थी। वह अक्सर कहती कि पेड़ कटने से आसमान उदास लगने लगता है। सन् 1961 का साल जाते-जाते हमारे गांव को झकझोर गया। हुआ यह कि मैं दिसम्बर के महीने में कोल्हाड़, यानी घर के सामने जहां गन्ना पेरने वाली कल गड़ी हुई थी, से नधे दोनों बैलों को हांक रहा था, क्योंकि गन्ने की पेराई चल रही थी। पास ही में चूल्हे पर गुड़ पकाने के लिए कराहा भी चढ़ा हुआ था। अचानक दोनों बैल बांव-बांव कर चिल्लाते हुए खड़े हो गए और सामने बंधी भैंस खूटा तुड़ाकर भागने लगी। कराहे का आधा गुड़ हलककर चूल्हे पर गिर गया। शीघ्र ही बस्ती वाले 'भूडोल-भूडोल' कहकर चिल्लाने लगे। गांव की अनेक झोंपड़ियां गिर गईं। दीवारें भी फट गईं, किन्तु किसी की जान नहीं गई। सन् 1906 में इटली में आए भीषण भूकम्प के दौरान खंडहरों को देखकर वहां उपस्थित रूस के महान लेखक गोर्की ने ठीक ही कहा था कि ऐसा लगता था कि मानो मृत पाषाण जीवित होकर प्रकृति पर मानव की विजय के विरुद्ध उससे बदला ले रहे हों।

सन् 1962 के आते ही स्कूल तथा सभी ग्रामीण इलाकों की छटा बदलने लगी थी। कारण था देश का तीसरा आम चुनाव जो फरवरी में होने वाला था। उन दिनों पार्टियों के नेता जनसभाओं पर विशेष जोर न देकर गांव-गांव घूमकर चुनाव प्रचार करते थे, जिसके कारण गांवों में बड़ा गर्मजोशी का माहौल बन जाता था। इसी माहौल में पहला सामना हुआ बनारस के विख्यात साधु स्वामी करपात्री जी से, जो हमारे स्कूल में पधारे थे। हमारे स्कूल के संस्थापक बाबा हरिहर दास ने पहले ही सूचना दे दी थी कि स्वामी जी अमुक दिन आने वाले हैं। स्वामी जी के बारे में अध्यापक लोग कहते थे कि दोनों करों यानी हाथों में जितना भोजन अंटता है, उतना ही वे खाते हैं, इसलिए उनको 'करपात्री' कहा जाता है। इस तथ्य को जानकर हम सभी बहुत अचम्भित थे। उनके आने से पहले हमें स्कूल के पीछे पोखरा के किनारे आम के पेड़ों के नीचे बैठाया गया था। शीघ्र ही बाबा हरिहर दास, जो हमेशा श्वेत वस्त्रधारी रहते थे, गेरुवाधारी स्वामी करपात्री जी को अपने मंदिर से लेकर सभास्थल पर पहुंचे। तत्काल अध्यापकों के आदेशानुसार हम सभी छात्रों ने साष्टांग लेटकर दूर से ही उनको प्रणाम किया। उस समय हम सभी स्वामी करपात्री जी के दर्शन से भावविभोर हो गए थे। वे बिना किसी प्रस्तावना के गाने लगे : 'श्री राम जै राम, जै जै राम'। हम सभी छात्र तथा अध्यापक पूरे एक घंटे तक इस जाप को दोहराते रहे। इसके अलावा वे कुछ भी नहीं बोले। बाद में बाबा हरिहर दास ने बताया कि स्वामी करपात्री जी देश में 'रामराज' लाने के लिए काम कर रहे हैं। जाहिर है कि उनकी पार्टी 'रामराज्य परिषद' चुनाव मैदान में थी। मैं इस पार्टी के बारे में कुछ भी नहीं जानता था, किन्तु स्वामी करपात्री जी से इस बात के लिए

बहुत प्रभावित था कि दोनों हाथों में जितना अंटता है, उतना ही वे खाते हैं। बाद में बनारस हिन्दू विश्वविद्यालय के छात्रजीवन में मुझे पहली बार 1968 में महापंडित राहुल सांकृत्यायन की पुस्तक 'रामराज्य और मार्क्सवाद' से पता चला कि स्वामी करपात्री जी ने 1957 में 'मार्क्सवाद और रामराज्य' नाम की एक भारी भरकम पुस्तक लिखी थी जिसमें उन्होंने सती प्रथा तथा बाल विवाह जैसी अनेक कुरीतियों का समर्थन किया था। इसके अलावा उन्होंने कम्युनिज्म का विरोध तो किया ही था। इतना ही नहीं, स्वामी करपात्री जी ने काशी के प्रसिद्ध विश्वनाथ मंदिर में दलितों के प्रवेश का जबर्दस्त विरोध किया था जिसके चलते वे जेल भी गए थे। इससे पहले स्वामी जी ने डॉ. अम्बेडकर द्वारा 1951 में प्रस्तुत 'हिन्दू कोड बिल' का विरोध करते हुए कहा था कि डॉ. अम्बेडकर हिन्दू धर्म को नहीं समझते, क्योंकि उन्हें संस्कृत नहीं आती। स्मरण रहे कि डॉ. अम्बेडकर 'हिन्दू कोड बिल' के माध्यम से भारत की समस्त महिलाओं को पुरुषों के समान अधिकार दिलाना चाहते थे, किन्तु हिन्दू कट्टरपंथियों के विरोध के चलते जवाहरलाल नेहरू ने बिल को वापस ले लिया था, जिसके विरोध में डॉ. अम्बेडकर ने केन्द्रीय मंत्रिमंडल से इस्तीफा दे दिया था। इस्तीफे के बाद डॉ. अम्बेडकर ने कहा था कि जो योगदान वे भारतीय संविधान लिखकर नहीं कर पाए थे, उसे वे हिन्दू कोड बिल के माध्यम से पूरा करना चाहते थे। इन तमाम जानकारियों के बाद स्वामी करपात्री जी के प्रति सातवें दर्जे में पढ़ते हुए जो अगाध श्रद्धा जागी थी, वह यकायक चकनाचूर हो गई। स्वामी करपात्री जी के बाद 'जनसंघ' पार्टी के उम्मीदवार ने, जो रानीपुर इंटर कॉलेज के प्रिन्सिपल थे, हमारे स्कूल में एक सभा की। वे बार-बार राणा प्रताप तथा रानी लक्ष्मीबाई का गुणगान करते हुए भाषण देने लगे। हमें उनकी बातें बड़ी उबाऊ सी लगती थीं। स्कूल के बड़े छात्रों का कहना था कि जनसंघ अमीरों की पार्टी है। हमारे क्षेत्र में जनसंघ के बारे में लड़के एक रोचक नारा लगाते थे। चूंकि जनसंघ का चुनाव चिह्न 'दीया-बाती' था, इसलिए लड़कों का नारा था : 'इस दीए में तेल नहीं–चुनाव जीतना खेल नहीं'। वास्तव में इस नारे को हमारे क्षेत्र में प्रजा सोशलिस्ट पार्टी ने लोकप्रिय बनाया था। दूसरी तरफ कम्युनिस्ट पार्टी का भी काफी जोर था। एक बार फिर वही पुराने सुरजन राम, चंद्रजीत यादव, श्रीनाथ पथरकटवा के साथ कुछ अन्य पार्टी कार्यकर्ता हमारे गांव आए और पिछले चुनाव की तरह हमारे घर के सामने वाली दीवार पर 'हंसिया बाली' का चिह्न गेरू से बना दिया। उनकी मंडली ने एक क्रांतिकारी गाना गाया, जो इस प्रकार था :

ललका झंडा
मोटका डंडा
कब उठइबा बलमू

जमींदरवा लुटेरवा
कब भगइबा बलमू।
ललका झंडा
मोटका झंडा
कब उठइबा बलमू।

कहरवा धुन वाला यह गाना मेरे दिमाग पर अपनी अमिट छाप छोड़ गया। इस गाने को फैजाबाद जिले के राजबली यादव नामक एक प्रसिद्ध कम्युनिस्ट लोकगायक ने लिखा था। मैं स्कूल से वापस आने के बाद बस्ती के अन्य बच्चों के साथ खलिहान में चला जाता। हम मैदान के कूड़ेदान में पड़े लोहे के टूटे गगरे को उठा लाते और उस पर नगाड़े की तरह लकड़ी से बजा-बजाकर 'ललका झंडा मोटका डंडा' वाला गाना शुरू कर देते थे। हम घंटों तक इसे गाते रहते और हमारे इर्द-गिर्द बड़े लोगों की भी भीड़ इकट्ठा हो जाती। हम गोरू चराते जब कभी मुर्दहिया पर होते, तो हमारी इस लक्कड़ध्वनि पर नटिनिया नाच-नाचकर पागल-सी लगने लगती थी। राह चलते कल्पना में मैं 'ललका झंडा मोटका डंडा' लिये लोगों का हुजूम देखता। इसी हुजूम में मैं स्वयं को ढूंढ़ता। उधर पिछले चुनावों की ही तरह रात में ब्राह्मण हमारे घर आते, कौड़ा तापते तथा गांजा पीते हुए चुनाव चर्चा करते। कुल मिलाकर हमारे क्षेत्र में कांग्रेस, कम्युनिस्ट तथा प्रजा सोशलिस्ट पार्टी का काफी प्रभाव था, किन्तु हमारे गांव में कोई जनसंघ का नामलेवा नहीं था। इस दौरान हमारी दलित बस्ती में एक विवाह समारोह के अवसर पर 'टुंटवा का नाच' आया। 'टुंटवा' की बेटी हमारे गांव में ब्याही गई थी। वे जन्म से ही एक हाथ के टूटे थे। टूटे हाथ में पंजा नहीं था तथा पूरी बांह बड़ी पतली थी। इसलिए उन्हें टुंटवा के नाम से जाना जाता था। वे अत्यंत हाजिरजवाब स्वांग थे। उन्होंने एक नाचमंडली खोल ली थी जिसे 'टुंटवा का नाच' के रूप में बहुत ख्याति मिली थी। वे अपने पेट पर ढेर सारा कपड़ा बांधकर मोटी तोंद बना लेते और फटी हुई कोट पैंट पहनकर सिर पर हैट लगाकर अंग्रेज बन जाते। अपने लूले हाथ को दूसरे हाथ की मुट्ठी में नीचे ऊपर करते हुए वे मंच पर एक नेता का अभिनय करते हुए गाने लगते :

हम्मै देदा वोट भैया हम्मै देदा वोट
दउरत दउरत फटि गइली है कोट
भैया हम्मै देदा वोट।
लेला दस रुपया कै नोट
भैया हम्मै देदा वोट।
बोलत बोलत सुखि गइलै हैं होंठ
भैया हम्मै देदा वोट।

टुंटवा के इस व्यंग्य ने हमारे पूरे क्षेत्र में धूम मचा दिया था। हम लोग इस गाने को भी गगरे की लक्कड़ध्वनि पर खूब गाते और अपना मनोरंजन करते। टुंटवा भी एक अनपढ़ खेत मजदूर थे, किन्तु उनकी सामाजिक एवं राजनीतिक व्यंग्य शैली हरिशंकर परसाई जैसी थी। उनके मुख से निकले हुए स्वतःस्फूर्त डायलॉग श्रोताओं के मस्तिष्क में हिलती हुई लकीर जैसा कम्पन पैदा कर देते थे। उनके पास अपने संदेश को संचारित करने की अद्भुत शैली थी। उनकी एक सबसे बड़ी विशेषता यह थी कि वे पूर्वनियोजित ढंग से कोई गीत या डायलॉग तैयार नहीं रखते थे। चूंकि वे लिखना-पढ़ना नहीं जानते थे, इसलिए मंच पर आते ही सामाजिक यथार्थ को देखते हुए उनकी वाणी प्रस्फुटित हो जाती थी। शीघ्र ही श्रोता उनके स्वर में अपना स्वर मिलाने लगते थे। टुंटवा की याद आने पर याद आता है गौतम बुद्ध का समकालीन वह व्यक्ति जिसका नाम था तालपुट नाटककार। तालपुट नाटककार की एक वृहद् नाटकमंडली थी, जिसे लेकर वह गांव-गांव घूम-घूमकर नाटक दिखाता था, जिससे उनकी रोजी-रोटी चलती थी। एक दिन वह अपनी मंडली के साथ श्रावस्ती पहुंचा और बुद्ध का उपदेश सुना, जिसके बाद वह बौद्ध भिक्षु बन गया। चुनावों के दौरान एक अन्य दलित लोकगायक सुखई भी हमारे गांव आए। सुखई की बहन हमारे गांव के रामबली नामक खेत मजदूर से ब्याही गई थी। सुखई 'किस्सा गायकी' के महान अभिनेता थे। वे रानी सारंगा, छप्पन छुड़ी, संवरू लोरिक जैसे लोकप्रिय पात्रों से सम्बद्ध प्रचलित लम्बी-लम्बी कहानियों को गा-गाकर सुनाते थे। किस्सा गायन में समय समय पर वार्तालाप शैली का भी समावेश होता रहता था। सुखई अपने आप में एक वृहद् मंडली थे। नाच मंडलियों में तो अनेक कलाकार होते थे किन्तु किस्सा गायकी में सुखई अकेले होते थे, फिर भी किस्सा समाप्त होते-होते वे दर्जनों पात्रों की भूमिकाएं निभा चुके होते थे। सुखई भी अनपढ़ खेत मजदूर थे, किन्तु उनकी याददाश्त बेजोड़ थी। किसी एक कहानी को वे घंटों गाते रहते और श्रोता मंत्रमुग्ध अविरल शांत मुद्रा में आंखें फाड़-फाड़कर उनकी तरफ देखते रहते। उनकी किस्सा गायकी अक्सर रात में खाना-पीना समाप्त होने के बाद शुरू होती और सुबह मुर्गों के बोलने तक जारी रहती थी। उन्हें सुनने के लिए पूरा गांव इकट्ठा हो जाता था। वे अपनी इस कला में किसी वाद्ययंत्र का इस्तेमाल नहीं करते थे। वे हमेशा खड़े होकर अपने कानों में उंगली डालकर तेज स्वर में गाकर किस्सा सुनाने लगते थे। ऐसी ही गतिविधियों के बीच 1962 का आम चुनाव सम्पन्न हुआ। हमारे स्कूल पर हजारों लोगों का मजमा लगा हुआ था। सुबह से शाम तक चुनाव की सारी प्रक्रिया मैं देखता रहा। मतदान बंद होने के बाद मैं अपने पिता तथा मां के साथ वापस घर आ रहा था, तो पिता जी ने मुझे बताया कि बाबा हरिहर दास ने उन्हें दो रुपया दिया, इसलिए उन्होंने 'रामराज' को वोट दे दिया। 'रामराज' का मतलब स्वामी करपात्री जी की

'रामराज्य परिषद' नामक पार्टी से था। यद्यपि मुझे राजनीति का कोई ज्ञान नहीं था किन्तु मेरा स्वाभाविक झुकाव कम्युनिस्ट पार्टी की तरफ था, विशेष तौर पर 'ललका झंडा मोटका डंडा' वाले अमिट प्रभाव के चलते, मुझे पिता जी के दो रुपए वाले प्रकरण से बहुत ग्लानि हुई, लेकिन उनसे कुछ कह नहीं पाया।

आम चुनावों के शीघ्र बाद होली का त्योहार आया। इस अवसर पर हमारी दलित बस्ती से ब्राह्मणों की एक बार फिर ठन गई। हुआ यह कि हमारी चमरौटी और बभनौटी के बीच एक स्थान पर होलिका दहन के लिए रेड़ का पेड़ काटकर गाड़ा जाता था। यह कार्य होलिका दहन से सवा महीना पूर्व बसंत पंचमी के दिन सम्पन्न होता था। इसके बाद रोज ब्राह्मण इधर-उधर पड़ी लकड़ियां तथा झाड़-झंखार उठाकर उस गड़े रेड़ के इर्द-गिर्द रख देते थे। इस प्रक्रिया से होलिका के दिन जलाने के लिए लकड़ियों का बड़ा ढेर तैयार हो जाता था। किन्तु उस होली में होलिका दहन के पूर्व कुछ दलितों की झोपड़ियां उठाकर ब्राह्मणों ने होलिका में डाल दीं। एक अंधविश्वास के कारण होलिका में डाल दी गई वस्तु को वापस उठाकर नहीं लाया जा सकता था। ब्राह्मणों की इस करतूत से दलित बस्ती में हाहाकार मच गया। इस बार दलितों ने मिलकर तय किया कि वे त्योहार के बाद वाली सुबह रात का बचा खुचा-खाना ब्राह्मणों के घर मांगने नहीं जाएंगे। स्मरण रहे कि हमारे गांवों में यह एक सदियों पुरानी परम्परा थी जिसके तहत हर त्योहार के बाद दलित हरवाहों की स्त्रियां अपने-अपने जमींदारों के घर से बचा हुआ खाना लाती थीं, जिस पर घर के बच्चे टूट पड़ते थे, क्योंकि ऐसे भोजन स्वादिष्ट हुआ करते थे। सन् 1962 की होली के अवसर पर इस तनातनी के कारण दलित ब्राह्मणों के घर से खाना नहीं लाए। मेरी मां भी हर त्योहार के बाद सुदेस्सर पांड़े के घर से खाना लाया करती थी। किन्तु इस होली में खाना न लाए जाने से दलित बच्चे बहुत निराश हुए थे। सम्भवतः कुछ निराशा मुझे भी हुई थी। इस संदर्भ में एक खास बात यह थी कि बसंत पंचमी के दिन होलिका गड़ते ही बभनौटी तथा चमरौटी दोनों में होली संगीत समारोह शुरू हो जाते थे जो बड़ी देर रात तक चलते रहते थे। दलित बस्ती का संगीत समारोह पारम्परिक रूप से हमारे घर आयोजित होता था। ब्राह्मणों से तनातनी के कारण दलित बस्ती की होली काफी रोचक हो गई थी। एक तरह की होड़ मची थी कि बभनौटी और चमरौटी में किसकी होली बेहतर ढंग से मनाई जाती है। मेरे पिता जी का एक मनचाहा होली का गाना था, जिसे वे नहाते-धोते हर समय जोर-जोर से गाने लगते थे। वह गाना था :

कवन बन राम लिये बनबासा
कवन बन राम लिये बनबासा।
सूखल ताल हिलोरन लागे

ठूंठी-ठूंठी डरिया से निकरैला गांसा
कवन बन राम लिये बनबासा।

चूंकि हमारे गांव के पूरब में मुर्दहिया का जंगल तथा पश्चिम में ताल था, इसलिए पिता जी के गाते ही एक अजीबोगरीब दृश्य प्रस्तुत हो जाता था। बसंत पंचमी के आते ही जंगल के सूखे पत्ते झड़ जाने के बाद अत्यंत कोमल अरुणिमा लिये डाली डाली पर गांसे फूटने लगते थे तथा आसमान में बादलों के आते ही त्रिकोण आकृति में उड़ते हुए बगुलों का झुंड ताल की ओर मुड़ने लगता था। बंसू पांड़े अक्सर इन बगुलों पर अपनी बंदूक चला देते थे, जिससे उनकी पंक्तियां बिखर जाती थीं। बंसू पांड़े बगुला मारकर खा जाते थे। दलित बस्ती की मजदूरिनें बंसू को बगुला मारने पर अक्सर गालियां देती रहती थीं, क्योंकि दलित कभी बगुलों को मारकर नहीं खाते थे। पिछले अकाल की भुखमरी में भी किसी दलित ने बगुलों को कभी नहीं मारा। एक खास बात यह थी कि नए-नए गांसों के निकलते ही मुर्दहिया के जंगल में वे सारे पक्षी कलरव करने लगते थे, जिनका वर्णन युग-युग के कवियों ने अपनी रचनाओं में किया है। उस होली की तनातनी में ऐसा लगता था कि मानो बभनौटी के पास पोखरे पर स्थित घने पेड़ों पर बसेरा बनाए पक्षी कुछ अन्य राग अलापते थे तथा दलित बस्ती के पास मुर्दहिया के पक्षी उनसे भिन्न कोई दूसरा राग। ऐसे माहौल में होली आई। एक परम्परा के अनुसार गांव में जब भी होली जलती थी, खूब तेज दौड़ने वाले युवक होली की आग से 'बीण' जलाकर दौड़ते हुए गांव की सीमा के बाहर किसी अन्य गांव की सीमा में फेंक देते थे। 'बीण' जलाकर दौड़ने वालों में दलित भी शामिल होते थे। बीण रेड़ के पेड़ से बनाई जाती थी। रेड़ काटकर उसकी पुनगी पर कपड़ा बांधकर मिट्टी के तेल में डुबा दिया जाता था, जिसे बीण कहते थे। हमारी बस्ती के दलित युवक भी बीण जलाने जब पहुंचे, तो ऐसा लगता था कि ब्राह्मणों से मारपीट शुरू हो जाएगी। इसकी आशंका पहले से थी, इसलिए दलित महिलाएं गाय-बैलों की तलवारनुमा पसलियां लेकर तैयार बैठी थीं। संयोगवश होलिका दहन के समय किसी ब्राह्मण ने कोई विरोध नहीं किया। ब्राह्मणों के साथ दलितों ने भी बीण जलाया और वे भद्दे-भद्दे होली का 'कबीर' गाते हुए गांव की सीमा के पार परसूपुर की सीमा में पहुंच गए। हैरत की बात यह थी कि परसूपुर वाले हमारे गांव की तनातनी के चलते स्वयं लाठियां लेकर सीमा पर पहले से ही मौजूद थे। उन्होंने अपनी सीमा में बीण फेंकने का विरोध शुरू कर दिया। दूसरे की सीमा में बीण फेंकना अपशकुन समझा जाता था। बड़ी मुश्क़िल से दोनों गांव के बीच लड़ाई होते-होते बची। उस होली में रात भर हमारे घर 'गादी' चलती रही। दोनों चाचाओं के बड़ी संख्या में शिवनारायण पंथी चेले इकट्ठा हुए थे। रात भर गाना-बजाना चलता रहा। इस दौरान 'जेदी चाचा' की बहुत याद आती

थी, विशेष रूप से गायन के बीच उनका जोर से डांटना। इन निरंतर गतिविधियों के बीच पिता जी 'कवन बन राम लिये बनबासा' बार-बार दोहराने लगते जिसके बाद मठिया गांव से आये ढुक्कू ढोलकची के ढोल की आवाज दमक उठती थी। दूसरे दिन दोपहर तक रंगबाजी होती रही तथा उसके बाद एक बड़े हौदे में भांग तैयार की गई। इस बीच बरहलगंज वाला बंकिया डोम अपना सिंघा बजाता हुआ फिर आ धमका। वह बार-बार कहता कि चौधरी साहब नहीं हैं तो क्या हुआ, उनका पूरा खानदान तो है। बंकिया जैसे-जैसे भांग पीता जाता, वैसे-वैसे उसके सिंघा की चिंग्घाड़ तेज होती रही। उस तनातनी वाली होली में बंकिया डोम ने जान डाल दी थी। इतना ही नहीं, उसने बभनौटी का सारा नजारा अपने सिंघे की फूंक से उड़ा डाला। इसी दौरान गांव के जोगी बाबा एक बार फिर अपना चिमटा बजाते हमारे घर के पास वाले नीम के पेड़ के नीचे 'बम-बम' बोलते हुए खड़े हो गए। मुन्नर चाचा के मुंह से निकल गया : 'भांग पी ला बाबा'। इसके बाद जोगी बाबा शुरू हो गए :

जइसन कहत बाड़ा भांग
वइसन बभना खिंचलै टांग।
बड़ ससतिया सहबा राम
बड़ ससतिया सहबा राम।

जोगी बाबा के इस जुमले के साथ तनातनी वाली वह होली गुजर गई। इसके कुछ दिन बाद आठवीं का इम्तिहान हुआ और मैं कक्षा में प्रथम आया।

सन् 1962 वाले गर्मी के दिन थे। उस समय आठवें दर्जे में कृषि विज्ञान की पढ़ाई आवश्यक हुआ करती थी। साथ में हर छात्र को स्कूल के पास मैदान में क्यारी बनाकर साग-सब्जी, फूल आदि तरह-तरह की फसलें उगानी पड़ती थीं। गर्मी की छुट्टियां आने पर स्कूल के प्रधानाध्यापक श्री धर्मदेव मिश्र ने इन फसलों की देख-रेख के लिए मेरी ड्यूटी पक्की कर दी थी। साथ में चार-चार अन्य लड़के होते थे। बारी-बारी से इन लड़कों की ड्यूटी बदलती रहती थी। हम लोग रात में भी स्कूल पर जाते और वहीं सो जाते। इस तरह स्कूली कृषि की रक्षा करते रहते। इस कार्य में हमें बुरा नहीं लगता था। एक दिन इस तरह की रखवाली करते हुए हम लोग 'होरहा' भूनने के लिए किसी के खेत से चना उखाड़ लाए। रात का समय था। स्कूल की एक झोंपड़ी थी, जिसमें गन्ने की पत्ती जलाकर होरहा भूना जा रहा था। अचानक एक लुत्ती चिटककर ऊपर झोंपड़ी से चिपक गई। थोड़ी देर बाद झोंपड़ी में आग लग गई। यकायक हमारी हालत खराब हो गई। संयोगवश सब्जियों और फूलों की क्यारियों के पास एक गड्ढा था जिसमें पानी भरा हुआ था। हम जल्दी-जल्दी वहां से घड़े में भर-भर पानी लाकर आग बुझाने में सफल रहे। हम बुरी तरह डरे हुए थे

कि प्रधानाध्यापक साहब क्या कहेंगे? मैंने डरते-डरते उनसे सारी बातें बता दीं। 'होरहा' की बात सुनकर वे हंस पड़े। बाद में वे इस होरहा का किस्सा स्वयं औरों को सुनाते फिरते रहे। हम लोगों ने गन्ने की नई पत्तियां तथा रहट्ठा लाकर बकेल की रस्सी से बांधकर झोंपड़ी के जले हुए हिस्से को ठीक कर दिया। बकेल पलाश की जड़ को कहते हैं, जिसे लोहे की 'निहाई' पर रखकर हथौड़े से कूंचकर पिदला कर दिया जाता था। इसके बाद उसका आकार पटुवा जैसा हो जाता था जिससे रस्सी बना दी जाती थी।

गांव में अनेक शादियां होने वाली थीं। हमारी दो चचेरी बहनों की भी बरात आने वाली थी। उन दिनों हमारे गांव के ब्राह्मणों की शादियों में एक शास्त्रार्थ की परम्परा थी। शादी के दूसरे दिन बरातियों द्वारा मजलिस सजाई जाती थी। यह कार्य अक्सर दोपहर बाद सम्पन्न होता था। मजलिस के दौरान घराती बराती आपस में तरह-तरह के सवाल-जवाब करते रहते थे। इन सवालों में धार्मिक सवाल ज्यादातर होते थे। चूंकि आठवां दर्जा पास होते-होते मैं गांव में काफी चर्चित हो चुका था, इसलिए दलित बस्ती के लोग कहने लगे कि अब गांव में बरात आने पर ब्राह्मणों की ही तरह दलितों को भी शास्त्रार्थ करना चाहिए। दलित बस्ती में यह एक नई परम्परा स्थापित होने वाली थी, जिसका प्रमुख कारण था उस वर्ष वाली तनावपूर्ण होली। हमारी बस्ती के लोग यह दिखाना चाहते थे कि वे ब्राह्मणों से किसी मायने में कम नहीं हैं। 'कमरवा कमथरी' नामक गांव से हमारे घर बरात आई थी। मेरे गुस्सैल नग्गर चाचा की बेटी किस्मतिया की शादी थी। उन दिनों दलितों के विवाह समारोहों के अवसर पर बाना-बनेठी, गदा, मुकदरबाजी, फरी, कलैया तथा कुश्ती आदि जैसी देशी कलाओं का काफी प्रचलन था। विवाह के दूसरे दिन दोपहर को उक्त सारी कलाओं का खूब प्रदर्शन हुआ, जिसमें घराती-बराती सभी शामिल हुए। इन्हें देखने के लिए आसपास के अनेक गांवों के सैकड़ों लोग इकट्ठा हुए थे। इसके बाद महफिल सजाई गई, जिसे मजलिस कहा जाता था। वैसे तो फारसी भाषा में मजलिस का मतलब पार्लियामेंट होता है। सच माने तो बरात के साथ जो मजलिस सजाई गई थी, वह सचमुच में अपने अर्थ के ही अनुरूप थी। गांव के दलितों की मांग पर मुझे कहा गया कि बरातियों से 'शास्त्रार्थ' करूं। इस तरह की मजलिसों में लोग एक बड़ी परात में काजू, किशमिश, गरी, मुनक्का आदि लेकर प्रसाद की तरह उपस्थित लोगों में बांटते थे। साथ में सिगरेट, बीड़ी, पान का भी वितरण होता था। तेज गर्मी के कारण गुलाबजल से भरी पिचकारियां लोगों के चेहरों पर चलाई जाती थीं। उन दिनों गांवों में बिजली का नामोनिशान नहीं था। इसलिए करीब चार फीट की गोलाई में कपड़े से बना झालरनुमा 'बेना' जिसे लाठी में पिरोकर एक ताकतवर आदमी दाएं-बाएं हिलाता था, तेज हवा का झोंका चल पड़ता था। ये मजलिसें

मध्ययुग के सुल्तानों के दरबारों जैसी लगती थीं। ऐसे ही वातावरण में मुझे घर-गांव वाले उकसाने लगे ताकि 'शास्त्रार्थ' शुरू हो जाए। शर्म के मारे मेरा हाल बेहाल था। नग्गर चाचा बार-बार कहते : 'पूछ पूछ, तोसे केहू ना जीत पाई।" ब्राह्मणों की बरात में पूछे जाने वाले धार्मिक प्रश्नों का मुझे अनुभव था। अतः कांपते-कांपते मैंने हिम्मत जुटाई। चूंकि मैं वर्षों से शाम के समय बस्ती वालों की उपस्थिति में 'रामचरितमानस' का पाठ किया करता था, इसलिए इस ग्रंथ का पूरा वृत्तांत मेरी जबान पर रहता था। उस सजी हुई मजलिस में हकलाते हुए खड़ा होकर मैंने बरातियों से पूछा कि रामचरितमानस की पहली चौपाई क्या है? मेरे इस सवाल पर पूरी मजलिस में सन्नाटा छा गया। काफी देर तक कोई उत्तर नहीं आया। सन्नाटा जारी था। इसी बीच गांव के फेरू काका ने जोर से चिल्लाकर कहा : 'बता दे बेटा, बता दे।' मैंने उत्साहवश गाकर सुनाया :

बंदउं गुरु पद पदुम परागा।
सुरुचि सुबास सरस अनुरागा॥
अमिय मूरिमय चूरन चारू।
समन सकल भव रुज परिवारू॥

इस उत्तर के साथ ही वहां इकट्ठे सैकड़ों घराती खड़े होकर तालियां बजाने लगे। नग्गर चाचा बार-बार कहते : 'अउर पूछ, अउर पूछ।' मेरा भी साहस ऐसा बढ़ा कि मैंने एक के बाद एक रामचरितमानस से प्रश्नों की झड़ी लगा दी। इन प्रश्नों में मनु-शतरूपा तप, मारीच प्रकरण, सीता-त्रिजटा संवाद, मेघनाद वध जैसे अनेक प्रश्न शामिल थे। बरातियों की ओर से कोई उत्तर नहीं आ पाया। घरातियों के दम्भ का ठिकाना नहीं रहा। इस विजय के दम्भ के कारण गांव के पहलवान एक बार पुनः बाना-बनेठी भांजने लगे जिसके कारण घरातियों-बरातियों के बीच काफी तनाव बढ़ गया। किसी तरह मामला शांत हुआ। इस प्रथम 'शास्त्रार्थ' की विजय के बाद दूर-दूर स्थित दलित बस्तियों में विवाह के अवसर पर शास्त्रार्थ के लिए मेरी मांग बढ़ने लगी। आठवां दर्जा पास करते ही यह मेरी एक विचित्र उपलब्धि थी। मैं मजलिसों में शास्त्रार्थ के लिए काफी मशहूर हो गया था।

जुलाई 1962 में जब स्कूल खुला, तो नौवीं कक्षा का नजारा ही कुछ और था। मैं काफी उत्साहित था। अन्य विषयों के साथ 'रेखागणित' एक नया विषय था। मेरी रुचि इस विषय में इतनी बढ़ गई थी कि शीघ्र ही मैं किसी भी प्रमेय को हल कर लेता था। इन प्रमेयों में सबसे प्रमुख थी पाइथागोरस की प्रमेय जिसे पूरे स्कूल में सिर्फ मैं हल कर पाता था। लेजर के दौरान पहले की तरह ही मैं मैदान में बैठ जाता और अनेक लड़के मुझे घेरकर बैठ जाते और मैं जमीन पर खपड़े से लिखकर उन्हें प्रमेय हल करना सिखाने लगा। नौवीं कक्षा में मुझे रेखागणित सर्वाधिक प्रिय लगती

थी। इस बीच न जाने क्यों मेरी कक्षा के कुछ छात्र मुझसे बहुत चिढ़ने लगे, जिनमें एक थे हीरालाल। वे लोहार जाति के थे, किन्तु अकारण वे मुझे 'चमरा-चमरा' कहकर बुलाते तथा बात-बात पर गालियां देने लगते थे। हीरालाल की एक विशेषता यह थी कि वे फुटबॉल के बहुत अच्छे खिलाड़ी थे। उनकी इस कला की सभी लोग सराहना करते थे। मैं भी उनका बड़ा प्रशंसक था, किन्तु वे मुझे जन्मजात दुश्मन समझने लगे थे। वे हमेशा कुछ क्षत्रिय छात्रों के साथ रहते और जातिसूचक गालियों का इस्तेमाल करते। इन लोगों के चलते कक्षा में मेरे लिए बैठना मुश्किल हो गया था। इस दौरान 20 अक्तूबर, 1962 को भारत-चीन युद्ध शुरू हो गया। हमारे स्कूल में अध्यापक रोज युद्ध की बातें करते हुए देशप्रेम से संबंधित किस्से-कहानियां सुनाते। प्रधानाध्यापक धर्मदेव मिश्र लगभग रोज ही स्कूल पर सभा करते और बताते कि युद्ध के लिए हथियार के बदले अमरीका सोना मांग रहा है। वे 'सुरक्षाकोष' में सोना इकट्ठा करने के लिए प्रेरित करते। ये अध्यापक लड़कों को लेकर गांव-गांव घूमते और सुरक्षाकोष के लिए रुपया-पैसा इकट्ठा करते। कई जगहों पर औरतें सोने के छोटे-मोटे गहने भी दिया करती थीं। इकट्ठा की गई धनराशि तथा अन्य सामग्री विकास केन्द्र जहानागंज में सौंपी जाती थी। मैं भी इन कार्यों में हिस्सा लेता। उस समय चीन के बारे में अनेक किस्से-कहानियां स्कूल तथा गांवों में फैली हुई थीं। नग्गर चाचा का बेटा कुद्दन न जाने कहां से सुनकर आया था। वह कहता था कि चीन में जब लोग साठ साल के बूढ़े हो जाते हैं, तो उन्हें सरकार अच्छा खाना खाने की दावत देती है। फिर दावत में आए हजारों बूढ़ों को गोली मार दी जाती है। ऐसी ऐसी कहानियों को सुनकर मैं चीन से बहुत घृणा करने लगा था। धर्मदेव मिश्र बताते कि चीनी लोग छिपकली, गिरगिट, सांप आदि सब कुछ खा जाते हैं। ऐसा सुनकर चीन से घृणा और बढ़ जाती। इस तरह हमारे गांव में चीन विरोधी लहर-सी व्याप्त हो गई थी। लोग 'छुन छिन छुन छिन' बोलते हुए चीनियों की नकल करके खूब हंसते। मेरे मन में अमरीका के प्रति भी घृणा का भाव उमड़ता रहता था, क्योंकि हथियार के लिए उसे सोना चाहिए था। यह बात मेरे गले नहीं उतरती थी। उसी समय जहानागंज विकास केन्द्र पर एक बहुत बड़ी सभा हुई, जिसमें उत्तर प्रदेश के तत्कालीन मुख्यमंत्री चंद्रभानु गुप्त आए हुए थे। हम अपने सारे अध्यापकों के साथ उस सभा में गए थे। चंद्रभानु गुप्त मंच पर विराजमान थे। हजारों की भीड़ जमा थी। इस बीच मंच पर वही पुराने बिरहा उस्ताद जयश्री यादव अपनी मंडली लेकर आ गए। वे खड़े होकर लोहे की करताल बजाते हुए गाने लगे :

दउरा दउरा भारत के किसनवां।
सिमनवां पर चोर अइलैं चीनवां।
सुरक्षाकोष में दान देबै माथे क टिकउवा

माथे क टिकउवा रामा माथे क टिकउवा
अउरु देबै हाथे क कंगनवां।
सिमनवां पर चोर अइलैं चीनवां।

इसी धुन पर वे अपने बिरहा के माध्यम से एक विवाहिता युवती के सारे आभूषण सुरक्षाकोष में समर्पित करा देते हैं। इस बिरहा का तत्काल प्रभाव यह पड़ा कि अनेक औरतें अपनी अपनी अंगूठी मुनरी उतारकर सौंपने लगीं। मैं भी मंत्रमुग्ध इस बिरहा को सुनता रहा। बड़ा रोमांच था। उस समय ऐसा लगता था कि यदि कोई चीनी मिल जाए तो उसकी बोटी-बोटी कर दी जाए। इस युद्ध के दौरान जयश्री यादव हमारे पूरे क्षेत्र में बहुत मशहूर हो गए थे। वे जगह-जगह आयोजित सभाओं में इस बिरहा को गा-गाकर देश-भावना जगाते रहते थे। युद्ध की चर्चाओं से हमारी पढ़ाई भी प्रभावित होती थी।

युद्ध बंद होते ही कड़ाके का जाड़ा पड़ने लगा। भंडारी चाचा जब कलकत्ता से रिटायर्ड होकर आए, तो मेरे लिए वे वहीं से एक पाजामा लेते आए थे, किन्तु मैं शर्म के मारे उसे नहीं पहनता था। नौवीं कक्षा में बहुत सारे लड़के पाजामा पहनकर आते थे। एक दिन मैंने जैसे-तैसे हिम्मत जुटाई और पाजामा पहनकर स्कूल चला गया। शर्म के मारे पाजामा को ऊपर खोंस लिया था ताकि वह धोती की तरह लगे। पहले दिन एक बार कक्षा में बैठा, तो दिन भर बैठा ही रहा। शर्म के मारे उठा नहीं। बड़ी तेज पेशाब लगी थी, किन्तु अपनी दर से हटा नहीं। शाम को छुट्टी होने पर सबसे बाद में कक्षा से निकलकर पहले पास वाले अरहर के खेत में गया। वापस आने पर बड़ी राहत मिली। पाजामा पहने देखकर गांव के ब्राह्मण कहते : 'बाप के पाद न आवे–पूत शंख बजावे।' जाहिर है मेरे बाप खेत में मजदूरी करते थे, इसलिए उक्त व्यंग्य मुझे बहुत खलता था, किन्तु कुछ जवाब नहीं दे पाता था। ब्राह्मण यह भी कहते : 'अरे ई त 'अणकुटवा' जइसन लगत हौ।' हमारे गांव के पास वाले गांव भुजही के रहने वाले दो मुस्लिम भाई थे, जो बड़ी संड़सीनुमा एक मशीन लेकर गांव-गांव घूमकर बैलों के अंडकोशों को कुचलकर बधिया करते थे। बैलों को बधिया करने का तरीका बड़ा निर्दयी होता था। बैलों को पटककर आठ-दस आदमी बांस की काड़ियों से उसे सूअर की तरह दबाते रहते थे और इस तरह अणकुटवा उसे बधिया कर देते थे। वे भी मेरी तरह पाजामा ऊपर खोंस उटंग करके आते-जाते रहते थे। या यूं कहें कि मैं उनकी तरह पाजामा खोंसकर चलता था। यही कारण था कि गांव के ब्राह्मण मुझे अणकुटवा जैसा कहने लगे। धीरे-धीरे स्कूल में भी अनेक छात्र मुझे अणकुटवा कहने लगे। उधर मेरी दलित बस्ती के लोगों ने भी मेरे पाजामे के लगभग आधा दर्जन पर्यायवाची शब्द बना डाला, जिनका उल्लेख करना सम्भवतः भाषा की अवमानना होगी। इस बीच एक दिन मैंने स्कूल के बरामदे में खड़ी एक

साइकिल के हैंडिल को छू दिया। यह साइकिल भुजही गांव के रणबीर सिंह की थी। पूरे स्कूल में वही एक ऐसे व्यक्ति थे जो साइकिल से आते-जाते थे। मैंने ज्यों ही साइकिल को छुआ, अचानक पीछे से मेरे सिर पर जोर का तमाचा लगा और मैं गिर गया। उठने से पहले मुझे सुनना पड़ा : 'चरजामा पहिर के तोहार दिमगवा खराब होइ गयल है, सरऊ कहीं कै।' ऐसा सुनाने वाले कोई और नहीं, बल्कि स्वयं रणबीर सिंह थे, जो मेरे पीछे-पीछे आ रहे थे, जिन्हें मैं देख नहीं पाया था। यह घटना मेरे पाजामे की पराकाष्ठा थी। अंततोगत्वा इसने मुझे पिटवा ही दिया। यह पाजामा मेरे लिए एक मुसीबत बन गया था। मैं कितना भी ऊपर खोंसकर उसे धोतीनुमा बनाता, वह उटंग होकर सही मायनों में मुझे अणकुटवा की श्रेणी में ला देता था। आखिर साला था तो पाजामा ही।

6

चले बुद्ध की राह

भविष्य में दार्शनिक उड़ान के हिसाब से नौवीं कक्षा की पढ़ाई एक नया मोड़ बनकर आई। अनेक अध्यापक अनेक गुण। प्रिन्सिपल धर्मदेव मिश्र आजमगढ़ के वीररस के प्रसिद्ध कवि श्याम नारायण पांड़े के गांव डुमराव के रहने वाले थे। स्मरण रहे कि वीररस में लिखी गई 'हल्दीघाटी' नामक रचना के चलते श्याम नारायण पांड़े को काफी प्रसिद्धि मिली थी। 'हल्दीघाटी' की ये पंक्तियां आज भी लाखों लोगों की जबान पर थिरकती रहती हैं :

रण बीच चौकड़ी भर भर
'चेतक' बन गया निराला था।
राणा प्रताप के घोड़े से,
पड़ गया हवा का पाला था॥

धर्मदेव मिश्र स्वयं कवि थे। कवि होने के नाते उन्होंने अपना उपनाम 'कमलेश' रख रखा था। हमारी कक्षा में उनका कोई निर्धारित कोर्स नहीं था। किन्तु कभी-कभी यूं ही वे कक्षा में आकर हिन्दी साहित्य से संबंधित किसी भी विषय पर बहस करने लगते थे। उनकी ऐसी कक्षाएं अत्यंत रोचक हुआ करती थीं। एक दिन उन्होंने बताया कि कैसे हिन्दीभाषी लोगों को छोटा 'स' तथा बड़ा 'श' के बीच लिखते या बोलते समय फर्क करना नहीं आता। उदाहरण के लिए उन्होंने गाकर एक जुमला सुनाया :

शाई के शरपतवा में शांप बोलेला,
शाई मारै शिटकुनिया शे शपशपाशप

यह जुमला सुनते ही कक्षा में ठहाका गूंज उठा। परिणामस्वरूप खाली समय में बच्चे हमेशा इसी जुमले को प्रिन्सिपल साहब के लहजे में गाते रहते थे। प्रिन्सिपल साहब की एक अन्य रोचक आदत थी : जाड़े के दिनों में कागज की पूंछ बनाकर सूरज की तरफ आसमान में देखते हुए वे अपनी नाक में डाल-डालकर चलते हुए बार-बार छींका करते थे। इसका भी असर यह हुआ कि स्कूल के अधिकतर

छात्र लेजर के समय मैदान में जाकर उन्हीं की तरह नाक में कागज डालकर छींकने लगे थे। कमलेश जी भक्ति साहित्य में 'कृष्णाश्रयी' शाखा के बड़े प्रशंसक एवं अनुयायी थे।

गोपियों द्वारा यमुना में नहान तथा कृष्ण द्वारा उनके कपड़ों की चोरी कर पेड़ पर चढ़ जाने वाले दृश्य को वे इतना रोचक बना देते थे कि हर छात्र किसी न किसी गोपी के वस्त्र चुराने की कल्पना में मशगूल हो जाता था। इस संदर्भ में स्कूल से सटा हुआ पोखरा काल्पनिक यमुना में तब्दील हो जाता था। इसी बीच स्कूल के पास वाले मंदिर में एक विचित्र साधु आए। वे औरतों की तरह बड़े-बड़े बाल बढ़ाए हुए थे। किन्तु दाढ़ी-मूंछ सफाचट थी। वे आभूषणों से लदे हुए थे। पैरों में पायल, हाथों में बड़े-बड़े गुजहे, कमर में चांदी की करधनी, गले में मंगलसूत्र, कानों में तरकियां, नाक में नथुनी आदि वे पहने हुए थे। उनकी मांग में सिन्दूर भी था। किन्तु परिधान के नाम पर आधुनिक बिकनी की तरह उनकी लंगोटी ने उन्हें आकर्षण का केन्द्र बना दिया था। हम सब मंदिर जाकर उन्हें देर तक घूर-घूरकर देखते रहते। जब भी वे मंदिर से निकलकर पोखरे में नहाने जाते, लड़कों का हुजूम उनके पीछे हो जाता। एक युवती की तरह उनकी चाल, आंखों की भावभंगिमा तथा हाथों के इशारे अप्राकृतिक होने के बावजूद बड़े लुभावने लगते थे। प्रिन्सिपल साहब हमारी कक्षा में आकर बताए कि उक्त साधु बाबा कृष्णाश्रयी शाखा के भक्तों में 'सखी' सम्प्रदाय से संबंधित थे। उन्होंने यह भी बताया कि 'सखी' सम्प्रदाय वाले लोग अपने को कृष्ण की पत्नी के रूप में जीवन भर अभिनीत करते रहते हैं। ये साधु बाबा उस मंदिर में एक महीने तक रहे, किन्तु जाने के बाद उनकी स्त्रीलिंग वाली लुभावनी बोली सबको उदास छोड़ गई। ये कुछ ऐसी घटनाएं थीं जिनके चलते साहित्य में सौन्दर्यशास्त्र के प्रति मेरी रुझान का सूत्रपात हुआ। हमें हिन्दी पढ़ाने वाले एक अध्यापक पारस नाथ पांड़े थे, जो राहुल सांकृत्यायन के गांव कनैला के रहने वाले थे। वे कक्षा में अक्सर बताते थे कि राहुल सांकृत्यायन बचपन में ही घर से भाग गए थे तथा कम्युनिस्ट बनकर रूस में रहते हैं। उनका यह भी कहना था कि राहुल गोमांस खाते हैं तथा हिन्दू धर्म के विरोधी हैं। वे राहुल जी की प्रसिद्ध पुस्तक 'वोल्गा से गंगा' का नाम लेकर कहते कि इसके अलावा उन्होंने सैकड़ों किताबें लिखी हैं। राहुल सांकृत्यायन के बारे में यह सब सुनकर मेरे मन में उत्कंठा जगती कि मैं भी उनके जैसा होता तो कितना अच्छा होता? 'वोल्गा से गंगा' में क्या है, इसके बारे में पारस नाथ पांड़े कुछ भी नहीं बताते, किन्तु बार-बार कहते रहते थे कि यह पुस्तक सारे विश्व में जानी जाती है। इन सब बातों के अलावा पांड़े जी की राहुल के बारे में कोई अन्य जानकारी नहीं थी। किन्तु राहुल जी का बचपन में घर से भागना, कम्युनिस्ट के रूप में रूस में रहना, गोमांस खाना, हिन्दू धर्म का विरोधी

होना तथा 'वोल्गा से गंगा' की रचना आदि ऐसी जानकारियां थीं, जिनके चलते मेरे अंदर राहुल सांकृत्यायन के प्रति एक अजीब आकर्षण उत्पन्न हो गया। 'वोल्गा से गंगा' पढ़ने की इच्छा दिन-प्रतिदिन बलवती होती चली गई। इसकी अनुपलब्धता ने अपने आकर्षण को और भी तेज कर दिया था। इस दौरान सबसे ज्यादा प्रभावशाली एवं दूरगामी सिद्ध हुआ अंग्रेजी का एक पाठ, जिसका शीर्षक था–'गौतम बुद्ध'। यह पाठ नौवीं कक्षा की अंग्रेजी विषय की पुस्तक 'फाइटर्स ऑफ फ्रीडम' (स्वाधीनता के सेनानी) का हिस्सा था। इस पुस्तक में गौतम बुद्ध के अलावा अब्राहम लिंकन, गांधी, नेहरू आदि 6 महापुरुषों का चरित्र चित्रण था। इस पाठ्यक्रम को पढ़ाने वाले अध्यापक थे सूर्यभान सिंह। वे अत्यंत गम्भीर तथा विनम्र स्वभाव वाले अध्यापक हुआ करते थे। अंग्रेजी पढ़ाते समय वे पहले एक-एक शब्द का हिन्दी में अर्थ बताते तथा बाद में पूरे वाक्य का अनुवाद। उनके द्वारा इस पद्धति से पढ़ाया गया हर पाठ मेरे दिमाग में एकदम चिपक-सा जाता था। गौतम बुद्ध वाले पाठ में वही थी पुरानी कहानी। एक राजा थे शुद्धोधन। उनकी रानी महामाया राजधानी कपिलवस्तु से अपने मायके जा रही थीं। रास्ते में प्रसव पीड़ा हुई। परिणामस्वरूप लुम्बिनी के जंगल में एक पेड़ के नीचे एक शिशु का जन्म हुआ। रानी शिशु के साथ कपिलवस्तु लौट आईं। यही शिशु सिद्धार्थ कहलाया। सिद्धार्थ बचपन से ही एकांतवासी निकले। बड़े होने पर एक दिन रथ पर सवार हो अपने सारथी के साथ घूमने निकले। इस दौरान उन्होंने एक जर्जर बूढ़े, एक गम्भीर रूप से बीमार तथा एक मृत व्यक्ति को देखा। सिद्धार्थ को प्रश्न के उत्तर में सारथी से जवाब मिला कि हर व्यक्ति की यही गति होती है। इसके बाद सिद्धार्थ को वैराग्य हुआ और वे सच्चे ज्ञान की तलाश में एक दिन रात के समय घोड़े पर चढ़कर महल से भाग निकले। राज्य की सीमा पर जाकर उन्होंने अपनी तलवार से अपने सिर के बालों को काट दिया तथा राजसी परिधान फेंककर भिखारी के रूप में निकल पड़े। अंततोगत्वा बोधगया में उन्हें एक पीपल के पेड़ के नीचे विकट विपस्सना के बाद ज्ञान प्राप्त हुआ। ज्ञान प्राप्ति के बाद उन्होंने सारनाथ में अपना पहला उपदेश दिया, जिसके बाद वे गौतम बुद्ध के नाम से प्रसिद्ध हुए। उनके ज्ञान का मुख्य निचोड़ था दुनिया में दुख है, दुख का कारण है, दुख का निवारण है तथा दुख निवारण का मार्ग है। यही चार आर्य सत्य कहलाए। दुख निवारण के मार्ग के रूप में उन्होंने प्रज्ञा, शील तथा समाधि से जुड़े आष्टांगिक मार्ग सम्यक् दृष्टि, सम्यक् संकल्प, सम्यक् वचन, सम्यक् कर्म, सम्यक् जीविका, सम्यक् प्रयत्न, सम्यक् स्मृति तथा सम्यक् समाधि का प्रचार किया। सबसे महत्त्वपूर्ण बात यह थी कि अपने सभी कर्मों में अतियों से विलग गौतम बुद्ध ने मध्यम मार्ग पर चलने की सलाह दी। यही था उनका महाज्ञान।

इस छोटे से पाठ ने मेरे मस्तिष्क में एक चलता-फिरता चलचित्र-सा छाप दिया था। हरदम घुड़सवार बुद्ध मेरी क्रल्पना से गुजरते रहे। मैं प्रायः अपने गांव के बूढ़ों, बीमारों तथा कभी-कभी अपनी मुर्दहिया पर जाने वाले मुर्दों को घूर-घूर देखता और वैरागी होकर घर से भागने की कल्पना में डूब जाता। यह कल्पना दिन-प्रतिदिन बलवती इसलिए भी होती गई, क्योंकि मैं नौवीं कक्षा में पढ़ रहा था तथा दसवीं के बाद पढ़ाई हमेशा के लिए छूट जाने वाली थी। हमारे उस पूरे इलाके में दूर-दूर तक कोई इंटर कॉलेज नहीं था। ऊपर से घर वाले पढ़ाई छुड़ाने पर एकदम नहट गए थे। इस संकट से उबरने का मेरे सामने कोई अन्य मार्ग नहीं था। हाई स्कूल के आगे ज्ञान की तलाश मुझे भी थी, इसलिए गौतम बुद्ध अत्यधिक प्रिय लगने लगे। निकट भविष्य में मेरा घर से भागना निश्चित हो गया। किन्तु हाई स्कूल की पढ़ाई पहाड़-सी लगने लगी। एक-एक दिन सालों जैसा लगने लगा। बस एक ही धुन हरदम सवार थी कि हाई स्कूल समाप्त हो और मैं बुद्ध की तरह घर से भाग जाऊं। इस प्रक्रिया में मैं भी एकांतवासी होने लगा। मुर्दहिया इससे पहले कभी भी इतनी आकर्षक नहीं लगती थी जितना कि अब। मुर्दहिया से लगे गिद्धों वाले बड़े पीपल के पेड़ की जड़ पर मैं अक्सर बैठकर घुटने पर केहुनी टिकाए हुए हाथ पर मुंह रखकर एक चिन्तनशील तस्वीर में बदल जाता और एक अनियत भविष्य की कल्पना में सो जाता। इस दौरान उस पीपल की ऊंची पुतलुकिया डालों पर बैठे गिद्धों की दूधनुमा सफेद विष्ठा फचफचाकर मेरे सिर पर गिरती, जिससे तंद्रा भंग होते ही सारे विचार भी भंग हो जाते और मैं प्रायः पलाश के पत्तों से सिर को पोंछता हुआ पत्तू मिसिर के पोखरे की तरफ भागता। मुर्दहिया पर चरवाहों के बीच अब न तो वह पुरानी लक्क्ड़ध्वनि पसंद आती और न ही उस पर नटिनिया का नाच। मेरे वैरागी होने की कल्पना से गांव के सहपाठी चिखुरी हमेशा अपनी सहमति जताते। चरवाही के दौरान हम दोनों किसी के खेत से पकी-पकी धान की बालियां पांग कर लाते और गमछा बिछाकर उन्हें लाठी के हूरे से मूसल की तरह कूच-कूच कर चावल बना देते। इस थोड़े से चावल को हम मुर्दहिया पर आग जलाकर छोटी-सी मिट्टी की भरुकी में पकाते तथा वहीं किसी की बकरी को दुहकर पलाश के पत्ते के दोने में दूध निकालते। बकरी के इस कच्चे दूध में सिंघोर की पत्ती के तोड़ने से निकलते द्रव की एक-दो बूंद को मिला दिया जाता, जिससे तत्काल दही जम जाती थी। भरुकी में ही मटर की दाल पकाई जाती, जिसमें पलाश का पत्ता डाल देने से वह तुरंत गल जाती थी। इस तरह के वनविहार से मैं प्रायः अपने सम्भावित वैरागी जीवन का अभ्यास करता। जोन्हरी के खेतों में पड़े मचान पर अकेले सोते हुए रात में सियारों को जोर-जोर से चिल्लाते हुए 'लुहा-लुहा' कहकर भगाना भी मुझे बहुत अच्छा लगता था। यह बात और थी कि जोन्हरी के खेत सुदेस्सर पांड़े के होते थे। उन दिनों बड़ी संख्या में सियार जोन्हरी

की अधकची बालियों को खा जाते थे। अतः गांव वाले सियारों से बहुत चिढ़ते थे। इस चिढ़ के कारण सियार देखते ही लोग उन्हें दूर-दूर तक दौड़ा लेते थे। उन दिनों सन् 1963 के जाड़ों के दिन थे। हमारे घर एक पुराना बूढ़ा बैल था, जो अब हरवाही के काम नहीं आता था। वह जब भी जमीन पर बैठता तो उठ नहीं पाता था। उसे चारा देने के लिए उठाने के लिए दो व्यक्ति उसके पेट के नीचे बांस की काड़ी डालकर ऊपर की तरफ टानते तब जाकर वह उठ पाता था। इस बैल को घर वाले 'बुढ़ऊ दादा' कहते थे। अंततोगत्वा एक दिन 'बुढ़ऊ दादा' चारों पैर फैलाकर जमीन पर ऐसे पड़ गए कि बांस की काड़ी से ओठघन देने के बावजूद उठ नहीं पाए। उनके मुंह से झाग निकल रहा था। चौधरानी चाची तथा मेरी मां समेत घर की कई महिलाएं बुढ़ऊ दादा को घेरकर घूरने लगीं। 'बुढ़ऊ दादा' के चारों पैर एकदम तनेन हो गए। जाहिर है कि अब वे इस दुनिया से जा चुके थे। मुर्दहिया पर कर्मकांडस्वरूप मुन्नर चाचा ने एक बार फिर मेरी सहायता से चमड़ा छुड़ाया। बाकी के काम में गिद्धों ने अपनी महारत दिखानी शुरू कर दी। इस बार मुन्नर चाचा ने मुझसे कहा कि डांगर के पास सियारों को नहीं आने देना, क्योंकि वे बुरी तरह नोच-नोचकर मांस खाते हैं। बुढ़ऊ दादा जैसे पुराने बैल के प्रति हमारे घर वालों की यह अजीब संवेदनशीलता थी। अतः मेरे साथ गांव के कुछ अन्य चरवाहे शाम तक सियारों को खदेड़-खदेड़कर भगाते रहे। धीरे-धीरे गिद्धों ने बुढ़ऊ दादा के मांसपिंड को कंकाल में बदल दिया। कल्पना में मैं इस कंकाल पर बार-बार मांस चर्म चढ़ाकर बुढ़ऊ दादा को जिन्दा कर बांस की काड़ी से ओठघन देकर खड़ा करने की कोशिश करता। अपनी इस कल्पना की नाकामी से मैं बार-बार निराश हो जाता था। अंततोगत्वा चौधरानी चाची के कथनानुसार मैं बुढ़ऊ दादा के कंकाल से दो बड़ी बड़ी तलवारनुमा पसलियां लेकर घर आया। ये पसलियां नए सिरे से ब्राह्मणों से सम्भावित लड़ाई में दलितों की सुरक्षा की गारंटी थीं।

नौवीं कक्षा की पढ़ाई समाप्त होते-होते मेरे जीवन की भावी दिशा भी निर्धारित हो चुकी थी। दर्शन से संबंधित कोई भी सामग्री मुझे बहुत प्रभावित करने लगी थी। इस दौरान 14 अप्रैल, 1963 को चिरैयाकोट थाने से सूचना आई कि प्रख्यात विद्वान महापंडित राहुल सांकृत्यायन का निधन हो गया है, इसलिए दोपहर बाद स्कूल में छुट्टी रहेगी। उनकी मृत्यु की खबर से हमारे स्कूल में मातम छा गया था। सारे बच्चे राहुल के बारे में अधिक से अधिक सुनना चाहते थे। किन्तु अफसोस यह था कि पारस नाथ पांड़े द्वारा दी गई उन पुरानी जानकारियों के अलावा नया कुछ भी नहीं था। उस दिन हम बड़े दुखित मन से घर आए थे। इसके तुरंत बाद नौवीं कक्षा के इम्तहान हुए और हम दसवीं में चले गए। साथ ही मई-जून में गर्मी की छुट्टियां हो गईं। पिता जी ने छुट्टियों में मजदूरी करने के लिए मुझे विवश कर दिया था। अतः

अधिकतर समय मैं गन्ने की सिंचाई के लिए सुदेस्सर पांड़े का रहट हांकता रहा। इन छुट्टियों के दौरान मेरे स्कूल के दो अध्यापकों ने मुझे एक विचित्र कार्य सौंपा था जिसके लिए मुझे काफी खतरा मोल लेना पड़ा था। ये दोनों अध्यापक क्षत्रिय तथा कम उम्र के थे। इन दोनों अध्यापकों से हमारी कक्षा की एक क्षत्रिय छात्रा का बेहद लगाव हो गया था। इस छात्रा का स्कूल से करीब सात किलोमीटर दूर गांव था। ये दोनों अध्यापक मुझमें बेहद विश्वास रखते थे। अतः उस छुट्टी के दौरान वे संयुक्त रूप से चिट्ठी लिखकर मुझे देते जिसे लेकर मैं उस छात्रा के गांव जाया करता था। उसके गांव के पास भी एक पोखरा था, जिसके किनारे एक भीटा पर एक कमरे का शिवलिंग वाला मंदिर था। उसमें कोई पुजारी नहीं होता था। पूर्व निर्धारित कार्यक्रम के अनुसार उसी मंदिर पर चिट्ठी सौंपना होता था। मैं इन दोनों अध्यापकों द्वारा लिखित चिट्ठी को पलाश के एक बड़े पत्ते का लिफाफा बनाकर उसके अंदर रखकर बबूल के बड़े-बड़े कांटों से सिल देता था। उन दिनों प्रायः लोग पलाश के पत्ते में फूल लपेटकर मंदिरों में पूजा के लिए जाया करते थे। इसलिए मैं भी चिट्ठी की पहचान मिटा देने के हिसाब से पलाश के पत्ते के दोने में उसे पूजा के फूलों की शकल दे देता था। पोखरे के पास गन्ने के खेत थे। मैं उन्हीं गन्ने की फसलों के बीच छिपा रहता था। इस बीच पोखरे के मंदिर के पास उस छात्रा को आते देख मैं जल्दी से उस दोने को वहीं फेंककर पुनः गन्ने के खेत में आ जाता था तथा उस छात्रा द्वारा जवाब में लिखी गई चिट्ठी को वापस लेकर उन अध्यापकों को सौंप देता था। इस तरह मैंने तीन चिट्ठियों का आदान-प्रदान उस छुट्टी में सफलतापूर्वक किया था। इस प्रयास में मैं भयंकर रूप से डरा हुआ रहता था, क्योंकि वह छात्रा एक बड़े जमींदार की बेटी थी। अंततः इस त्रिकोणीय कथा का प्रतिफल कुछ भी नहीं निकल सका। दसवीं कक्षा के मध्य में ही उस छात्रा का कहीं अन्यत्र विवाह हो गया।

यह छुट्टी एक अन्य घटना के कारण भी मेरे लिए यादगार बन गई थी। हमारे ओझा-सोखा (तांत्रिक) रिश्तेदारों के गांव मंगरपुर के एक बड़े जमींदार के बेटे लालबहादुर सिंह थे। लालबहादुर सिंह भी हाई स्कूल के छात्र थे, किन्तु उनका स्कूल हमारे स्कूल से बहुत दूर था। रिश्तेदारों के यहां आते-जाते लालबहादुर सिंह से मेरी दोस्ती हो गई। लालबहादुर सिंह के घर में घोड़ा पाला जाता था जो उनका एक्का खींचता था। उनके घर वाले जहां कहीं भी जाते, वे अपने एक्के का इस्तेमाल करते थे। एक दिन लालबहादुर सिंह अपना एक्का हांकते हुए हमारे घर आ गए और मुझे लेकर चिरैयाकोट चले गए। लालबहादुर सिंह कम उम्र में ही भयंकर शराबी बन गए थे। अतः उन्होंने चिरैयाकोट थाने के पास स्थित देशी शराब के ठेके से एक बोतल शराब खरीदी। उन्होंने एक मीट की दुकान से एक किलो मीट भी खरीदा। वहीं चिरैयाकोट मोड़ पर सड़क के किनारे अहरा लगाकर एक मिट्टी के घड़े में खड़े मसाले

वाला मीट पकाना शुरू कर दिया। एक अन्य हंड़िया में चावल पकाया गया। लालबहादुर सिंह ने उस दिन मेरी इच्छा के विरुद्ध मुझे एक तरह से जबरन शराब पिलाई। पहला घूंट आज भी याद है। उसकी कड़वाहट से सुनसुनी चढ़ गई थी, किन्तु थोड़ी देर बाद जब नशा चढ़ना शुरू कर दिया, तो स्वेच्छा से पीने की रफ्तार बढ़ गई। हम दोनों मीट-चावल के साथ पूरी बोतल खाली करके सड़क के किनारे जमीन पर लेट गए। कुछ होश-हवास नहीं था। पास में एक्के में बंधा उनका घोड़ा जब-तब हिनहिनाता रहा। भयंकर नशे की हालत में उस घोड़े की उपस्थिति सोचकर मुझे बड़ी राहत मिलती थी कि जैसे-तैसे घर वापस पहुंच ही जाऊंगा। शराब पीने के इस पहले ही अवसर ने मुझे नशे में एकदम चकनाचूर कर दिया था, किन्तु बार-बार सोचने पर मजबूर हो जाता था कि जब घर वाले इस हालत में मुझे देखेंगे, तो मैं क्या जवाब दूंगा। उठकर हम दोनों कुछ कदम चलने का अभ्यास करते, किन्तु भहराकर एक-दूसरे के ऊपर गिर पड़ते। इस बीच आजमगढ़ से गाजीपुर जाने वाली यू.पी. रोडवेज की सात बजे शाम वाली बस भोंपू बजाते हुए हमारे बगल से गुजर गई। उसकी तेज हेडलाइट से हमारी आंखें चौंधिया गई थीं। हमारे पास कोई घड़ी तो नहीं थी, किन्तु इस बस के चिरैयाकोट से रोज सात बजे गुजरने वाली घोषित समय सारणी से मैं यह सोचकर अत्यंत चिन्तित होने लगा था कि अपने गांव पहुंचते पहुंचते काफी रात हो जाएगी। मैं बार-बार लालबहादुर सिंह से गांव चलने को कहता, तो वे हर बार अपने गांव ले जाने की जिद करने लगते थे। हम दोनों अपनी-अपनी जिद पर काफी देर तक अड़े रहे। अंततोगत्वा उस घोर नशे की हालत में लालबहादुर सिंह की सामंती पृष्ठभूमि जाग उठी और वे काफी देर तक शब्दों में ही मेरी मां-बहन का इस्तेमाल करते रहे। उनके इस व्यवहार से आतंकित होकर मैं एकदम अवाक् रह गया था। मैं बिना कुछ बोले लड़खड़ाते हुए वहां से सात किलोमीटर दूर स्थित अपने गांव की तरफ चल पड़ा। अभी मुश्किल से मैं पचास कदम चला था कि पीछे से तेजी से आकर लालबहादुर सिंह मेरी दोनों टांगों को पकड़कर बैठ गए और गिड़गिड़ाते हुए माफी मांगने लगे। उनके मुंह से बार-बार निकलता : 'हम तोहके केतना गरिअउली हं।' हम दोनों वापस एक्के के पास आ गए और लालबहादुर सिंह घोड़े को चाबुक से बार-बार प्रहार करते हुए मेरे गांव की तरफ चल पड़े। अंधेरी रात में घोड़ा बार-बार बिदककर सड़क पर नहट जाता था। इस प्रक्रिया में उस घोड़े पर सैकड़ों चाबुक पड़े थे। हम बड़ी मुश्किल से देर रात सोता पड़ने पर अपने गांव पहुंचे। लालबहादुर सिंह को देखकर रात में किसी ने कुछ नहीं कहा। एक बैल वाली हौदी में मैंने चारा-पानी डाल दिया तथा घोड़े को खूंटे से बांधकर हम दोनों घर के सामने वाले कुएं की जगत पर सो गए। सबेरा होने पर लालबहादुर सिंह अपना एक्का हांकते हुए मंगरपुर लौट गए। दूसरे दिन उनके जाने के बाद एक बार फिर मेरा सामना नग्गर

चाचा की गालियों की बौछार से हुआ। शराब पीने की इस घटना से घर वालों के इस तर्क को बड़ा बल मिला कि अब मैं एक छंटा हुआ आवारा-लफंगा बन गया हूं। मेरी पढ़ाई छुड़ा देने की मुहिम को एक नया बल मिल गया। शराब पीने वाली बात पूरे गांव में तेजी से फैल गई। गांव के ब्राह्मण हमारे घर वालों से कहते कि ज्यादा पढ़ने से लोग पागल हो जाते हैं, इसलिए बच्चों को ज्यादा नहीं पढ़ाना चाहिए। ब्राह्मणों की इस सलाह से घर वाले शत प्रतिशत सहमत हो जाते थे। ब्राह्मण यह उदाहरण देते कि बभनौटी का कोई लड़का हाई स्कूल के आगे नहीं पढ़ता। हकीकत यह थी कि बभनौटी का कोई बच्चा उस समय तक हाई स्कूल पास नहीं कर पाया था क्योंकि वे फेल होकर पढ़ाई छोड़ देते थे। ज्यादा पढ़ने से पागल होने की अवधारणा को ब्राह्मणों ने इतना प्रचारित कर दिया था कि हमारी दलित बस्ती में सनसनी फैल गई थी। सबसे बड़ी समस्या मेरे पिता जी की थी। घोर अंधविश्वासी तथा धार्मिक होने के कारण वे ब्राह्मणों की हर बात को एकदम सही मान लेते थे। ब्राह्मण यह तर्क देते कि शराब पीना पागलपन की ही निशानी है। उनकी इस बात से पिता जी बिल्कुल आश्वस्त हो जाते थे। एक बार तो ऐसा लगा कि नौवीं कक्षा के आगे नहीं पढ़ पाऊंगा। मैं बार-बार पश्चात्ताप करता कि लालबहादुर सिंह के साथ क्यों चला गया? लालबहादुर सिंह के लिए पिता जी कहते कि वे तो बड़े ठाकुर के बेटे हैं, उनसे बराबरी करके चमार का लड़का कहां जाएगा? इस संदर्भ में पिता जी एक लोकोक्ति का सहारा लेते हुए कहते : 'घोड़वा के देखि के मेढकिया नाल मराई, त का ऊ जिन्दा रही।' पढ़ाई छूट जाने की आशंका से आतंकित होकर मैं मन-ही-मन बार-बार कसम खाता कि अब भविष्य में कभी शराब नहीं पीऊंगा। यह सब सोच ही रहा था कि पिता जी ने खीझकर सुदेस्सर पांड़े के खलिहान में मुझे 'दंवरी' के काम में लगा दिया। दो बैलों को जुआठे में नाधकर जौ तथा गेहूं आदि के बाली समेत डंठलों को कुचलने के लिए गोलाई में हांका जाता था, जिसे 'दंवरी' कहते थे। दंवरी के द्वारा ये डंठल भूसा बन जाते थे जिससे ओसाकर अनाज को अलग कर लिया जाता था। दंवरी करते समय बैलों के मुंह को जाबी यानी रस्सी से बनी जाली से बांध दिया जाता था, ताकि वे जौ-गेहूं खा न सकें। दंवरी एक बड़ा उबाऊ काम होता था जिसमें बैलों को दिन भर हांकना पड़ता था। गर्मी की छुट्टियां बीतने वाली थीं तथा जुलाई 1963 से कक्षा दस की पढ़ाई शुरू होने वाली थी किन्तु मेरा भविष्य एकदम अनिश्चित हो गया था। घर वाले सर्वसम्मति से पढ़ाई छुड़ाने का प्रस्ताव पारित कर चुके थे। मेरे सामने यह एक बड़ा गम्भीर संकट था। मुझे दुखित देखकर मेरी मां फूट-फूटकर रोने लगती थी, किन्तु वह भी बेबस थी। वह कुछ कर सकने की स्थिति में नहीं थी। आखिरकार जुलाई आ ही गई। घर वालों के विरोध के बावजूद मैं सुबह बिना कुछ खाए खाली पेट स्कूल जाने लगा। घर पर सामूहिक

संयुक्त पारिवारिक जीवन में व्यक्तिगत रूप से भोजन की व्यवस्था मेरे लिए असम्भव थी। बाद में ऊबकर मेरी मां रात के अपने खाने में से आधा बचाकर ताखा में रख देती थी जिसे न चाहते हुए भी मैं खाकर स्कूल जाता था। मां के इस त्याग से द्रवित होकर सुबह खाते हुए मैं अक्सर रो पड़ता था। दसवीं कक्षा में मैं अत्यधिक दुखित रहने लगा। घर का वातावरण एकदम दूषित हो चुका था। मुझे प्रायः गालियों के सम्बोधन से पुकारा जाता। स्कूल से शाम को घर आते ही पशुओं को चारा-पानी देने का काम मुझे सौंप दिया जाता था। रात में सबसे बड़ा संकट यह था कि चिराग न होने से मैं कुछ भी पढ़ नहीं पाता था। पहले एक ढिबरी जलाकर पढ़ा करता था, किन्तु दसवीं कक्षा में उसे जलाने के लिए मिट्टी का तेल मिलना बंद हो गया। घर में एक लालटेन जरूर थी, किन्तु घर वाले इसका इस्तेमाल बहूद्देशीय कार्यों के लिए किया करते थे। अतः रात में न पढ़ पाना मुझे सबसे ज्यादा खलता था।

उधर स्कूल में हर्ष-विषाद का मिश्रित वातावरण तैयार हो चुका था। मेरे अधिकांश अध्यापक बहुत सम्मान के साथ पेश आते थे, किन्तु कुछ सवर्ण छात्र मुझसे बहुत नफरत करने लगे थे। ऐसे छात्रों में से एक थे अम्बिका सिंह। प्रवृत्ति से वे हिंसक नहीं थे और वे हमेशा शराफत से बात करते थे। उनकी मूल शिकायत यह थी कि कक्षा में अध्यापकों द्वारा पूछे गए प्रश्नों का जवाब मैं ही क्यों सबसे पहले दे देता हूं? इनका तकियाकलाम था : 'तूं काहे के बड़ा तेज बनैला।' इस तरह के आक्षेपों से मैं कक्षा में कुछ बोलने से हिचक जाता था। चूंकि हमारे स्कूल के संस्थापक बाबा हरिहर दास क्षत्रिय थे, इसलिए वहां इस समुदाय का बोलबाला था। अधिसंख्य अध्यापक भी क्षत्रिय थे। ऐसे अध्यापकों में एक थे सुग्रीव सिंह, जो हाल ही में गोरखपुर विश्वविद्यालय से बी.ए. पास कर अध्यापक बने थे। वे हिन्दी पढ़ाते थे और वे मुझे खूब प्रोत्साहित करते थे। जो लड़के मुझसे चिढ़ते, उनके बारे में वे कहते : 'इन लंठवन से मत डरिहा, इनकर ठकुरई ना चली।' शीघ्र ही सुग्रीव सिंह मेरे संरक्षक जैसे बन गए। दसवीं कक्षा में समय ज्यों-ज्यों बीतता जाता, चिन्ता उतनी ही ज्यादा बढ़ती जाती थी, क्योंकि उन दिनों हाई स्कूल की परीक्षा का रिजल्ट बहुत बुरा होता था। मुश्किल से 35 प्रतिशत छात्र पास हुआ करते थे। इस संकट के दौरान मेरी कक्षा के एक छात्र चिन्तामणि सिंह मेरे लिए एक बहुत बड़ी राहत के रूप में प्रस्तुत हुए। वे प्राइमरी स्कूल में प्रधानाध्यापक परशुराम सिंह के सगे भतीजे थे, जो जिगरसंडी गांव के 22 जोड़ी बैलों वाले बड़े जमींदार थे। चिन्तामणि सिंह पढ़ाई-लिखाई में बहुत कमजोर थे, जिसका एक बड़ा कारण था उनका मिरगी यानी मृगी रोग से पीड़ित होना। वे समय-समय पर कक्षा में ही बेहोश होकर गिर जाते थे। वे मुझे हमेशा अपने पास बैठाते और कहते कि ज्यों ही उन्हें मिरगी का दौरा पड़ने की शुरुआत हो, मैं तुरंत उन्हें पकड़कर जोर-जोर से हिला दूं। ऐसा करने से बेहोशी समाप्त हो जाती

थी। मैं हमेशा वैसा ही करता था। चिन्तामणि के पिता लक्ष्मी नारायण सिंह एक बहुत नामी वैद्य थे जो स्वयं उनका उपचार करते थे। चिन्तामणि सिंह मेरे घर की परिस्थिति से पूरी तरह परिचित थे। वे मुझसे कहते कि कक्षा में जो कुछ पढ़ाया जाए, मैं उसे खाली समय में उन्हें संक्षेप में समझा दिया करूं। मैं वैसा ही करने लगा। छुट्टियों के दिन वे अपने घोड़े पर चढ़कर मेरे घर आ जाते थे। उनके घर में एक अत्यंत उम्दा किस्म का सफेद घोड़ा पाला जाता था, जिसकी चर्चा उस पूरे क्षेत्र में हुआ करती थी। वे जब भी घोड़ा लेकर आते, दलित बस्ती के हर उम्र के लोगों की भीड़ उसे देखने के लिए उमड़ पड़ती थी। ऐसे ही मेरे एक अन्य सहपाठी महेन्द्र सिंह थे, जो मेरे गांव से करीब छह किलोमीटर दूर पश्चिम में स्थित चक्रपानपुर के रहने वाले थे। महेन्द्र सिंह के घर में हाथी पाला जाता था। वे भी कभी-कभी अपने महावत के साथ हाथी पर बैठकर मुर्दहिया के जंगल स्थित पीपल तथा बरगद की डालियां काटकर ले जाने के लिए हमारे गांव आते थे। पत्ते समेत इन डालियों को हाथी बड़े चाव से खाते थे। महेन्द्र सिंह अपने गांव लौटते हुए हाथी पर बैठे-बैठे मेरे घर के सामने आ जाते और मुझसे मिलकर वापस जाते। इन दो बड़े हाथी-घोड़े वाले जमींदारों के लड़कों के चलते दलित बस्ती में मेरी इज्जत काफी बढ़ गई थी, किन्तु घर वालों की निगाह में आवारागर्द हो गया था। ऐसे ही एक रविवार के दिन चिन्तामणि सिंह मेरे घर आए। मैं उस दिन सुदेस्सर पांड़े के खेत को जौ की बोवाई के बाद समतल करने के लिए हेंगा चलाने गया था। साथ में पिता जी भी थे। घर पर मेरी अनुपस्थिति के दौरान नग्गर चाचा ने मेरे लिए अनेक अपशब्दों का प्रयोग करते हुए उन्हें बताया कि मैं सुदेस्सर पांड़े के खेत पर गया हूं। चिन्तामणि सिंह अपना घोड़ा लिए पूछते हुए सुदेस्सर पांड़े के खेत पर आ गए। उस दिन वे बहुत द्रवित हो गए थे। वे मुझे लेकर मेरे घर के दक्षिण में स्थित गुदिया नामक सीवान के पास कुएं पर बैठकर बड़ी देर तक बात करते रहे। वहीं उन्होंने मुझसे कहा कि मैं रोज शाम को उनके गांव जाकर रात में टिककर उन्हें पढ़ाऊं तथा रात का खाना उनके घर में ही खा लिया करूं। यह एक ऐसा प्रस्ताव था जिसे सुनकर मैं एकदम आश्चर्यचकित रह गया, किन्तु मेरी खुशियों का ठिकाना नहीं था। मैं घर के जंजाल से छुटकारा पाना चाहता था। साथ ही इस बात की भी खुशी थी कि अब मेरी मां को रात में अधपेटवा खाना से कुछ राहत मिल जाएगी। उन्हीं दिनों स्कूल के मंदिर पर दशहरे का मेला लगा हुआ था। परम्परा के अनुसार इलाके के कई जमींदार अपने हाथी-घोड़ों के साथ मेले की दौड़ में हिस्सा लेते थे। चिन्तामणि सिंह के चाचा बहुत अच्छे घुड़सवार थे। उस मेले में वे अपने घोड़े को हवा की तरह उड़ाए थे। इसी मेले के दूसरे दिन से मैं रोज शाम को करीब डेढ़ घंटे पैदल चलकर चिन्तामणि सिंह के गांव जिगरसंडी चला जाता था। उनका एक बहुत बड़ा मकान था, जिसके बगल में एक बहुत लम्बा-चौड़ा अलग से

बरामदा था, जिसमें उनके बाईस जोड़ी बैल बांधे जाते थे। उसी बरामदे से सटे तीन-चार कमरे थे। एक कमरे में उनका घोड़ा बंधा रहता था। एक अन्य कमरे में रात में उनके दो दलित मजदूर सोते थे, जो बैलों की देखभाल के लिए रखे गए थे। रात में चिन्तामणि सिंह अपने घर में से खाना लाकर एक मजदूर की थाली में डाल देते थे। मैं जब खा लेता था, तो वे मजदूरों को खिलाते थे। रात में वे मुझे इतना ज्यादा खिला देते थे कि सुबह कुछ भी खाने का मन नहीं करता था। रात का खाना खाने के बाद वहीं एक कमरे में कुर्सी-टेबल रखा गया था जिस पर बैठकर मैं चिन्तामणि सिंह को पढ़ाया करता था। मैं जब भी पढ़ाना शुरू करता, वे थोड़ी देर बाद ऊंघने लगते थे। मैं उन्हें जगा-जगाकर पढ़ने पर मजबूर करता। वे देर रात बाद सोने के लिए अपने घर के अंदर चले जाते थे, और मैं उन्हीं मजदूरों के कमरे में सो जाता था। सबेरा होते ही मैं अपने गांव वापस आ जाता था। इसके बाद मैं स्कूल जाता था।

वे गणित, रेखागणित तथा अंग्रेजी में बहुत कमजोर थे। वैसे मैं हाई स्कूल में निर्धारित पांचों विषयों को बारी-बारी से उन्हें रोज पढ़ाता था, किन्तु उक्त तीनों विषयों पर विशेष ध्यान देता था, क्योंकि उन दिनों सबसे ज्यादा छात्र इन्हीं विषयों में फेल हो जाते थे। रात में पढ़ाते समय सबसे रोचक बात यह होती थी कि बगल में बंधा उनका घोड़ा बीच-बीच में हिनहिना उठता था, जिसे सुनकर मेरा पूरा ध्यान घुड़सवार होकर घर से भागते हुए गौतम बुद्ध की तरफ चला जाता था तथा कुछ समय के लिए मैं एक गम्भीर दार्शनिक सोच में तल्लीन हो जाता था। घर से भागने की कल्पना बार-बार जाग्रत् हो जाती थी। स्वतःस्फूर्त ढंग से यह विचार भी उत्पन्न होता रहता था कि चिन्तामणि सिंह का घोड़ा चुराऊं और उस पर बैठकर बुद्ध की तरह भाग जाऊं। ऐसा सोचते-सोचते मैं एकदम गम्भीर हो जाता था। ऐसा देखकर चिन्तामणि सिंह बार-बार गम्भीरता का कारण पूछते। मैं उन्हें हर बार बहका देता और कहता कि कोई कारण नहीं है। इसी तरह चिन्तामणि सिंह के घर पर एक अन्य दृश्य मुझे बहुत आकर्षक लगता था। उनके बाईस जोड़ी बैल एक कतार में गड़ी हौदियों में एक साथ चारा खाते हुए बड़ा मोहक दृश्य पैदा कर देते थे। उनके सारे बैल हृष्ट-पुष्ट होते थे। आज जब मैं उनके बाईस जोड़ी बैलों को याद करता हूं, तो अचानक मेरे दिमाग में सुत्तपिटक में वर्णित प्राचीन कोसल क्षेत्र का वह ब्राह्मण याद आ जाता है, जो अपने चौदह बैलों की चोरी के चलते बहुत दुखित रहा करता था। एक बार उसके गांव के पास गौतम बुद्ध ठहरे हुए थे। किसी ने उस ब्राह्मण से कहा कि वह बुद्ध के पास चला जाए, तो उसका दुख समाप्त हो सकता है, क्योंकि बुद्ध दुखों पर विजय प्राप्त करके हमेशा सुखी रहते हैं। जब वह ब्राह्मण बुद्ध से मिलने जा रहा था, तो रास्ते में सोच-सोचकर बड़बड़ाता जाता कि बुद्ध शायद इसलिए सुखी

रहते होंगे क्योंकि उनके चौदह बैल चोरी नहीं हुए होंगे, या वे इसलिए सुखी होंगे क्योंकि उनके अन्नागार में चूहे व्यायाम नहीं करते होंगे, या वे इसलिए सुखी होंगे क्योंकि उनकी खटिया में उड़स यानी खटमल नहीं पड़े होंगे, या वे इसलिए सुखी होंगे, क्योंकि उनकी पत्नी रोज सुबह पाद प्रहार से उन्हें जगाती नहीं होगी आदि-आदि।

इस तरह दिसम्बर 1963 तक करीब तीन महीने तक मैं उन्हें पढ़ाने जिगरसंडी जाता रहा। उधर महीने में एक बार मंगरपुर वाले लालबहादुर सिंह अपना एक्का लिए मेरे स्कूल पर अवश्य आ जाते थे और वहीं से मुझे लेकर बरहलगंज बाजार चले जाते थे। बरहलगंज बाजार में भी एक देशी शराबखाना था, जहां बैठकर लोग देर रात तक शराब पीते रहते थे। उन दिनों ऐसे शराबखानों में दो प्रकार का मिट्टी का भरुका होता था। एक छोटा तथा दूसरा उससे दुगुना बड़ा। छोटे भरुके में आठ आने तथा बड़े में एक रुपए की शराब मिलती थी। इन भरुकों को लोग चुक्कड़ कहते थे। शराबखाने के सामने विभिन्न प्रकार के चिखनों के ठेले लगे रहते थे। चने की मसालेदार घुघरी, तली हुई कलेजी तथा मछली आदि को चिखना कहते थे। पहली बार शराब पीने की घटना से उत्पन्न परिस्थिति के कारण मैं बिल्कुल डरा हुआ रहता था, किन्तु न जाने क्यों, लालबहादुर सिंह की आत्मीयता के चलते मैं उन्हें मना नहीं कर पाता था और हमेशा उनके साथ चल देता था। मैं उनसे विनती करता कि बड़ा चुक्कड़ नहीं पी पाऊंगा इसलिए वे मेरे लिए छोटा तथा अपने लिए बड़ा चुक्कड़ लाते। विभिन्न चिखनों के साथ मैं दो छोटे चुक्कड़ पीता, किन्तु लालबहादुर सिंह चार बड़े चुक्कड़ पी जाते थे। इस तरह वे मुझे खिलाने-पिलाने में खूब खर्च करते। वे जब भी मुझे बरहलगंज के शराबखाने में ले जाते मैं वहीं से सीधे चिन्तामणि के गांव चला जाता था। ऐसे अवसरों पर वे मुझे रात का खाना खिलाकर सो जाने के लिए कह देते थे। 'बेहने पढ़ल जाई', यह कहकर वे स्वयं सोने चले जाते थे। चिन्तामणि सिंह का जिक्र होते ही मेरी मां शंकर भगवान की प्रार्थना करते हुए उनकी मिरगी ठीक हो जाने की गुहार लगाती रहती थी। सन् 1964 का नया साल आने वाला था और आगामी मार्च में दसवीं कक्षा की फाइनल परीक्षा होने वाली थी। मुश्किल से दो महीना बाकी था। इसलिए चिन्तामणि सिंह की चिन्ता हद से ज्यादा बढ़ गई थी। उन्होंने एक नया सुझाव मेरे सामने रखा। जैसाकि हमने पहले बताया है कि हमारे स्कूल के पास वाले प्राइमरी स्कूल के प्रधानाध्यापक परशुराम सिंह उनके सगे चाचा थे, जो उनके संयुक्त परिवार में रहते थे। चिन्तामणि सिंह ने मुझसे कहा कि उनके गांव आने-जाने में मुझे काफी समय लग जाता है, इसलिए उसी प्राइमरी स्कूल पर टिककर रात में पढ़ाई की जाए। अतः वे अपने चाचा से रोज स्कूल बंद हो जाने के बाद चाबी ले लेते थे। उन्हीं के गांव के दो अन्य लड़के, तेजबहादुर सिंह तथा मोहम्मद हनीफ ने भी वहीं टिककर मुझसे पढ़ने की इच्छा जाहिर की। चिन्तामणि सिंह का एक नौकर

उनके घर से रोज शाम को चावल, दाल, आटा, सब्जी आदि लेकर प्राइमरी स्कूल पर आ जाता था तथा रात का खाना वहीं पकाकर हम सबको खिलाता था। इस भोजन व्यवस्था के दौरान चिन्तामणि सिंह एक दिन अपने घर से बत्तीस साल पुराना चावल लाकर पकवाए। उस दिन उन्होंने इस तथ्य का रहस्योद्घाटन किया कि उनके घर में तीन साल से कम पुराना चावल कभी नहीं खाया जाता। उन्होंने यह भी बताया कि एक परम्परा के अनुसार उनके घर में सन् 1932 से लेकर तब तक यानी 1964 तक हर साल के मनो-मन चावल अलग-अलग मिट्टी से बने बड़े-बड़े कूंड़ों में रखे हुए हैं। उनकी सम्पन्नता का यह एक छोटा नमूना था, किन्तु उस बत्तीस साल पुराने चावल का स्वाद बड़ा कड़वा था जो सिर्फ मसालेदार सब्जी से ही खाया जा सकता था। जब मैंने अपनी मां को बताया कि चिन्तामणि सिंह ने मुझे बत्तीस साल पुराना चावल खिलाया तो उसकी प्रतिक्रिया थी : 'येतना पुरान चाउर में त ढोला रेंगत होईहैं।' दसवीं के फाइनल इम्तहान से पहले दो महीने तक हम उसी प्राइमरी स्कूल पर रात में टिककर पढ़ाई करते रहे, या यूं कहें कि मैं पढ़ाता रहा और वे पढ़ते रहे। चिन्तामणि सिंह से दोस्ती से उत्पन्न शिक्षा के ये प्रकरण तब तक के मेरे जीवन के सर्वोत्तम क्षण थे। सबसे ज्यादा मेरी मां यह सोचकर बहुत राहत महसूस करती थी कि मुझे खाने के लिए अच्छे-अच्छे व्यंजन मिल रहे थे। इस बीच मैं अपने घर का विषैला वातावरण लगभग भूल गया था। इस दौरान एक बड़ा संकट आया था। दसवीं के फाइनल इम्तहान के लिए फॉर्म भरे जा रहे थे। कुल 30 रुपए फीस जमा करना था। उन दिनों 30 रुपए एक बड़ी धनराशि थी। मेरी जैसी उस परिस्थिति में इतना धन उपलब्ध होना निश्चित रूप से एक बड़ा संकट था। घर से किसी तरह की सहायता पहले से ही बंद हो चुकी थी। मेरी दुर्दशा देखकर वही हिन्दी वाले अध्यापक सुग्रीव सिंह ने मेरे द्वारा बिना किसी आग्रह के स्वयं 30 रुपए फीस के रूप में जमा कर दिए। मुझे उन्होंने आश्वासन दिया कि और भी जरूरत पड़ने पर वे सहायता करते रहेंगे। स्कूल के एक अन्य अध्यापक रामबृक्ष सिंह, जो पी.टी. मास्टर थे, ने भी सहायता की पेशकश की। स्कूल में उनकी ख्याति एक सुरीले गायक के रूप में थी। रामबृक्ष सिंह भी सुग्रीव सिंह की तरह मेरे साथ बड़े सम्मान से पेश आते थे। मैंने रामबृक्ष सिंह से कोई आर्थिक सहायता नहीं ली, किन्तु उस चिन्ताजनक संकट की घड़ी में ये दोनों अध्यापक मेरे लिए बहुत बड़े प्रेरणा के स्रोत सिद्ध हुए। परीक्षा का फॉर्म भरने के डेढ़ महीने बाद यू.पी. बोर्ड, इलाहाबाद से स्कूल पर सूचना आई कि हमें परीक्षा देने चंडेसर डिग्री कॉलेज जाना पड़ेगा। यह कॉलेज हमारे स्कूल से लगभग 12 किलोमीटर दूर आजमगढ़ जाने वाली सड़क पर स्थित था। पांचों विषयों की परीक्षा का टाइम टेबल पूरे महीने भर जारी रहने वाला था, जिसका अर्थ यह था कि वहां हमें एक महीना टिकना था। चंडेसर डिग्री कॉलेज के संस्थापक भी एक साधु

चंद्रबली सिंह 'ब्रह्मचारी' थे। इस कॉलेज में भी क्षत्रियों का बोलबाला था तथा यह मारपीट के लिए कुख्यात था। यह कॉलेज बहुत विशाल था, जहां करीब दर्जन भर हाई स्कूलों के परीक्षा केन्द्र हुआ करते थे। उन दिनों चंडेसर परीक्षा केन्द्र पर दलित परीक्षार्थियों में से अनेक जातीय हिंसा के शिकार हो जाते थे। कॉलेज प्रशासन द्वारा ऐसी हिंसा को रोकने का कोई प्रयास नहीं किया जाता था जिससे परीक्षा के दौरान स्थिति काफी तनावपूर्ण हो जाती थी। अनेक स्कूलों से जो छात्र यहां परीक्षा देने आते थे, वे अपने ही स्कूल के दलित छात्रों को अकारण पीट दिया करते थे, जिसके चलते कई छात्र गम्भीर चोट लग जाने के कारण परीक्षा से वंचित हो जाते थे। परीक्षा शुरू होने के एक सप्ताह पूर्व चिन्तामणि सिंह मुझे अपनी साइकिल पर बैठाकर चंडेसर ले गए, ताकि कहीं रुकने की व्यवस्था की जा सके। कॉलेज के पास एक छोटा-सा बाजार था, जिसमें चिन्तामणि सिंह ने अपने लिए एक कमरा किराए पर लिया, जिसका पूरे एक महीने का किराया पांच रुपए था। चिन्तामणि सिंह मुझे अपने साथ रखना चाहते थे, किन्तु मकान मालिक ने पहले ही साफ कह दिया था कि किसी 'चमार-सियार' को नहीं रहने दिया जाएगा। मकान मालिक की इस शर्त से चिन्तामणि सिंह बहुत परेशानी में पड़ गए थे, किन्तु इसके निवारण का कोई अन्य उपाय नहीं था। अतः अपने मंगरपुर वाले तांत्रिक रिश्तेदार के बेटे दीपचंद, जो चंडेसर के हाई स्कूल के छात्र थे, से मिलकर मैंने मकान संकट के बारे में बात की। दीपचंद स्वयं चंडेसर से करीब एक किलोमीटर पश्चिम धरवारे मोड़ पर एक दलित के घर में दो अन्य छात्रों के साथ रहते थे। वे मुझे चंडेसर कॉलेज के दक्षिण में स्थित दलित बस्ती में ले गए। यह बस्ती काफी विशाल थी, जिसमें कई सम्पन्न परिवार रहते थे। ऐसे ही एक परिवार के मालिक थे रूप राम। वह मुफ्त में मुझे पूरी परीक्षा के दौरान अपने घर में रखने पर राजी हो गए। रूप राम परीक्षा के दौरान दलित छात्रों की समस्या से पूरी तरह परिचित थे। उन्होंने बताया कि पिछले साल यानी 1963 की परीक्षा के दौरान उनकी बस्ती में रह रहे चार परीक्षार्थियों पर रास्ते में ही उन्हीं के स्कूल के सवर्ण छात्रों ने हाकी से हमला करके बुरी तरह घायल कर दिया था। यद्यपि मेरी किसी से दुश्मनी नहीं थी, किन्तु तत्कालीन वातावरण से मैं काफी भयभीत हो गया था। रहने का इंतजाम हो जाने के बाद मैं चिन्तामणि सिंह के साथ घर वापस चला आया। हमारी परीक्षा 4 मार्च, 1964 को शुरू होने वाली थी। अतः हमें दो दिन पहले परीक्षास्थल पर पहुंचना था, जिसके लिए मुझे पूरे एक महीने के राशन-पानी का इंतजाम करना था। मेरे घर का पूरा वृहद् संयुक्त परिवार मेरे खिलाफ असहयोग पर उतारू था। मेरी मां दस-पंद्रह दिन तक सुदेस्सर पांड़े के यहां किए गए काम के बदले मिलने वाली बनि उन्हीं के घर छोड़ रखी थी, ताकि वह इम्तहान स्थल पर मेरे खानपान के काम आ सके। बनि में मिले जौ को लाकर मेरी मां ने जांता में पीसकर

आटा मुझे चंडेसर ले जाने के लिए दिया। साथ में कुछ मटर की दाल तथा लाटा भी था। पिता जी ने सुदेस्सर पांड़े से दस रुपया उधार मांगकर बाकी खर्चे के लिए दिया। इसी पूंजी के साथ गठरी-मोटरी लिये मैं जहानागंज तक पैदल जाकर वहां से आठ आना किराया देकर एक्के द्वारा दो दिन पहले चंडेसर पहुंचा। जिस एक्के से मैं चंडेसर जा रहा था, उसका एक्केवान घोड़े को चाबुक से मारता कम किन्तु गालियां बहुत ज्यादा देता था। उसके अंदर मेरे नग्गर चाचा की छवि एकदम साकार हो उठी थी। उस दिन करीब पौन घंटे के सफर में वह घोड़ा सैकड़ों गालियों से नवाजा गया। एक्केवान के व्यवहार से मैं सहम गया था। ऐसा लगता था कि मानो वे सारी गालियां मुझे पड़ रही थीं। चंडेसर पहुंचने के बाद एक्का से उतरकर मैं करीब एक किलोमीटर दक्षिण स्थित दलित बस्ती में रूप राम के घर पहुंचा। उनके घर एक अन्य स्कूल का छात्र दर्शन भी रहने आया था। हम दोनों अपना खाना उनके घर के सामने ईंट के चूल्हे पर लकड़ी जलाकर बना लेते थे। 4 मार्च को अंग्रेजी की परीक्षा होने वाली थी। चिन्तामणि सिंह ने परीक्षा के एक दिन पूर्व शाम को मुझे अपने निवास पर बुलाया था, ताकि मैं परीक्षा की तैयारी करा सकूं। मैं निर्धारित समय पर उनके निवास पर गया तो देखा कि पहले से ही तेजबहादुर तथा मोहम्मद हनीफ वहां मौजूद थे। किन्तु सबसे चौंकाने वाली उपस्थिति थी हीरालाल की जो मुझे बात की बात में गालियां दे पड़ते थे। मुझे देखते ही हीरालाल ने कहा : 'का रे चमरा तं येहों आ गइले।' इस पर मैंने उनसे कहा कि आप मुझसे इस तरह क्यों बात करते हैं? मेरा इतना कहना था कि हीरालाल मेरे ऊपर शेर की तरह झपट पड़े और जब तक चिन्तामणि सिंह उन्हें पकड़ें, वे तब तक मुझे चार चांटे लगा चुके थे। ये वही हीरालाल थे, जो मुझे बुलाने के लिए हमेशा 'चमरा-चमरा' शब्द का इस्तेमाल किया करते थे। चिन्तामणि के निवास से जाने के पहले उन्होंने मुझे यह कहकर धमकाया कि 'देखत हईं तूं कइसे इम्तिहान दे ला'। हीरालाल के व्यवहार से मैं बहुत डर गया था। उस समय जातीय हिंसा के लिए कुख्यात चंडेसर मेरे लिए साकार हो उठा। इस घटना से मैं इतना आहत हुआ कि चिन्तामणि के लिए इम्तहान की पूर्वसंध्या पर कोई तैयारी नहीं करवा सका। बड़े दुखित मन से मैं आंसू बहाते हुए रूप राम के घर वापस आ गया। मुझे अत्यंत परेशान देखकर वे कारण पूछने लगे। हिचकते हुए मैंने घटना बयान कर दी। वैसा सुनते ही रूप राम उठकर खड़े हो गए और पास-पड़ोस के लोगों को बुलाने लगे। वे कहते रहे कि अभी बस्ती से दस-पंद्रह आदमी लाठी-भाला लेकर चलते हैं और उसका हाथ-पैर तोड़कर वापस आ जाते हैं। 'बिरादरी के लइकवन के ई गुंडवा हर साल पीटि देलैं, येप्पर रोक लगै के चाही', ऐसा कहते हुए रूप राम अपने घर के अंदर चले गए और लाठी में लगे एक नुकीले भाले के साथ बाहर आ गए। उस दिन रूप राम का रूप देखते ही बनता था। वे अत्यंत उत्तेजित थे। यद्यपि वे मेरे लिए

बिल्कुल नये थे, किन्तु दलित समुदाय के प्रति उनकी एकजुटता बेजोड़ थी। यदि मैं रूप राम की उत्तेजना का जरा भी शिकार हो जाता, तो उस दिन हीरालाल की खैर नहीं थी। मैं बार-बार यही सोचने लगा कि यहां तो रूप राम सबसे निपट लेंगे, किन्तु जब वापस गांव चला जाऊंगा तो फिर क्या होगा? इसलिए मैंने रूप राम को जैसे-तैसे शांत किया। मैंने जब उनसे यह कहा कि यदि हम हिंसक लफड़े में फंस गए तो शायद हाई स्कूल की परीक्षा ठीक से नहीं दे सकेंगे और सब कुछ चौपट हो जाएगा। मेरी इस बात से सहमत होकर उन्होंने मारपीट वाला अपना इरादा छोड़ दिया। किन्तु जिस-जिस दिन हमारी परीक्षा होती, रूप राम हमेशा चार-पांच लठैतों के साथ हमें परीक्षास्थल तक पहुंचाकर वापस आ जाते थे तथा तीन घंटे बाद वे पुनः परीक्षास्थल से हमें अपने घर लाते थे। इस तरह चंडेसर के उस अपरिचित वातावरण में रूप राम मेरे लिए एक विश्वस्त संरक्षक सिद्ध हुए। सबसे ज्यादा डर परीक्षा के अंतिम दिन यानी 28 मार्च, 1964 को था, क्योंकि अंतिम दिन की परीक्षा के बाद हिंसक गतिविधियां काफी बढ़ जाती थीं। उस दिन हमारी अर्थशास्त्र की परीक्षा थी, जो दोपहर बाद होने वाली थी। पूरी परीक्षा के समय रूप राम अपने दल-बल के साथ चंडेसर कॉलेज के बाहर सड़क पर विद्यमान रहे। पांच बजे परीक्षा समाप्त होते ही, वे मुझे लेकर अपने घर आए। वास्तव में मैं हीरालाल के व्यवहार से मनोवैज्ञानिक स्तर पर बहुत भयभीत हो गया था। यह भय इतना ज्यादा खतरनाक था कि मैंने डर के मारे परीक्षा के दौरान चिन्तामणि सिंह के निवास पर उन्हें इम्तहान की तैयारी में मदद करने से एकदम मना कर दिया। इसका एक कारण यह भी था कि हीरालाल चिन्तामणि सिंह के निवास से थोड़ी दूर पर ही रहते थे। सबसे ज्यादा डर इस बात का था कि यदि अपने खिलाफ जातीय हिंसा के चलते कोई पेपर छूट गया तो भविष्य की सारी योजनाएं धरी की धरी रह जाएंगी। चंडेसर के एक महीने के प्रवास के दौरान मैं गौतम बुद्ध और हीरालाल के बीच किसी सर्कस के झूलानट की तरह इधर से उधर उछलता रहा। अंतिम परीक्षा के बाद मैं 29 मार्च, 1964 को चंडेसर से वापस अपने गांव धरमपुर लौट आया। मैं पहली बार इतने लम्बे समय तक घर से बाहर रहा। मेरी मां और दादी मेरी अनुपस्थिति में बहुत चिन्तित रहीं। अतः घर वापस आने पर सबसे ज्यादा खुशी इन्हीं दोनों को हुई। इस इम्तहान के बाद पूरे तीन महीने की छुट्टियां थीं, किन्तु भविष्य पूर्णतः अनिश्चित। बड़ी बेकरारी से परीक्षाफल का इंतजार होने लगा था, जो मध्य जून के आसपास निकलने वाला था। सबसे बड़ी चिन्ता इस बात की थी कि दसवीं के बाद पढ़ाई की कोई आशा नहीं थी। क्योंकि हमारी करियात में कोई इंटर कॉलेज नहीं था, जिसका मतलब यह था कि सिर्फ चंडेसर या आजमगढ़ में टिककर पढ़ना सम्भव हो सकता था। कुल मिलाकर यह सब कुछ मेरे लिए असम्भव था। यही चिन्ता मुझे खाए जा रही थी। इस लम्बी छुट्टी के दौरान पिता

जी ने एक बार फिर मुझे सुदेस्सर पांड़े के खलिहान में दंवरी में लगा दिया। साथ ही साथ उनका रहट भी हांकना पड़ता था। बीच-बीच में दलित बस्ती की आती-जाती बरातों में शास्त्रार्थ के लिए मेरी खूब मांग होती रहती थी। ऐसी ही एक बरात हमारी बस्ती से करीब दस किलोमीटर दूर मंदे नामक गांव में गई थी। वहां मेरे चचेरे चाचा बीसू के बेटे जगलू की शादी होने वाली थी। मजलिस के दौरान शास्त्रार्थ शुरू हो गया। घराती पक्ष ने अपने को हारता पाकर खीझवश लाठियां निकाल लिया। परिणामस्वरूप दोनों पक्ष लड़ाई के लिए आमने-सामने खड़े हो गए। मेरे गुस्सैल नग्गर चाचा ने चिल्लाकर बरातियों से कहा कि वे घरातियों पर हमला बोल दें। अंततोगत्वा मंदे गांव के कुछ बुजुर्गों ने हाथ जोड़कर सबको शांत किया। किन्तु बराती नग्गर चाचा के नेतृत्व में बिना खाए-पीए अपने गांव वापस चल दिए। अभी हम सब मंदे गांव से बाहर पहुंचे ही थे कि घराती पक्ष के लोग दौड़ते हुए आए और बरातियों के पैरों पर गिरना शुरू कर दिए। बरात वापस लौटने पर राजी तो हो गई किन्तु नग्गर चाचा ने शर्त पेश कर दी कि घराती पक्ष सूअर-भात खिलावे। इसी शर्त पर बरात मंदे वापस गई और घर वालों को सूअर-भात का इंतजाम करना पड़ा। उस दिन दोपहर का खाना हम सभी देर शाम को खाकर अपने गांव रात में वापस आए थे। मंदे की घटना से गांव में मैं बहुत सम्मानित हुआ था। विशेष रूप से जब नग्गर चाचा खुश होते थे, तो मुझे लगता था कि अब भविष्य में पढ़ने वाली समस्या हल हो जाएगी। क्योंकि घर में उनकी ही मर्जी से सब कुछ होता था। इस बीच जिस दिन सुदेस्सर पांड़े के यहां काम नहीं होता, उस दिन मैं गाय-भैसों को लेकर मुर्दहिया पर चराने चला जाता था। इसी तरह छुट्टियों के दिन बीतते रहे। एक ऐसा ही दिन था 27 मई, 1964 का। मुन्नर चाचा गांजा लेने अमठा गए थे। वापस घर आने पर उन्होंने बस्ती में सबको बताना शुरू कर दिया कि उन्हें अमठा के ठाकुरों से पता चला कि नेहरू जी इस दुनिया में नहीं रहे। नेहरू जी की मौत पर सबसे ज्यादा अविश्वास मुझे हुआ। मुझे ऐसा लगता था कि नेहरू जैसा बड़ा आदमी कैसे मर सकता था? उन दिनों हमारे पूरे गांव, यहां तक कि आसपास के किसी गांव में किसी के भी पास रेडियो या ट्रांजिस्टर नहीं था। अखबार की कल्पना तो बिल्कुल असम्भव थी। अतः सूचना का कोई साधन न होने से अटकलबाजियों का बाजार गर्म था, किन्तु शाम होते-होते चारों तरफ गांवों में यह खबर फैल गई। व्यक्तिगत रूप से मैं नेहरू जी की मृत्यु से बहुत दुखित हुआ था। उस दिन गांव के कई ब्राह्मणों ने रात का खाना नहीं खाया। सात साल पूर्व 1957 के आम चुनावों के दौरान कौड़ा तापते मुन्नर चाचा द्वारा नेहरू के बारे में बताई गई वे बातें कि वे रूस से सीखकर 'समोही' खेती, चकबट के बाद हक़बट तथा योजना आदि लागू करेंगे, मुझे बार-बार याद आती रही। इस बीच हाई स्कूल के परीक्षाफल के निकलने का दिन नजदीक आ रहा था, जिसके

कारण मानसिक तनाव अपनी चरम सीमा पर था। उन दिनों परीक्षाफल देखने आजमगढ़ जाना पड़ता था, क्योंकि परीक्षाफल सैकड़ों पन्नों का मोटा गजट होता था, जिसमें नाम तथा रोल नम्बर दोनों होता था। ऐसा गजट शहर के कुछ अखबार विक्रेता खरीदकर अपने पास रोडवेज स्टेशन जैसे सार्वजनिक स्थानों पर रखकर एक-एक छात्र से आठ आना लेकर परीक्षाफल दिखाते थे। इस संदर्भ में एक अफवाह उड़ी कि 6 जून, 1964 को परिणाम आने वाला है। मेरे जैसे तमाम छात्र भागे-भागे जहानागंज पहुंचे। वहां आजमगढ़ से आने वाले हर एक एक्कासवार पैसेंजरों से हम सभी पूछते रहे कि परीक्षाफल आया है कि नहीं? नकारात्मक उत्तर पाकर हमें बड़ी निराशा होती थी। इस तरह 6 जून से लेकर लगभग दो सप्ताह तक हम प्रतिदिन जहानागंज जाते रहे और शाम तक वहीं रहकर पैसेंजरों से नकारात्मक उत्तर पाते रहे। परीक्षाफल के इंतजार के दौरान जहानागंज के एक विचित्र साधु छात्रों के लिए सबसे बड़े आकर्षण के केन्द्र बन गए थे। जहानागंज बाजार तथा आजमगढ़ जाने वाली सड़क के बीच एक बागीचा था। वहीं एक पेड़ के नीचे साधु बाबा रहते थे। उनकी विशेषता यह थी कि वे पूर्णतः मौनव्रती थे, किन्तु सबसे ज्यादा हैरत में डालने वाली बात यह थी कि वे वर्षों से चौबीसों घंटे खड़े रहते थे। वे खड़े-खड़े ही सोया करते थे। वे दो नजदीक वाले पेड़ों में एक मोटा रस्सा बांध रखे थे। कभी-कभी उसी रस्से पर अपना सिर लटकाकर आराम कर लेते थे। कुछ पूछने पर वे एक स्लेट पर खड़िया से लिखकर उत्तर देते थे। हमेशा खड़े रहने के कारण लड़के उन्हें 'खड़खड़िया' बाबा कहते थे। मैं भी अन्य लड़कों के साथ खड़खड़िया बाबा के यहां चला जाता था और उनसे पास होने के लिए आशीर्वाद मांगता। बाबा लिखकर दिखाते कि हम पास हो जाएंगे। धीरे-धीरे खड़खड़िया बाबा के यहां छात्रों की भारी भीड़ जमा होने लगी। अतः बाबा ने एक-एक का उत्तर देने के बदले स्लेट पर यह लिखकर कि 'तुम सभी पास हो जाओगे' पेड़ पर टांग दिया। जाहिर है बाबा उत्तर लिखते-लिखते ऊब गए थे। आखिरकार परीक्षाफल निकलने के एक दिन पहले जहानागंज में आजमगढ़ से लौटते हुए एक छात्र ने बताया कि कल यानी 18 जून, 1964 को परिणाम अवश्य ही प्रकाशित हो जाएगा। उस दिन मैं पड़ोस के गांव मठिया के कुबेर राम, जो प्राइमरी स्कूल के अध्यापक थे, से साइकिल लेकर परीक्षाफल देखने आजमगढ़ रवाना हो गया। अभी मैं चंडेसर तक पहुंचा था कि घनघोर बारिश होने लगी। चंडेसर के बाहरी हिस्से में सड़क पर दोनों तरफ अनेक पीपल के बड़े-बड़े पेड़ थे। मैं बुरी तरह भीग गया था। वहीं एक पीपल की घनी छाया के नीचे मैं खड़ा होकर पानी बंद होने का इंतजार करने लगा। अचानक मैंने देखा कि हमारे स्कूल के सहपाठी कर्मवीर सिंह उल्टी दिशा यानी चंडेसर से आते दिखाई दिए। मुझे देखकर मेरे पास आकर उन्होंने अपनी साइकिल रोक दी और बोल पड़े : 'तं कहां जात हउवे रे, तं त फस्ट आ गयल

हउवे।' उन्होंने यह भी बताया कि चंडेसर कॉलेज के गेट पर एक आदमी आठ आना लेकर परीक्षाफल दिखा रहा है। वे तृतीय श्रेणी में पास हुए थे। मेरे साथ कर्मवीर सिंह पुनः चंडेसर कॉलेज चल पड़े। आठ आने देकर जब मैंने अपने स्कूल वाला पन्ना देखा तो सबसे ऊपर प्रथम श्रेणी की लिस्ट में मेरा अकेला नाम था। चार लड़के द्वितीय श्रेणी तथा आठ लड़के तृतीय श्रेणी में पास थे। यानी हमारे स्कूल के 46 लड़कों में सिर्फ 13 पास हुए थे। सबसे ज्यादा मुझे दुख हुआ था यह देखकर कि चिन्तामणि सिंह फेल हो गए थे। हीरालाल भी फेल थे। जहां तक मेरी अपनी अनुभूति का सवाल था, वह खुशी से कहीं ज्यादा आश्चर्य वाली थी। जिस परिस्थिति में मैंने इम्तहान दिया था, उसमें इस तरह के परिणाम की आशा बहुत कम थी। मेरा परिणाम इसलिए भी चौंकाने वाला था, क्योंकि बाबा हरिहर दास के उस स्कूल में पहले कोई भी छात्र प्रथम श्रेणी में पास नहीं हुआ था। इस स्कूल की स्थापना आजादी के तुरंत बाद हुई थी। चंडेसर से परीक्षाफल देखने के बाद वापस लौटते हुए उस पीपल के पेड़ के पास पुनः रुककर मैंने उसकी जड़ों को प्रणाम किया जिसके नीचे कर्मवीर सिंह ने सबसे पहले परिणाम सुनाया था। उस वक्त मैं बहुत अंधविश्वासी हो गया था। ऐसा लगता था कि मानो बुद्ध की ही तरह पीपल के नीचे मुझे भी ज्ञान प्राप्त हो गया। उस समय मैं एक अजीब अनुभूति से गुजरा था। जहानागंज पहुंचकर मैंने एक बार फिर 'खड़खड़िया' बाबा को प्रणाम करके उन्हें बताया कि मैं प्रथम श्रेणी में पास हो गया। उन्होंने स्लेट पर लिखकर दिखाया : 'आगे भी।' जब वापस घर पहुंचकर मैंने परीक्षाफल बताया तो विशेष रूप से मेरी दादी को कुछ समझ में नहीं आया। मेरी समझ में भी कुछ नहीं आ रहा था कि दादी को कैसे समझाऊं। जब मैंने कहा कि पढ़ाई में सबसे आगे निकल गया तो वह बहुत खुश हुई। दूसरे दिन बाबा हरिहर दास स्वयं प्रिन्सिपल धर्मदेव मिश्र के साथ मेरे घर बधाई देने आ गए। बाबा के घर आने की खबर चारों तरफ फैल गई, जिसके परिणामस्वरूप उस पूरे क्षेत्र के सवर्णों में 'चमरा टाप कइलै' की ध्वनि गूंज उठी। मेरे गांव के अनेक ब्राह्मण भी घर आकर मेरी तारीफ करते नहीं थकते थे। किन्तु वे सभी पुनः यह बताना नहीं भूलते थे कि ज्यादा पढ़ने से लोग 'पागल' हो जाते हैं। ऐसा लगता था कि मेरे गांव के ब्राह्मण मुझे हर हाल में 'पागल' होने से बचा लेना चाहते थे। वे यह भी कहते कि अगर जगजीवन राम को पता चल जाए कि यह लड़का प्रथम श्रेणी में पास हो गया है, तो वे दो-तीन हजार रुपए महीने की नौकरी तुरंत दिला देंगे। ब्राह्मणों के साथ-साथ घर वाले भी मुझे पागल होने से बचाने पर एकदम उतारू थे। ऊपर से दो-तीन हजार रुपए की नौकरी की महत्त्वाकांक्षा से पूरा घर ही बेकरार हो गया था। प्रथम श्रेणी में मेरा पास होना ही मेरे लिए नई दुर्गति लेकर आया। सन् 1964 में तो केन्द्रीय मंत्रियों का भी वेतन दो-तीन हजार रुपए नहीं होता था, किन्तु मेरे गांव के ब्राह्मणों

ने यह विशेष नया वेतनमान मेरे लिए न जाने कहां से निर्धारित कर रखा था? ब्राह्मणों की बातों से मेरे घर वाले पूरी तरह आश्वस्त हो गए थे। अतः आगे की पढ़ाई का रास्ता एकदम असम्भव हो गया। कुल मिलाकर मेरे गृहत्याग की भूमिका बिल्कुल परिपक्व हो चुकी थी। बोधगया से लेकर मुर्दहिया तथा चंडेसर तक के वे तमाम पीपल के पेड़ मेरी कल्पना में झूमने लगे थे। मन में यह विचार भी उठता कि दादी द्वारा भरुकी में भरकर सैंतीस 'बिस्टौरिया' गड़े चांदी के सिक्कों को चुराकर घर से भाग जाऊं, किन्तु तुरंत यह सोचकर सहम जाता था कि ऐसा करना दादी के साथ बहुत बड़ा विश्वासघात होगा। वैसे मांगने पर दादी उन सिक्कों को मुझे अवश्य दे देती, किन्तु घर से कभी भागने नहीं देती, क्योंकि उसका सबसे बड़ा हथियार था रो-रोकर प्रेम प्रदर्शन। इस तरह मेरे सामने सारे रास्ते बंद नजर आते थे। मेरे लिए सबसे ज्यादा दुख की बात यह थी कि चिन्तामणि फेल हो गए थे, अन्यथा उन्होंने मुझसे बहुत पहले कहा था कि हाई स्कूल पास करने के बाद हम एक ही कॉलेज में आजमगढ़ जाकर पढ़ेंगे तथा साथ ही रहेंगे। उनका यह भी कहना था कि वे अपने घर से हर माह दस-बीस किलो चावल-दाल आदि लाया करेंगे, जिससे हम दोनों के खाने-पीने की व्यवस्था हो जाएगी। इसके बदले वे चाहते थे कि मैं उन्हें पढ़ाई में सहायता करता रहूं। किन्तु उनके फेल होने के साथ ही ये सारी योजनाएं धराशाई हो गई थीं। मैं घबराकर एक दिन के लिए अपने ननिहाल तरवां चला गया। मेरे चचेरे मामा राम खेलावन राम आजमगढ़ के प्रसिद्ध डी.ए.वी. कॉलेज में बी.ए. प्रथम वर्ष के छात्र थे। उन्होंने मुझसे कहा कि डी.ए.वी. कॉलेज में ग्यारहवें दर्जे में सिर्फ प्रथम श्रेणी के छात्रों को ही दाखिला दिया जाता है और हर दलित छात्र को सरकार की तरफ से सत्ताईस रुपया महीना वजीफा मिल जाता है, जिससे पढ़ाई का खर्चा चल जाता है। उन्होंने यह भी बताया कि आजमगढ़ के मातबरगंज मोहल्ले में लाल डिग्गी के पास एक सरकारी हॉस्टल है, जिसमें दलित लड़कों को मुफ्त में रहने दिया जाता है। राम खेलावन मामा उसी हॉस्टल में स्वयं रहते थे। उनके द्वारा दी गई यह जानकारी मेरे लिए युगांतरकारी सिद्ध हुई। उन्होंने मुझे 1 जुलाई, 1964 को आजमगढ़ आकर उसी होस्टल में मिलने के लिए कहा। सबसे बड़ा संकट यह था कि उन दिनों जो वजीफा मिलता था, वह कम-से-कम छह महीने बाद। अतः शुरू के छह महीने का खर्च स्वयं उठाना था। इस बीच एक बार फिर संकटमोचक के रूप में मेरे सामने वही हिन्दी अध्यापक सुग्रीव सिंह प्रस्तुत हुए। उन्होंने मुझे फिर तीस रुपए दिया और कहा कि आजमगढ़ जाकर पढ़ाई जारी रखूं। इन तीस रुपयों के बारे में मैंने किसी को कुछ बताया नहीं। 30 जून, 1964 की सुबह होते ही मेरा मस्तिष्क विभिन्न विचारों के हुजूम से भर उठा। गृहत्याग की इच्छा अपनी चरम सीमा पर थी। भविष्य में ज्ञान हासिल करने की कल्पना और मोहमयी ग्रामीण रिश्तों के बीच मैं

बुरी तरह उलझकर रह गया था। उस दिन मैं निरुद्देश्य अपने गांव के तीनों मोहल्लों को जोड़ने वाली पगडंडियों के आर-पार गया और लौटकर वापस आया। इस दौरान ग्रामीण देवी 'चमरिया माई', ग्राम देवता 'डीह बाबा' तथा ब्राह्मणों के देवता 'बरम बाबा' आदि सबके सामने शीश नवाकर मैंने मनौतियों की भरमार कर दी थी। उन दिनों हमारे गांवों में बृहस्पतिवार तथा शनिवार को कहीं जाना होता था तो लोग उसे 'दिशासूल' कहकर अशुभ मानते थे। अतः दिशासूल मिटाने के लिए एक दिन पीछे वाली शाम को गमछे में थोड़ा-सा सत्तू लेकर लोग गंतव्य मार्ग में किसी पेड़ की डाली से लटका देते थे। फिर दूसरे दिन उसी सत्तू को लेकर लोग अपनी राह चल देते थे। इसी दिशासूल को मिटाने के लिए मैंने भी इस टोटके का सहारा लिया। मेरी मां के पास एक छोटा-सा बहुत पुराना बक्सा था, जिसे वह अपनी शादी के बाद तरवां गांव से लाई थी। इस बक्से को वह हमेशा अपनी खटिया के नीचे रखती थी, यद्यपि उसमें कोई सामान नहीं होता था। घर से भागने की पूर्व संध्या में मैंने रसोई के अंदर गगरी में रखे सत्तू में से दो मुट्ठी निकालकर चुपके से एक चिथड़े में बांधकर मां के बक्से में रख दिया तथा अंधेरा होते ही उस बक्से को सबकी नजर से बचाते हुए ले जाकर नटिनियां की झोंपड़ी में यह कहकर रख दिया कि कल बरहलगंज बाजार से कुछ सामान लाना है, इसलिए आज दिशासूल मिटाने के लिए ऐसा कर रहा हूं। इस बक्से की चोरी मैंने इसलिए की थी ताकि घर से भागने के बाद मैं उसमें आटा-दाल आदि खाद्य सामग्री रख सकूं। दूसरे दिन 1 जुलाई, 1964 की सुबह हमेशा की तरह उस 'भैंसउर' में सोकर उठने के बाद मैंने गीता के पांच श्लोक पढ़े और कलकत्ता से भंडारी चाचा द्वारा लाए गए 'रामचरितमानस' को लेकर घर वालों की नजर से बचते हुए नटिनिया की झोंपड़ी पहुंच गया। वहां रखे बक्से में रामचरितमानस, गीता तथा हाई स्कूल की मार्कशीट को मैंने बंद कर दिया। उसमें दो मुट्ठी सत्तू तो पहले से ही था। इन्हीं चोरी के सामानों के साथ बक्से को कांख में दबाए मैं आजमगढ़ की ओर चल पड़ा। अभी मैं मुश्किल से पचास कदम मुर्दहिया के बाएं वाली पगडंडी पर चला था कि पीछे से दौड़ते हुए नटिनिया ने आवाज दी : 'ओहर कहवां जात हउवे रे बाबू, तं तै बरहलगंज जाए खातिर टोटका कइले रहले।' जाहिर है बरहलगंज जाने के लिए मुर्दहिया के दाएं वाली पगडंडी का सहारा लेना पड़ता था। जब मैंने कहा कि जहानागंज के बाजार से सामान लाना है तो उसे एकदम विश्वास नहीं हुआ। वैसे मेरे पूरे गांव वालों को आभास हो चुका था कि अब मैं वहां ठहरने वाला नहीं था। अतः नटिनिया को भी ऐसा लगा कि मैं गांव छोड़कर भाग रहा था। इसलिए उसने कई बार इस बात को दोहराया कि 'अब लउटि के ना अइबे का रे बाबू।' वह मुझे बातों में जितना उलझाती जाती, मैं उतना ही डरता जाता, क्योंकि आशंका थी कि किसी घर वाले ने देख लिया तो शायद भाग नहीं पाऊं। देर हो रही है, ऐसा कहकर

मैं तेजी से आगे चल पड़ा। क्षण भर के लिए नटिनिया वहीं खड़ी रही और शायद मेरे द्वारा पढ़ाई गई अंग्रेजी वह भूल गई थी, इसलिए बोल पड़ी : 'पिपरा पे गिधवा बइठल हउवे।' उसके द्वारा बके गए इस वाक्य ने मुझे यकायक विचलित कर दिया था। गिद्ध हमारी मुर्दहिया की अमूल्य निधि थे। किसी जीव का प्राण चाहे जैसे भी निकले, उसके सम्पूर्ण अस्तित्व को हमेशा के लिए मिटा देने की क्षमता तो सिर्फ इन्हीं गिद्धों में थी।

उस जंगल में मैं जैसे-जैसे आगे बढ़ रहा था, मुर्दहिया पीछे छूटती चली जा रही थी और साथ ही छूट रहे थे इस प्रियस्थली के अनगिनत यादों के ढेर। गौतम बुद्ध के लिए जो स्थान था आम्रपाली का, सम्भवतः वही थी मेरे लिए नटिनिया। इन सबके बीच मेरे मस्तिष्क पर हावी हो गई मेरी 'अशगुन' वाली छाया। चेचक से जिस दाईं आंख की रोशनी चली जाने के कारण लोग मुझे देखकर रास्ता बदल देते थे, उससे भी उतनी ही जलधारा फूट पड़ी थी जितनी कि रोशनी वाली आंख से। जंगल की निर्जनता का फायदा उठाकर मैं बेधड़क रुदन प्रक्रिया का शिकार हो गया। इस दौर से गुजरता हुआ, जब मैं गांव की सीवान भर्थैया की झील के पास पहुंचा तो यकायक इच्छा हुई कि गांव के जोगी बाबा का आशीर्वाद लेकर आगे बढ़ूं। अतः उस घने जंगल में स्थित झोंपड़ी की तरफ मैं मुड़ गया। कांख में दबा बक्सा मेरे सिर पर चढ़ चुका था। ऐसी ही आदर्श स्थिति में याद आते हैं सदाबहार क्रांतिकारी चे गुआरा जो मास्को से डॉक्टरी की पढ़ाई पूरा करने के बाद क्रांतिकारी बने थे। क्यूबा की क्रांति के बाद जब वे फिडेल कास्त्रो का मंत्रिमंडल छोड़कर लैटिन अमरीका के अन्य हिस्सों में क्रांति के उद्देश्य से चुपके से भाग रहे थे, तो उन्होंने अपनी डायरी में लिखा था : 'मेरे पैरों के पास दो बक्से थे। एक में दवाइयां भरी पड़ी थीं और दूसरे में हथियार। मैंने दवाइयों वाले बक्से को छोड़ दिया और हथियारों वाले बक्से को लेकर गन्ने की घनी फसलों के बीच से जंगल के लिए रवाना हो गया।' खैर, उस समय मेरे अंदर न तो चे गुआरा जैसे विचार थे और न बक्से में हथियार। इस बीच जब मैंने जोगी बाबा को उनकी झोंपड़ी के पास खड़ा देखा तो उनके पैरों पर गिरने से पहले मेरे मुंह से निकल पड़ा, 'बाबा'। इसके बाद जोगी बाबा ने गाया :

जइसन कहत बाड़ा बाबा।
वइसन जइबा काशी काबा॥
बड़ ससतिया सहबा राम।
बड़ ससतिया सहबा राम॥

7

आजमगढ़ में फाकाकशी

1 जुलाई, 1964 (मेरा 15वां सर्टिफिकेटिया जन्मदिन) को घर से भागते हुए नटिनिया तथा जोगी बाबा, दो ऐसे व्यक्ति थे, जिनसे होकर मैं एक अनिश्चित भविष्य के लिए रवाना हो गया। भूतकाल में मुर्दहिया तथा जहानागंज के बीच का सात किलोमीटर लम्बा रास्ता न जाने कितनी बार बड़ी आसानी से पार कर लिया था, किन्तु इस बार अपरंपार लग रहा था। जब जहानागंज पहुंचा तो देखा सवारियों से भरे एक एक्के पर खड़ा एक्केवान चिल्ला-चिल्लाकर बोल रहा था : एक सवारी आजमगढ़ सिधारी, एक सवारी आजमगढ़ सिधारी। सम्भवतः मेरा बक्सा देखकर एक्केवान को आभास हो गया था कि मेरी मंजिल आजमगढ़ अवश्य होगी। पास पहुंचने पर उसने मेरा बक्सा अपने हाथों में लेते हुए मुझे एक्के पर चढ़ने को कहा। मैं पांवदान पर एक पैर रखकर खड़ा हो गया। दूसरे पैर के लिए कोई जगह नहीं थी। बैठने का तो सवाल ही नहीं था। मेरी असुविधा को भांपते हुए एक्केवान बड़ी सहजता से कहने लगा कि घबराने की कोई बात नहीं है, चंडेसर पहुंचते ही जगह खाली हो जाएगी, फिर आजमगढ़ तक मस्ती ही मस्ती। इसका अर्थ यह था कि जहानागंज और आजमगढ़ के बीच का आधा रास्ता खड़े-खड़े नापना होगा। इस भगोड़ी यात्रा ने साबित कर दिया कि ज्ञान प्राप्त करना कोई आसान काम नहीं था। एक्का के पीछे एक पांव के सहारे पांवदान पर खड़े-खड़े उस यात्रा से धराशाई होने का खतरा हमेशा मौजूद था। सबसे ज्यादा व्यग्र करने वाली बात यह थी कि एक्के पर बैठे सारे लोग मुझे निरंतर घूर-घूरकर देखते जा रहे थे। उनकी बेधती निगाहों से बचने के लिए मैं अपने सिर को दाएं-बाएं फेरने में भी असमर्थ था, अन्यथा पांव का संतुलन बिगड़ने का खतरा झेल पाना असम्भव हो जाता। एक्का जैसे- जैसे आगे बढ़ता जाता, मन में अनायास भावना उमड़ती कि पांवदान से उछलकर सीधे घोड़े पर सवार होकर चम्पत हो जाऊं। इसी मुद्रा में चंडेसर पहुंचने से थोड़ा पहले मुझे वह विशाल पीपल का पेड़ दिखाई दिया, जिसके नीचे दो सप्ताह पूर्व कर्मवीर सिंह ने हाई स्कूल

का परीक्षाफल सुनाया था। मन-ही-मन उसे दंडवत् करते हुए मैं आगे निकल गया। चाहने की उत्कंठा के बावजूद एक्के की स्थिति ने मुझे मुड़कर एक बार फिर उसे देखने नहीं दिया। मुश्किल से पांच मिनट बाद चंडेसर आने पर एक्का वहीं रुक गया। खूब बड़ी चुर्की 'गठियाए एक आदमी एक्के से उतरते हुए एक्केवान से बोल पड़ा : एक फाटक बंद है। मुझे समझने में जरा भी देर नहीं लगी कि उनकी अन्योक्ति मेरी रोशनीविहीन आंख की तरफ थी। जो भी हो, एक्केवान के वचनानुसार चंडेसर में मुझे बैठने की जगह मिल गई। धरवारे मोड़ होते एक घंटे के अंदर एक्का आजमगढ़ को घेरे टौंस नदी के किनारे स्थित सिधारी नामक स्थान पर रुक गया। सामने सिधारी का पुल था। उन दिनों पुल के आर-पार स्थित आजमगढ़ शहर में एक्कों का प्रवेश वर्जित था। इसलिए सारे एक्के सिधारी पर ही रुक जाते थे। यही कारण था कि हमारा एक्केवान जहानागंज में 'एक सवारी आजमगढ़ सिधारी' वाला नारा लगाया था। एक्के से उतरते ही नदी के उस पार आजमगढ़ का सिधारी बिजली घर दिखाई दिया जहां अनगिनत खम्भों पर अटकी गोल-गोल घिर्रियों से गुजरते बिजली के जिन्दा तारों को छूते ही साकार बना देने वाली मृत्यु की कल्पना दिमाग में कौंध गई। अभी यह सब सोच ही रहा था कि सिधारी के पुल को छूने वाली सड़क पर बिछी छोटी रेल लाइन की पटरियों के आर-पार वाले फाटक बंद हो गए। कुछ ही पलों में मऊनाथ भंजन तथा शाहगंज के बीच सरपट दौड़ लगाने वाली अंग्रेजों के जमाने की कोयले से चलने वाली रेलगाड़ी बेहद शोर मचाती हुई मेरे सामने से गुजर गई। जीवन में पहली बार रेलगाड़ी का मेरी आंखों से होकर गुजरना स्वाभाविक रूप से कुतूहल पैदा कर देने वाला था। हजार कल्पनाएं जाग उठीं। उन्हीं में एक कल्पना यह भी थी कि रेल इंजन के आविष्कारक जेम्स वाट इसी गाड़ी में बैठे अगले स्टेशन, यानी पल्हनी पर अवश्य उतर गए होंगे। प्रथम द्रष्टया रेलगाड़ी बड़ी मनमोहिनी लगी थी। वह बार-बार सामने से गुजरे, ऐसा खयाल सताने लगा। इन्हीं खयालों के बीच मै एक रिक्शे में बैठकर दलित हॉस्टल तलाशने मातबरगंज के लिए रवाना हो गया। ज्यों ही पुल से टौंस नदी का पानी मुझे दिखाई दिया, बचपन से ही रटी-रटाई 'रामचरितमानस' के अयोध्याकांड की यह पंक्ति : 'तमसा तीर निवास किय, प्रथम दिवस रघुनाथ', मेरे मस्तिष्क में उतर आई। ऐसा माना जाता है कि इसी टौंस नदी को पुराने जमाने में 'तमसा' कहा जाता था, जिसके किनारे वनवास के लिए जाते हुए मिथकीय राम ने पहला दिन बिताया था। यह सब सोच ही रहा था कि रिक्शे की तेज रफ्तार के चलते तमसा नदी का किनारा मेरी आंखों से ओझल हो गया, किन्तु उसकी तलहटी में धोबियों द्वारा पाटा पर कपड़ों के पछाड़ने की ध्वनि कुछ पलों तक सुनाई देती रही। इस तरह मैंने पहली बार आजमगढ़ नगर में प्रवेश किया। इस संदर्भ में उल्लेखनीय बात यह है कि महान

बौद्ध भिक्षु सारिपुत्र की मृत्यु के बाद एक परम्परा के अनुसार उनका चीवर (पहनावा) श्रावस्ती में गौतम बुद्ध के सामने प्रस्तुत किया गया, तो उन्होंने तत्काल उनकी शालीनता का वर्णन करते हुए कहा था : जिस तरह कोई चांडाल लटियाए हुए बालों के साथ कंधे पर सिर को झुकाए, पलकों को नम किए हुए नगर में प्रवेश करे, वैसे ही सारिपुत्र चलता था। बुद्ध ने अपने समकालीन जिस चांडाल का वर्णन किया है, मेरी स्थिति उससे जरा भी भिन्न नहीं थी। भिन्नता सिर्फ इतनी थी कि उनका चांडाल पैदल था, किन्तु मैं रिक्शे में, जिसे एक चांडाल ही खींच रहा था। यकायक रिक्शा आजमगढ़ की कचहरी से गुजरा और मैंने देखा कि कचहरी के पीछे एक छोटी किन्तु अत्यंत स्तब्ध भीड़ खड़ी थी, और एक बंजारा काली लुंगी पहने बड़े नाटकीय लहजे में 'मर्दानगी' का वर्णन करते हुए किसी जानवर का छोटा-सा कंकाल सबको दिखा रहा था। साथ ही डमरू बजाता जा रहा था। इस विषय पर कुछ और सुनता कि इसके पहले रिक्शा आजमगढ़ के कुख्यात पोस्टमार्टम हाउस से गुजर गया। वहां तीन बैलगाड़ियों पर कत्ल की गई अलग-अलग लाशें लदी हुई थीं। जाहिर है, बड़े सामंतों ने इन पर अपनी असली मर्दानगी दिखा दी थी। रिक्शेवाले ने मुझसे कहा कि साहब यहां रोज आठ-दस कतल होते हैं किन्तु कतलियों का कुछ नहीं बिगड़ता, क्योंकि वे सभी बड़े-बड़े जमींदारों के बेटे होते हैं। इस बीच मातबरगंज का तिराहा आ गया, जहां शंकर भगवान की लगी मूर्ति से पानी की बौछार उछल रही थी। बिल्कुल मिथकीय गंगा का दृश्य था। वहीं से रिक्शेवाला बाएं मुड़ा और पलक झपकते ही उस खपड़ैल किन्तु बड़ी इमारत के दरवाजे पर रिक्शा रोक दिया। दरवाजे के ऊपर एक छोटा-सा टीन का बोर्ड लगा हुआ था, जिस पर लिखा था : 'अम्बेडकर छात्रावास'। मैंने अपने जीवन में पहली बार अम्बेडकर का नाम पढ़ा या सुना। राम खेलावन मामा, जो इसी छात्रावास में रहते थे, उन्होंने भी अम्बेडकर के बदले हरिजन छात्रावास मुझे बताया था। बोर्ड पर नाम पढ़ते ही मुझे लगा कि यह आजमगढ़ शहर का कोई व्यक्ति होगा जिसने दलितों के लिए छात्रावास बनवाया होगा। इन्हीं विचारों के साथ मैंने अम्बेडकर छात्रावास में प्रवेश किया जहां राम खेलावन मामा मेरे इंतजार में बैठे थे।

मामा ने कहा कि आज आराम करूं और कल यानी 2 जुलाई, 1964 को डी.ए.वी. कॉलेज चलकर 11वें दर्जे में नाम लिखा लूं। उस दिन शाम को मामा ने मेरी हाई स्कूल की मार्कशीट अटेस्ट कराने के लिए आजमगढ़ के प्रसिद्ध कम्युनिस्ट नेता तेजबहादुर सिंह के पास ले गए, जो उस समय विधान परिषद के सदस्य थे और मातबरगंज में ही रहते थे। उनका मकान शंकर जी की मूर्ति वाले तिराहे के ठीक सामने वंश गोपाल लाल की दुकान का ऊपरी हिस्सा था। स्मरण रहे कि ये वही तेजबहादुर सिंह थे, जिन्होंने 1942 के 'भारत छोड़ो' आंदोलन के दौरान मेरे ननिहाल

वाला तरवां का थाना फूंक दिया था। मार्कशीट अटेस्ट करने के बाद उन्होंने मुझे मिलते रहने के लिए कहा। तेजबहादुर सिंह पहले ऐसे नेता थे जिनसे व्यक्तिगत रूप से मेरी मुलाकात हुई। इसका परिणाम यह हुआ कि मेरा मार्क्सवादी प्रभाव में आना लगभग पक्का हो गया। दूसरे दिन डी.ए.वी. कॉलेज में मेरा दाखिला हो गया और दो-चार दिनों बाद कक्षाएं शुरू हो गईं। इस कॉलेज में शीघ्र ही आश्चर्यचकित करने वाली बात यह लगी कि दोपहर के बाद चलने वाली कक्षाओं में अनेक अध्यापक सफेद कमीज पर खाकी हाफ पैंट पहनकर आते थे। अनेक छात्र भी वैसे ही आते थे। पांच बजे छुट्टी का घंटा बजते ही ये सभी कॉलेज के प्रांगण में लगने वाली आर.एस.एस. (राष्ट्रीय स्वयंसेवक संघ) की शाखा में शामिल हो जाते थे। इस तरह शुरू हो जाती थी हिन्दुत्व की उग्रवादी पाठशाला। धीरे-धीरे पता चलने लगा कि आजमगढ़ का यह डी.ए.वी. कॉलेज सम्पूर्ण रूप से आर.एस.एस. के अधीन था। यद्यपि मैं इससे पहले आर.एस.एस. के बारे में कुछ भी नहीं जानता था, किन्तु इससे जुड़े हुए लोग कॉलेज के अंदर जिस तरह पेश आते थे, उससे मेरे अंदर घृणा का भाव बढ़ने लगा। आर.एस.एस. से जुड़े मेरे अध्यापकों में एक थे राजमणि वर्मा, जो 11वीं कक्षा को अंग्रेजी पढ़ाते थे। वे पहले दिन की कक्षा में आते ही आर.एस.एस. का गुणगान करते हुए मुस्लिम समुदाय के विरुद्ध अनेक टिप्पणियां करने लगे। इस कड़ी में उन्होंने यह भी बताया कि मऊनाथ भंजन में किसी मुसलमान ने रामायण के विरुद्ध कुछ बोल दिया था, जिसके चलते उसे हिन्दुओं ने जलाकर मार डाला था। उन्होंने यह तो नहीं बताया कि यह घटना कब की है, किन्तु इसे सुनते ही मैं अवाक् रह गया था। संयोगवश हमारी कक्षा में कोई मुसलमान छात्र नहीं था। इसका कारण साफ था कि इस कॉलेज से मुसलमान बहुत डरते थे, इसलिए कोई इसमें पढ़ने नहीं आता था। उस समय आजमगढ़ शहर में शिबली नेशनल कॉलेज बहुत मशहूर था, जिसमें मुसलमानों के साथ बड़ी संख्या में हिन्दू छात्र भी पढ़ाई करते थे। यह कॉलेज मुस्लिम प्रबंधन के तहत था, किन्तु वहां अत्यंत धर्मनिरपेक्ष वातावरण हुआ करता था। अतः आजमगढ़ शहर में आकर पढ़ने वाले सारे मुस्लिम छात्र शिबली नेशनल कॉलेज में चले जाते थे। जहां तक डी.ए.वी. का सवाल है, शीघ्र ही मुझे पता चल गया कि यह कॉलेज साम्प्रदायिक तत्त्वों का गढ़ था। कॉलेज के प्रिन्सिपल छवील चंद श्रीवास्तव भी आर.एस.एस. से जुड़े थे। इस कॉलेज के लगभग सारे अध्यापक आर. एस.एस. से ही जुड़े हुए थे। अंग्रेजी अध्यापक राजमणि वर्मा कट्टर हिन्दुत्ववादी थे। उन्होंने खुद बताया कि उनकी सारी शिक्षा अलीगढ़ मुस्लिम विश्वविद्यालय से हुई थी, किन्तु अलीगढ़ का जिक्र आते ही उनकी वाणी मुस्लिम समुदाय के प्रति उग्रता का शिकार हो जाती थी। धीरे-धीरे डी.ए.वी. कॉलेज के साम्प्रदायिक वातावरण से मैं ऊबने लगा। कॉलेज में परेड करती आर.एस.एस. की शाखाओं से होकर रास्ते में

गुजरते हुए मैं अत्यंत भयभीत हो जाता था। इसका एकमात्र कारण था, शाखायियों द्वारा भांजी जाने वाली लाठियों से निकलती हिंसात्मक भनभनाहट।

वापस अम्बेडकर हॉस्टल में झांकते हुए अजीब सा लगता था। इस तरह के हॉस्टलों की व्यवस्था डॉ. अम्बेडकर के संघर्षों के परिणामस्वरूप देश भर में दलित छात्रों के लिए मुफ्त में की गई थी, ताकि छुआछूत के कारण ऐसे छात्रों के लिए किराए पर मकान न मिलने की समस्या को हल किया जा सके। किन्तु ऐसे हॉस्टलों का उस समय नजारा कुछ और ही था। इन हॉस्टलों का मैनेजर प्रायः कोई न कोई स्थानीय दलित नेता हुआ करता था। ऐसे मैनेजर महाभ्रष्ट होते थे। यद्यपि इन हॉस्टलों में दलित छात्रों को मुफ्त में रहने का प्रावधान था, किन्तु मैनेजर बिना घूस लिये किसी को प्रवेश नहीं देते थे। दस रुपए से लेकर बीस रुपए तक का दिए जाने वाला यह घूस सन् 1964 के हिसाब से एक बड़ी धनराशि हुआ करती थी। मुझे भी दस रुपया लेकर प्रवेश दिया गया था। हॉस्टल के मैनेजर शुभचरन वियोगी, बाबा साहब अम्बेडकर द्वारा स्थापित रिपब्लिकन पार्टी के स्थानीय नेता थे। जैसा कि मैं अम्बेडकर के बारे में पहले से कुछ भी नहीं जानता था, उनके संदर्भ में मेरे पहले गुरु सिद्ध हुए सनवारी राम, जो डी.ए.वी. कॉलेज में 12वीं कक्षा में साइंस के छात्र थे। सनवारी राम बड़े ओजस्वी वक्ता थे। वे अम्बेडकर हॉस्टल के ठीक सामने वाले मकान में रहते थे। इस मकान में आजमगढ़ डाक तार विभाग के मैनेजर रामनाथ किराए पर रहते थे। रामनाथ जी 'तारबाबू' के नाम से जाने जाते थे। तारबाबू की पत्नी प्राइमरी स्कूल की अध्यापिका थी। दोनों लोग बहुत सामाजिक व्यक्ति थे। सनवारी राम तारबाबू के बेटे विजय तथा भतीजे प्रह्लाद को ट्यूशन देते थे, जिसके बदले वे उनके साथ उसी मकान में रहते थे। सनवारी राम हरदम अम्बेडकर हॉस्टल में ही मौजूद रहते थे तथा अम्बेडकर के बारे में प्रायः बातें किया करते थे। सनवारी राम ने ही पहली बार डॉ. अम्बेडकर की प्रसिद्ध उक्ति 'जातिविहिन समाज के बिना स्वराज प्राप्ति का कोई महत्त्व नहीं', से मुझे अवगत कराया था। सनवारी राम बहुत मेधावी छात्र थे। गणित शास्त्र में उन्हें महारथ हासिल थी किन्तु बारहवीं कक्षा में सात बार फेल होकर आठवीं बार किसी तरह पास हुए और बाद में रेलवे विभाग में स्टेशन मास्टर बन गए थे। सनवारी राम से ही पता चला कि डॉ. अम्बेडकर बौद्ध धर्म ग्रहण कर लिये थे तथा उन्होंने ही गांधी जी से लड़कर दलितों के लिए आरक्षण हासिल किया था। डॉ. अम्बेडकर बौद्ध बन गए थे, यह बात मुझे सबसे ज्यादा प्रिय लगी थी। इन दो-चार प्रमुख जानकारियों के अलावा सनवारी राम को कुछ और नहीं मालूम था, किन्तु वे इन्हें बार-बार दोहराया करते थे, जिससे डॉ. अम्बेडकर के बारे में चर्चा हमेशा जारी रहती थी। सहदेव तथा तेजबहादुर राम दो अन्य छात्र अम्बेडकरवादी थे। ये दोनों बाद में इंजीनियर बन गए थे। हॉस्टल के अंदर भोजनालय की कोई व्यवस्था

नहीं थी, जबकि सरकारी नियमों के अनुसार इसका प्रावधान था। अतः इसमें रहने वाले छात्र आपस में पैसा इकट्ठा कर स्वयं मेस चलाते थे। जो छात्र घर से राशन लाते थे, उसे भी मेस में जमा करके खाने का हिसाब पूरा कर लिया जाता था। जिस छात्र का पैसा या राशन का ब्योरा समाप्त हो जाता था और आगे कुछ जमा नहीं हो पाता, तो उसका मेस में खाना बंद कर दिया जाता था। अनेक छात्रों के लिए यह एक विकट समस्या थी, क्योंकि वे सभी बहुत गरीब परिवारों से आते थे। मेरा खाना भी मेस में प्रायः बंद होने लगा। उस समय अम्बेडकर हॉस्टल के सामने तारबाबू वाले मकान के बाईं तरफ एक बड़ी पकौड़ी की दुकान थी, जो 'ढुक्कू की पकौड़ी' के नाम से मशहूर थी। दुकान के मालिक थे ढुक्कू, इसलिए उनके नाम से पकौड़ी का नाम जुड़ गया था। ढुक्कू जाति से तेली थे और वे स्वयं पालथी मारकर खौलती तेल की कड़ाही के पास बैठकर बड़े पौने से पकौड़ी छाना करते थे। ढुक्कू बड़ी तोंद वाले पुरुष थे, जो हमेशा सिर का बाल छिलवाए रहते थे। वे जीते-जागते चीन के हंसते बुद्ध की तरह दिखाई देते थे। वे कई प्रकार की पकौड़ियों के साथ मीट भी पकाया करते थे। उनका पकाया हर माल बहुत स्वादिष्ट हुआ करता था। उनकी दुकान के ठीक बगल में आजमगढ़ का सबसे बड़ा ताड़ीखाना था, जहां आधी रात के बाद तक पियक्कड़ों की भीड़ जमा रहती थी, जिसके कारण ढुक्कू की दुकान सुपरहिट बन गई थी। देर रात गए ताड़ीखाना बंद होने तक नशे में चूर होकर ताड़ीखोर बहुत शोर मचाते तथा प्रायः आपस में झगड़ पड़ते थे। अम्बेडकर हॉस्टल के मेरे दो साल के प्रवास के दौरान कोई रात ऐसी नहीं थी, जबकि इन ताड़ीखोरों के पियक्कड़ी स्वर न गूंजे हों। उनकी याद आने पर हरिवंश राय बच्चन की ये पंक्तियां बरबस ही याद आ जाती हैं :

गूंज उठी मदिरालय में,
लो पिया पियो की बोली।

ताड़ीखाने से तो मेरा कोई खास सम्बंध नहीं जुड़ पाया, किन्तु ढुक्कू की पकौड़ी अभिन्न भोज बन गई थी। कोई सहपाठी हो या अन्य मेहमान, उसके आते ही मैं ढुक्कू के यहां हाजिर हो जाता था। परिणामस्वरूप ढुक्कू मुझे पकौड़ियां उधार देने लगे। किन्तु तीन-चार दिन से ज्यादा उधारी नहीं चल पाती थी, क्योंकि पैसा वसूलने में ढुक्कू का कोई जवाब नहीं था। ऐसा करते समय तेल में डूबी उनकी कपरछिलवा आकृति हंसते हुए बुद्ध से शीघ्र ही एक कृपण सूदखोर के रूप में बदल जाती थी। फिर भी ढुक्कू मेरे बहुत काम आते थे। मेस में मेरा खाना जब भी बंद हो जाता, मेरा काम ढुक्कू की पकौड़ियों से चल जाता था। जैसा कि तीन- चार दिन से ज्यादा उनकी उधारी नहीं चल पाती थी, इसलिए पकौड़ियां खाना बंद हो जाता था, जिसका मतलब था फाकाकशी शुरू। इस तरह अम्बेडकर हॉस्टल के मेस तथा ढुक्कू की

पकौड़ी की दुकान के बीच जूझते हुए आजमगढ़ की मेरी अनगिनत रातें फाकाकशी से गुजरती रहीं। अब धीरे-धीरे समझ में आने लगा कि घर से भागा हर व्यक्ति बुद्ध नहीं बन जाता। गृहत्याग के बाद चामत्कारिक शक्ति पाने के लिए ब्राह्मणों के चक्कर में बुद्ध भी भूखे रहकर श्मशान में साधना करने लगे थे, किन्तु जब चमत्कार नहीं मिला तो उन्होंने कह दिया कि बिना भोजन के दिमाग काम नहीं करता। उस समय मेरे लिए भोजन मिल जाना ही चमत्कार था। फिर भी आजमगढ़ मुझे बहुत अच्छा लगने लगा था। शहर में रहने का अपना आकर्षण था। इस दौरान मेरी पहली रेलयात्रा आजमगढ़ से बनारस तक सम्पन्न हुई, वह भी बड़ी विचित्रता के साथ। उन दिनों हर 15 अगस्त तथा 26 जनवरी को तमाम छात्र 24 घंटे के भीतर बिना टिकट के किसी भी ट्रेन में बैठकर आसपास के शहरों की यात्रा कर आते थे। तर्क यह होता था कि स्वतंत्रता दिवस पर रेलगाड़ी फ्री कर दी गई थी, जबकि ऐसा कुछ भी नहीं था। अतः इसी तर्क के सहारे अम्बेडकर हॉस्टल के जोखूराम, यमुना प्रसाद तथा बलवंत के साथ आजमगढ़ के पल्हनी स्टेशन से रात के नौ बजे छोटी लाइन की रेलगाड़ी पकड़कर हम जौनपुर के शाहगंज जंक्शन पर पहुंचने के बाद दिल्ली से आकर बनारस जाने वाली रेलगाड़ी में बैठ गए। मेरी पहली और बिना टिकट यानी डब्ल्यू. टी. (विदआउट टिकट) यात्रा ने मुझे 15 अगस्त, 1964 को बनारस पहुंचा दिया। देर रात का समय था, इसलिए सुबह होने का इंतजार स्टेशन पर ही करना पड़ा। रेलयात्रा का कुतूहल सिर पर सवार हो चुका था। यात्रा के दौरान रोचक बात यह थी कि रेलगाड़ी में या उसके आसपास किसी रेलकर्मी को देखते ही तमाम छात्र नारा लगाना शुरू कर देते थे। नारों में शामिल था : '15 अगस्त जिन्दाबाद' तथा 'महात्मा गांधी जिन्दाबाद' आदि। इन्हीं नारों से गूंजती हुई हमारी गाड़ी बनारस तक पहुंची थी। इस यात्रा में एक दिलचस्प घटना थी हमारे साथ शराब के नशे में चूर एक यात्री का सफर। वह अपनी सम्पन्नता के बारे में खूब डींग मारता जा रहा था। सभी सहयात्री उसकी नशा प्रभावित तोतली जबान का खूब मजा लेने लगे थे। बनारस पहुंचने से कोई 15 मिनट पहले वह अपने पैरों का मोजा निकालकर उसे झकझोरने लगा। मोजे में से सौ-सौ रुपए के पांच नोट छिटककर डिब्बे के फर्श पर गिर गए। वहां खड़े एक आदमी ने उन्हें उठा लिया, किन्तु शराबी उसे देख नहीं पाया। वह इधर-उधर नोटों को ढूंढ़ता रहा। शीघ्र ही उसका नशा उतरने लगा। गाड़ी की रफ्तार धीमी हो चुकी थी और हम बनारस जंक्शन पर हाजिर हो गए। इस बीच हमारे सहयात्री यमुना प्रसाद उस आदमी के पीछे पड़ गए जिसने नोटों को उठा लिया था। यमुना प्रसाद उसे पुलिस का हवाला देकर धमकाते हुए कहने लगे कि उन रुपयों को गिरते हुए उन्होंने भी देखा था, इसलिए उसमें उनका भी हिस्सा बनता है। उस आदमी ने डरकर उन रुपयों में से दो सौ रुपया यमुना प्रसाद को दे दिया। हम सभी भौचक

यमुना प्रसाद को देखते रह गए। जाहिर है उस जमाने में पांच सौ रुपया एक बड़ी रकम थी और दो सौ रुपए में तो मेरा साल भर का खर्चा ही निकल सकता था। मेरे मन में यह बात उठती थी कि मैं भी पुलिस के हवाले से यमुना प्रसाद को धमकाकर कुछ ऐंठ लूं किन्तु वैसा नहीं कर पाया। आखिरकार यमुना प्रसाद अम्बेडकर हॉस्टल के सहपाठी जो ठहरे। स्टेशन पर रात बीत जाने के बाद हम चारों साथियों ने तय किया कि सभी लोग अलग-अलग स्वतंत्र होकर शहर का भ्रमण करेंगे। मेरे अंदर सबसे बड़ी हलचल थी—पहले बनारस की गंगा, फिर काशी विश्वनाथ तथा बनारस हिन्दू यूनिवर्सिटी (बी.एच.यू.) को देखने की। रिक्शे वालों से पूछते-पूछते पैदल ही मैं दशाश्वमेध घाट स्थित गंगा के किनारे पहुंच गया। बरसात का दिन था। इसलिए गंगा मीलों तक चौड़ी होकर उफन रही थी। मेरे सामने बस पानी ही पानी था। एक स्थान पर इतना ज्यादा पानी मैंने पहली बार देखा था। दशाश्वमेध घाट की पक्की सीढ़ियां देखकर भौचक रह गया था। उन दिनों बनारस की गंगा में बड़ी संख्या में डॉल्फिन मछलियां पाई जाती थीं और वे अक्सर पानी में धड़ाम-धड़ाम उछलती कूदती दिखाई देती थीं। स्थानीय लोग उन्हें 'शोंस' कहते थे। दशाश्वेध घाट पर खड़े-खड़े मैंने भी अनेक शोंसों की कुदान को देखा। उस समय तक मैंने डॉल्फिन का नाम नहीं सुना था। इसलिए शोंस से बहुत डर लगता था। गांव के लोगों से सुना था कि शोंस आदमी को निगल जाते हैं। अतः मेरी आंखों के सामने बड़ा डरावना दृश्य था, किन्तु गंगा के बारे में अनेक किंवदंतियां जाग्रत् हो गईं। सबसे बड़ी किंवदंती यह थी कि गंगा में नहा लेने से जीवन के सारे पाप धुल जाते हैं। मैं चाहते हुए भी गंगा में शोंसों के डर से नहा नहीं पाया। मैं घाट की सीढ़ियों पर उछलते पानी में पैर धोकर ही संतुष्ट हो गया था। अनेक गेरुवाधारी साधुओं को वहां नहाते जरूर देखा था। करीब घंटे भर खड़ा होकर गंगा का नजारा देखता रहा। कल्पना में वह बार-बार मुझे शंकर की जटा में समाती नजर आ रही थी। वहां से हटने का जी नहीं करता था, किन्तु 24 घंटे के भीतर रेलगाड़ी से 'डब्ल्यू. टी.' वापस चले जाने की मजबूरी मुझे वहां से पास ही स्थित काशी विश्वनाथ के सुनहरे गुम्बद वाले मंदिर के भीतर ले गई। मंदिर में प्रवेश करते बहुत भयभीत हो गया था। सुन रखा था कि बनारस के पंडे बहुत खूंखार होते हैं। अतः अपना जातीय ज्ञान बहुत डराने लगा था। इसलिए शीघ्र ही भक्ति भावना से शिवलिंग का दर्शन कर मंदिर से बाहर आ गया। फिर पूछते-पूछते मैं बी.एच.यू. की तरफ चल पड़ा। वहां से बी.एच.यू. चार किलोमीटर दूर था। गोदौलिया से दक्षिण जाने वाली सड़क पर चलते हुए मदनपुरा, सोनारपुरा भदैनी, अस्सी तथा लंका होते जब मैं बी.एच.यू. गेट पर पहुंचा तो उसका भव्य मुख्य द्वार देखकर दंग रह गया। सामने विश्वविद्यालय के संस्थापक मदन मोहन मालवीय की मूर्ति थी। मुख्य द्वार के अंदर स्थित प्राक्टर ऑफिस के सामने रखे एक श्यामपट

पर लिखी सूचना में कहा गया था कि आज बी.एच.यू. तथा चंडीगढ़ विश्वविद्यालय के बीच स्टेडियम में हाकी मैच होगा। वहां से गुजरते घड़ी पहने व्यक्ति ने पूछने पर बताया कि दोपहर का डेढ़ बजा है। मैच दो बजे से शुरू होने वाला था। इस मैच को देखने की मेरी उत्सुकता हद से ज्यादा बढ़ गई थी। अतः पूछते-पूछते मैं बी.एच.यू. के ऐम्फी थिएटर स्थित स्टेडियम पहुंच गया। यह मैच मेरे लिए ऐतिहासिक सिद्ध हुआ। छात्रों से भरी भीड़ स्टेडियम में डफली तथा घंटा बजा-बजाकर नारा लगा रही थी : 'बी.एच.यू. का टेम्पो हाई है।' बार-बार दोहराया जाने वाला यह नारा मुझे अत्यंत मोहक लगता था। यह मैच बी.एच.यू. की टीम हार गई जिससे मुझे बहुत दुख हुआ था। स्टेडियम की चक्करदार सीढ़ियों पर जहां मैं बैठा था, मेरे ठीक बगल में बी.एच.यू. लॉ कॉलेज के एक विद्यार्थी तपसीराम बैठकर मैच देख रहे थे। मैं उनके लिए अज्ञात था किन्तु मेरा रूप-रंग देखकर उन्होंने भाप लिया कि मैं बी.एच.यू. का छात्र नहीं हूं। उन्होंने मुझसे पूछ लिया कि मैं कहां से आया हूं। मैंने घबराते हुए उन्हें बताया कि आजमगढ़ से 15 अगस्त का फ़ायदा उठाकर डब्ल्यू.टी. बनारस देखने आया हूं। उन्होंने हंसते हुए पूछ दिया : 'बिरादर हउवा का।' बिरादर शब्द सुनकर मुझे बड़ा अच्छा लगा था और समझ गया कि प्रश्नकर्ता भी दलित है। उत्तर में जब मैंने हां कह दिया, तो तपसीराम ने अपना परिचय देते हुए कहा कि वे भी आजमगढ़ के रहने वाले हैं। जिलावाद हम दोनों पर हावी हो गया। वे तुरंत मुझे अपने साथ बिड़ला हॉस्टल ले गए, जहां उनका निवास था। रास्ते में संस्कृत कॉलेज, आर्ट्स कॉलेज, साइंस कॉलेज आदि की इमारतों से वे मुझे परिचित कराते रहे। मंदिर की शक्ल में बनी इमारतों को देखकर मैं बहुत प्रभावित हुआ था और मैंने मन-ही-मन प्रण कर लिया कि हर हाल में मैं भविष्य में इसी विश्वविद्यालय में पढ़ाई करूंगा। सकुचाते हुए मैंने तपसीराम से कहा कि मैं भविष्य में यहां पढ़ना चाहता हूं किन्तु घर से भागा हुआ हूं, इसलिए सब कुछ अपने बल पर करना है। तपसीराम ने आश्वस्त करते हुए मुझसे कहा कि पहले इंटर पास कीजिए फिर देखा जाएगा। बिड़ला हॉस्टल में गुलाबजामुन तथा चाय से स्वागत के बाद तपसीराम ने बी.एच.यू. के अंदर नवनिर्मित विशाल विश्वनाथ मंदिर दिखाया। वहां प्रथम मंजिल पर कुछ भक्तजन भजन गा रहे थे। एक दृष्टिहीन व्यक्ति अत्यंत शास्त्रीय स्वर में मीराबाई का पद : 'पग घुंघरू बांधि मीरा नाची रे' को गा रहा था। इस मंदिर की दीवारों पर 'भगवत्‌गीता' के सारे श्लोक लिखे हुए थे। अन्य देवी-देवताओं के साथ मंदिर की दीवार के एक हिस्से में गुरु रविदास का चित्र बना हुआ था, जिसे देखकर मैं बहुत प्रभावित हुआ था। अब शाम हो चली थी। बड़े-बड़े पेड़ों वाली सड़कों के आर-पार झलकती गेरुवा रंग की बनारस हिन्दू यूनिवर्सिटी ने मुझे बैरागी-सा बना दिया था। छोड़कर जाने का मन नहीं कर रहा था। किन्तु डब्ल्यू.टी. वापस चले जाने की

विवशता ने मुझे तपसीराम से विदा लेकर शीघ्र ही रेलवे स्टेशन पहुंचा दिया। संयोगवश वहां जोखू, यमुना और बलवंत पुनः मिल गए। बनारस से आजमगढ़ की हमारी वापसी यात्रा एक बार फिर 'पंद्रह अगस्त जिन्दाबाद', 'महात्मा गांधी जिन्दाबाद' के बीच पूरी हुई। रास्ते भर मेरी कल्पना में गंगा बहती रही, उसमें शोंस उछलते रहे और बनारस हिन्दू यूनिवर्सिटी ललचा-ललचाकर निराश करती रही। 15 अगस्त, 1964 की पहली रेलयात्रा, वह भी बिल्कुल मुफ्त, ने मुझे बनारस तो घुमा दिया, किन्तु बी.एच.यू. का आकर्षण अत्यंत दुखदाई साबित होने लगा। तपसीराम एक आशा की किरन के रूप में जरूर दिखाई देते थे। हरदम बस यही धुन सवार थी कि इंटर पास करते ही बी.एच.यू. जा धमकूं। चौबीस घंटे के अंदर ही अम्बेडकर हॉस्टल आते ही जीवनयापन की सारी समस्याएं मौलिक रूप में पुनः खड़ी हो गईं। सबसे विकट समस्या थी अम्बेडकर हॉस्टल को लेकर दो कथित मैनेजरों में लड़ाई। जैसा कि हॉस्टल के मैनेजर शुभ चरन वियोगी थे, किन्तु आजमगढ़ के प्रसिद्ध दलित नेता रामधन जो उस समय एक वकील थे, ने हॉस्टल पर अपना अधिकार करने के लिए कानूनी प्रक्रिया द्वारा दावा ठोक दिया था, जिसके कारण हॉस्टल की मात्र 300 रुपए मासिक मिलने वाली सरकारी सहायता बंद हो गई। उस समय अम्बेडकर हॉस्टल की पूरी इमारत मात्र 50 रुपए मासिक किराए पर ली गई थी। इस इमारत में चार बड़े-बड़े हालनुमा कमरे तथा तीन बरामदे थे। इस चौकोर इमारत के बीच एक बहुत बड़ा आंगन था। एक-एक कमरे में दस-दस छात्र रहते थे। इस तरह हमेशा 50-60 छात्र इसमें रह लेते थे। पूरी इमारत खपड़ैल थी। इस इमारत के मालिक आजमगढ़ के रफी-शफी दो वकील भाई थे। रामधन द्वारा दावा पेश करने से सरकारी सहायता बंद हो जाने के कारण हॉस्टल का किराया भी बंद हो गया था। अतः रफी-शफी वकीलों ने कोर्ट द्वारा नोटिस भिजवाकर हॉस्टल खाली कराने का आदेश दे दिया। उस समय हॉस्टल के सारे छात्र चिन्तित हो उठे थे। मेरी तो हालत बहुत खराब हो गई थी। सोचता था कि हॉस्टल से निकल गया, तो कहां रहूंगा? पूरा मामला भ्रष्टाचार का था। हॉस्टल को 300 रुपए मासिक मिलने वाली सहायता को हड़प लेने का मामला था, जिसको लेकर शुभ चरन वियोगी और रामधन में तनातनी चल रही थी। इस समस्या का कोई निदान दिखाई नहीं देता था। हम डरे हुए थे कि कहीं पुलिस आकर मकान खाली न करा दे। अंततोगत्वा, एक उपाय काम आया। कम्युनिस्ट नेता तेजबहादुर सिंह की सलाह पर हम सभी छात्र कचहरी पहुंचकर रामधन से विनती करने लगे कि या तो वे हॉस्टल को चलावें या उस पर अपना दावा पेश न करें। ऐसा छात्रों ने उनसे लिखकर देने की अपील की। उत्तर में रामधन ने गुस्से में आकर छात्रों को वहां से भाग जाने को कहा। इतना सुनते ही सहदेव के नेतृत्व में छात्रों ने कचहरी में ही रामधन को जूतों-चप्पलों से मारना शुरू कर दिया। उस दिन बड़ी मुश्किल से

रामधन की जान बची थी। मैं भीड़ में खड़ा-खड़ा सारा नजारा देख रहा था। परिणामस्वरूप रामधन ने हॉस्टल से अपना पल्ला झाड़ लिया और बंद सरकारी सहायता चालू हो गई। इस घटना के बाद कुछ छात्रों को पुलिस कोतवाली में गिरफ्तार करके ले जाया गया था, जिन्हें उसी रात को तेजबहादुर सिंह ने रिहा करा दिया था। इस तरह हॉस्टल खाली करने के संकट से हम उबर गए। हॉस्टल में खुशहाली वापस आते ही, अहमदी बीबी का झाड़ू भी वापस आ गया था। अहमदी बीबी एक सरकारी सफाई कर्मचारी थी जो अम्बेडकर हॉस्टल तथा उसके सामने वाली सड़क पर झाड़ू लगाया करती थी। युवा अवस्था में ही अहमदी बीबी के पति का निधन हो गया था। वे अत्यंत खूबसूरत थीं, किन्तु युवा अवस्था में ही सूनापन उनके चेहरे पर साफ दिखाई देता था। वे सभी के साथ बहुत शराफत से पेश आती थीं। उस समय अम्बेडकर हॉस्टल में कोई शौचालय नहीं था। हॉस्टल के पीछे शहर को बाढ़ से बचाने के लिए लाल डिग्गी का ऊंचा बांध बनाया गया था। उसी के पास एक सार्वजनिक शौचालय था। एक टूटे-फूटे कमरे में गोल छेद के आसपास बस दो ईंटें रखे हुए होते थे और नीचे जमीन पर एक घड़ा रख दिया जाता था। मैलों से भरे इन घड़ों को दो महिला सफाईकर्मी सुबह-शाम उठाकर लाल डिग्गी बांध के उस पार फेंक आती थीं। ऐसे शौचालय आजमगढ़ के अनेक हिस्सों में बने हुए थे, जहां महिलाएं काम करती थीं। जो दो महिलाएं अम्बेडकर हॉस्टल के आसपास के शौचालयों में काम करती थीं, वे दिन भर पान चबाया करती थीं। जाहिर है जिस प्रकृति का उनका काम उसमें पान सहयोगी का काम करता था। काम खत्म करने के बाद वे एक पान की दुकान से दूसरी दुकान पर चलायमान रहती थीं। किसी से भी वे बड़ी आसानी से हंसी-मजाक कर लेती थीं, किन्तु यदि जरा भी अनबन हो गई तो गोली की रफ्तार से उनके मुंह से गालियां फूट पड़ती थीं। इतना ही नहीं, वे तुरंत बाल्टी में भर मैला उठा लातीं और अंधाधुंध आते-जाते लोगों पर फेंकना शुरू कर देती थीं। उनके इस कृत्य से सड़क पर भागता हुजूम पूर्ण रूप से बेबस नजर आता था। एक बार मैं भी ऐसे बेबस हुजूम का हिस्सा बन गया था। जनवरी 1965 का महीना था। आजमगढ़ चौक के पूर्वी सड़क स्थित कुख्यात कालीनगंज मोहल्ले के एक स्टूडियो से पासपोर्ट फोटो खिंचवाकर वापस आ रहा था। इस बीच उन्हीं दोनों महिलाओं से किसी की तकरार हो गई। देखते ही देखते मैलों की बौछार से सड़क वीरान हो गई। जिन्दगी की सबसे तेज रफ्तार से भागने के बावजूद उनके निशाने से मैं अपनी पीठ को नहीं बचा सका। कालीनगंज मोहल्ला इसलिए बदनाम था, क्योंकि वहां धन के बदले औरतें अपनी रातें बेचा करती थीं। ऐसी औरतों को अपने 'अर्थशास्त्र' नामक ऐतिहासिक ग्रंथ में कौटिल्य ने 'पण सुंदरी' कहा है। पण मुद्रा को कहते थे। शायद कोई न कोई मजबूरी अवश्य रही होगी, अन्यथा मैला ढोने वाली ये दोनों महिलाएं पण सुंदरियां नहीं बनतीं।

शाम होते ही शृंगार में डूबी ये महिलाएं पान चबाती मशीनों में बदल जाती थीं और इनको देखते ही ऐसा लगता था कि मानो सारा शहर ही इनसे परिचित हो।

कालीनगंज के संदर्भ में एक अन्य घटना से मैं कई दिनों तक मानसिक तौर पर परेशान रहा। मेरी चचेरी मौसी के बेटे देव नारायन, जो रानीपुर इंटर कॉलेज के छात्र थे, मेरे तांत्रिक रिश्तेदार के पुत्र दीपचंद के साथ अम्बेडकर हॉस्टल में मुझसे मिलने आए। घटना मई 1965 की है। वे दोनों रात में मेरे यहां रुके। खा- पीकर करीब दस बजे रात को देव नारायन पान खाने के लिए हमें चौक पर ले गए। पान खाने के बाद अचानक उन्होंने कहा कि चलकर कालीनगंज में मुजरा सुना जाए। देव नारायन दिलफेंक किस्म के बड़े चुहुलदार व्यक्ति थे। उन दिनों मुजरा का खूब प्रचलन था और रईसजादे कोठों पर जाकर पण सुंदरियों के नाच-गान में खूब रम जाते थे। मेरे हठ करने के बावजूद देव नारायन दीपचंद के साथ कालीनगंज की सड़क पर चल पड़े। दस कदम आगे जाने पर पीछे से मैं भी उनके साथ हो लिया। सड़क पर थोड़ी दूर चलने के बाद दाईं पटरी के एक मकान से घुंघरू के साथ तबले की थाप पर सारंगी की 'केंकों-केंकों' वाली ध्वनि यकायक गूंज उठी। देव नारायन के नेतृत्व में हमारा काफिला गूंजते स्वर की तरफ मुड़ गया। एक बंद खिड़की से आवाज आ रही थी। खिड़की पुराने जमाने की दो पल्लों वाली थी। बीच में कुछ फोफर ऊपर था तथा कुछ नीचे। ऊपर वाले फोफर पर निगाह गड़ाकर देव नारायन ने मोर्चा संभाल लिया। वहीं कहीं बीच में दीपचंद ने आंखें गड़ा लीं और मैं सबसे नीचे निहुरकर फोफर में झांकने लगा। मुझे नर्तकी के सिर्फ घुंघरू लिपटे पैर तथा तबला ठोंकते तबलची के हाथ दिखाई दे रहे थे। देव नारायन नर्तकी का ऊपरी हिस्सा देखकर बताते रहे कि वह कितनी सुंदर थी। सौन्दर्य वर्णन के साथ ही वे बोल पड़े : ई त स्टूडेंट जइसन लगति है। ऐसा सुनते ही दीपचंद बोल उठे : तोहार कलास फेलो होई। हम दोनों के बीच दीपचंद की हालत त्रिशंकु जैसी थी, क्योंकि खिड़की में फोफर की स्थिति कुछ ऐसी थी, जिससे वे उछलती-कूदती नर्तकी का कोई भी हिस्सा ठीक से नहीं देख पा रहे थे। इस तरह हम तीनों की निगाहों से तार-तार होती बेखबर नर्तकी गाने लगी :

नजरिया, नजरिया, नजरिया।
डरिया लागे हो लड़ावत कै नजरिया।
अंखिया तोहार गोरी जइसन अमवा क फरिया
डरिया लागे हो लड़ावत कै नजरिया ॥

इस गाने की तीसरी लाइन के साथ ही नर्तकी तबले की तेज थाप पर जोर से उछल पड़ी। उसके घुंघरू मेरी निगाहों से ओझल हो गए। त्रिशंकु की तरह खिड़की पर लटके दीपचंद ने पहली बार उसके पैर देखे। किन्तु 'अंखिया तोहार गोरी जइसन अमवा क फरिया' की धुन पर देव नारायन एकदम बेकाबू होकर जोर से बोल पड़े

: जिओ राजा जिओ। संयोगवश उनकी यह आवाज खिड़की के फोफर से होती हुई अंदर बैठी महफिल तक जा पहुंची। एक बड़ा तगड़ा आदमी अचानक खिड़की पर आ धमका। हम उससे बिल्कुल बेखबर थे। उस आदमी ने दाएं हाथ से देव नारायन की गरदन और बाएं हाथ से मेरी गर्दन पकड़कर जोर से एक-दूसरे के सिर से सिर टकराते हुए गालियों की भरमार कर दी। वह कहता गया : रंडीबाज़ी करै के हौ त भितरा आवा। त्रिशंकु की स्थिति वाले दीपचंद उसके प्रहार से साफ बच गए। मैं उस व्यक्ति से हाथ-पैर जोड़ता रहा। जैसे-तैसे उससे छुटकारा पाकर हम तेजी से भागते हुए आजमगढ़ चौक पर दाखिल हो गए। किसी को पीछे आता न देखकर बड़ी राहत महसूस हुई थी। चौक पर पहुंचकर मैं देव नारायन पर बरस पड़ा। जवाब में वे सिर्फ हंसते रहे और कहने लगे :ई कुल क मजा लेवै के चाही। चालीस पचास साल बाद सोचि के देखबा, त बड़ा मजा आई। इस घटना से तत्काल मैं कई दिनों तक मानसिक परेशानी से जूझता रहा किन्तु 45 साल बाद इसे सोचकर देव नारायन को बिल्कुल सही पाया। कालीनगंज के संदर्भ में 'विनय पिटक' में वर्णित 'भद्र वर्गीय कथा' याद आती है। गौतम बुद्ध सारनाथ में प्रथम उपदेश देने के कुछ दिन बाद उरुबेला यानी बोधगया को वापस लौट रहे थे। रास्ते में एक सघन जंगल था। वहीं बुद्ध एक पेड़ के नीचे बैठ गए। अचानक वहां से तीस व्यक्तियों का एक झुंड गुजरा। विचित्र बुद्ध को देखकर इन व्यक्तियों ने उनसे पूछ लिया कि क्या उन्होंने इधर से गुजरती किसी औरत को देखा है। बुद्ध ने उनसे पूरा विवरण पूछा। इन तीसों ने बताया कि वे अपनी पत्नियों के साथ मनोरंजन के लिए इस वन खंड में आए थे, किन्तु उनमें से एक बिना पत्नी का था, इसलिए उसके लिए एक वेश्या लाई गई थी। उन्होंने आगे बताया कि जब वे सभी शराब के नशे में इधर-उधर घूम रहे थे, वह वेश्या सारा आभूषण आदि लेकर कहीं चम्पत हो गई। अतः वे उसी स्त्री को ढूंढ रहे थे। इस पर बुद्ध ने उन तीसों व्यक्तियों से कहा :तुम सभी उस स्त्री को ढूंढ़ना चाहते हो या स्वयं को? बुद्ध के इस दार्शनिक प्रश्न को सुनकर इन तीसों व्यक्तियों की संवेदना जाग उठी और वे बुद्ध से उपदेश सुनकर भिक्षु बन गए। बाद में चलकर वे 'भद्र वर्गीय भिक्षु' कहलाए। सम्भवतः यदि हम तीनों उनके साथ हुए होते, तो भद्र वर्गीय भिक्षुओं की श्रेणी में अवश्य आ गए होते? इस घटना के एक महीना बाद दीपचंद मेरे पास फिर आए। आर्थिक परेशानियों से पढ़ाई छूट जाने की आशंका से मैं हमेशा ही घिरा रहा। आजमगढ़ के कुछ छात्रों से मैंने सुना था कि जो लोग ईसाई बन जाते हैं, उन्हें चर्च वाले पढ़ाई-लिखाई का पूरा खर्चा देते हैं। उदाहरणस्वरूप वे शहर के प्रसिद्ध मिशन कॉलेज के प्रिन्सिपल विलियम थ्यूपलस का नाम लेते थे। उनके अनुसार थ्यूपलस अपने आरम्भिक जीवन में किसी मुसहर के अनाथ बालक थे। अपने बचपन में वे एक दिन आजमगढ़ से मऊ जाने वाली सड़क पर गिरा चोटा चाट रहे थे। इस दौरान

उसी सड़क से कोई चर्च का फादर गुजर रहा था। वे इस बालक को अपने साथ ले गए और खूब पढ़ाया-लिखाया। बाद में यही बालक आजमगढ़ के सबसे लोकप्रिय कॉलेज का प्रिन्सिपल बना। थ्यूपलस के पीछे जुड़ी इस कहानी से मैं बहुत प्रभावित हुआ था और मन-ही-मन ठान लिया था कि मैं भी ईसाई बनूंगा ताकि आगे की पढ़ाई जारी रखूं। आजमगढ़ रोडवेज के पास एकमात्र चर्च था। मैंने रात में खाना खाने के बाद दीपचंद से ईसाई बनने के इरादे को जाहिर कर दिया और तुरंत चर्च जाने के लिए जिद करने लगा। दीपचंद मुझे समझाते रहे कि मैं ईसाई बनने का इरादा छोड़ दूं। किन्तु मैं शंकर की मूर्ति के पास से एक रिक्शा पकड़कर रोडवेज स्थित चर्च के लिए रवाना हो गया। दीपचंद मेरे साथ चश्मदीद के रूप में गए। जब मैं रात के करीब नौ बजे चर्च पर पहुंचा तो उसके विशाल लौह फाटक पर बहुत बड़ा ताला लगा हुआ था। रविवार का दिन था। मैं अत्यंत निराश होकर चर्च से लौटा था। यदि उस दिन चर्च के फादर से मुलाकात हो जाती, तो मैं अपनी स्थिति का बयान कर समस्या का हल पाते ही अवश्य ईसाई बन गया होता। चर्च के उस बड़े ताले ने मेरी मंजिल बदल दी। दीपचंद उस रात बहुत खुश हुए थे, क्योंकि वे अत्यंत हिन्दूवादी थे। दूसरे दिन ईसाई न बनने का आश्वासन लेकर वे चंडेसर वापस लौट गए, जहां वे शिक्षारत थे।

उधर डी.ए.वी. कॉलेज का माहौल ठीक नहीं था। मुझे बार-बार पश्चात्ताप होता कि राम खेलावन मामा ने मुझे कहां लाकर फंसा दिया। आर.एस.एस. का हिन्दूवादी दर्शन मुझे बेचैन कर देता था। डी.ए.वी. के प्रिन्सिपल से लेकर चपरासी तक आर.एस.एस. से जुड़े हुए थे। बार-बार अम्बेडकर हॉस्टल के मेस में खाना बंद होने और ढुक्कू की पकौड़ी उधार न मिलने की स्थिति से मैं एकदम घबरा गया था। सिर्फ एक ही सहारा था दलितों को सरकार से मिलने वाली आवश्यक स्कॉलरशिप जो 27 रुपए मासिक हुआ करती थी। 27 रुपए की यह धनराशि उस जमाने में मासिक खर्च के लिए पर्याप्त थी। किन्तु यह बहुत देर से मिलती थी। करीब नौ महीने बाद मार्च 1965 में पहली बार छह महीने की स्कॉलरशिप के 162 रुपए मुझे मिले। मैं अत्यंत खुश हुआ। यह हाई स्कूल पास करने वाली से कहीं ज्यादा बड़ी खुशी थी। मैंने सोचा कि आगे भुखमरी से सामना नहीं होगा और पढ़ाई अच्छी तरह जारी रह सकेगी। उस समय मेरी कक्षा के सबसे गहरे दोस्त थे देवराज सिंह। वे बस्ती जिला के रहने वाले थे। वे डी.ए.वी. कॉलेज में इसलिए पढ़ने आए थे, क्योंकि उनके बड़े भाई आजमगढ़ में सप्लाई ऑफिसर के रूप में नियुक्त थे। अतः वे काफी सम्पन्न थे। देवराज सिंह अक्सर मेरे अम्बेडकर हॉस्टल में मुझसे मिलने आते और मैं ढुक्कू की पकौड़ी से उनका स्वागत करता था। एक परम्परा के अनुसार लेट मिलने वाली उस स्कॉलरशिप का पूरा ब्योरा कॉलेज के नोटिस बोर्ड पर लगा दिया जाता था, जिससे सबको पता चल जाता था कि किसको कितने रुपए मिले। जिस दिन मुझे 162 रुपए मिले, उसके

ठीक दूसरे दिन देवराज सिंह कॉलेज जाने से थोड़ा पहले अम्बेडकर हॉस्टल आए। हमेशा की तरह उस दिन भी ढुक्कू की पकौड़ियों ने उनका स्वागत किया, जिसके बाद हम दोनों मातबरगंज के बीच वाले शॉर्टकट रास्ते से डी.ए.वी. कॉलेज के लिए रवाना हो गए। कॉलेज से थोड़ा पहले एक एकड़ वाला एक सुनसान मैदान था। उसी मैदान के बीच से डी.ए.वी. कॉलेज के लिए रास्ता गुजरता था। देवराज सिंह बड़े सामान्य ढंग से मुझसे गप लड़ाते चले जा रहे थे। जब उस मैदान के बीच में हम पहुंचे तो देवराज सिंह अनायास बोल पड़े :आप दोस्ती के लिए क्या-क्या कर सकते हैं? इस तरह के प्रश्न पर मुझे अचम्भा तो अवश्य हुआ किन्तु कह दिया कि दोस्ती के लिए मैं जान भी दे सकता हूं। इतना सुनते ही देवराज सिंह अचानक एक रामपुरी छुरी मेरे सीने पर लगाकर कहने लगे : आपके पॉकेट में कल मिले 162 रुपए मौजूद हैं, उसमें से 81 रुपए मुझे दे दीजिए और बाकी से अपना खर्च चलाइए अन्यथा दोस्ती के लिए अपना वचन पूरा करने के लिए तैयार हो जाइए। अर्थात् जान गंवाने के लिए मैं तैयार हो जाऊं। उनका अचानक परिवर्तित रूप देखकर मैं अत्यंत भयभीत हो गया था और अविलम्ब उन्हें 81 रुपए सौंप दिया। बाकी पांच मिनट का रास्ता हम दोनों ने साथ-साथ, किन्तु पूर्णरूपेण मौनव्रती के रूप में तय किया। ऊपर से एक घनिष्ठ दोस्त और अंदर से उसके उक्त रूप से मैं अत्यंत लज्जित महसूस करने लगा। हमेशा यह सोचकर चिन्तित हो जाता था कि पता चलने पर लोगों के बीच मुझे कितना शर्मिन्दा होना पड़ेगा। हॉस्टल के छात्र यही कहेंगे कि ठाकुरों से दोस्ती का ऐसा ही परिणाम होता है, यह सोचकर मैंने इस घटना का जिक्र किसी से नहीं किया। कई छात्र गैर-दलितों से मेरी दोस्ती पर पहले भी उंगली उठा चुके थे। उस बुरी स्थिति में 81 रुपए का इस तरह खो जाना मेरे लिए एक बड़ा संकट था। विश्वास नहीं होता था कि देवराज सिंह जैसे दोस्त मेरे साथ वैसा बर्ताव कर सकते थे। आगे भी मैं डरता रहा कि जब भी स्कॉलरशिप मिलेगी, तो उसका आधा हिस्सा देवराज सिंह अवश्य छीन लेंगे, किन्तु भला हो उनका, उन्होंने दोबारा वैसा नहीं किया। होता यह था कि छह आठ महीने बाद जितनी स्कॉलरशिप मिलती, उससे कहीं ज्यादा इधर-उधर से मैं उधार ले लिया करता। परिणामस्वरूप सारा पैसा उधार चुकाने में ही खप जाता था। किन्तु देवराज सिंह द्वारा छीने गए पैसे से उत्पन्न परिस्थिति से आगे भी मेरी फाकाकशी का अंत नहीं हुआ। इस घटना को बीते 45 साल हो गए। देवराज सिंह से कभी दोबारा मुलाकात नहीं हुई। मगर, कभी मिल गए, तो मैं उनका स्वागत पकौड़ियों से अवश्य करूंगा।

इस दौरान मुझे पहली बार शराब पिलाने वाले लालबहादुर सिंह दो-तीन महीने में एक बार मुझसे मिलने अम्बेडकर हॉस्टल अवश्य आ जाते थे। उनके आते ही पुरानी महफिल फिर शुरू हो जाती थी। उन्हीं के चलते मैंने पहली बार अम्बेडकर हॉस्टल के पास वाले ताड़ीखाने में बैठकर ताड़ी पिया था। किन्तु लालबहादुर सिंह

को बिना ठर्रा (देशी शराब) पिए मजा नहीं आता था। वे मुझे आजमगढ़ के रोडवेज के पास से गुजरती टौंस नदी के नए पुल के उस पार एक गांव में स्थित शराबखाने में ले जाते और वहीं महफिल सज जाती थी। एक बार वे अपनी पत्नी का सोने का कंगन लेकर मेरे पास आए। हम दोनों उसे आजमगढ़ के प्रसिद्ध सोना व्यापारी 'हरीशचंद की दुकान' पर 400 रुपए में बेच आए। लालबहादुर सिंह तब तक मेरे यहां रुके रहे, जब तक कि यह पैसा समाप्त नहीं हो गया। ऐसे ही एक बार खूब जाड़ा पड़ रहा था। दिसम्बर 1964 की बात है। थोड़ी-थोड़ी बारिश भी हो रही थी। उस समय लालबहादुर मेरी ऊनी चादर ओढ़कर यह कहकर चले गए कि अब्बै आवत हई। करीब दो घंटे बाद वे वापस जरूर आए किन्तु चादर गायब थी और उन्होंने एक ठर्रे की बोतल मेरे सामने रख दी। यह बोतल चादर के बदले ली गई थी। मुझे बड़ा दुख हुआ था, क्योंकि उस चादर के अलावा मेरे पास ओढ़ने के लिए कुछ भी नहीं था। किन्तु उनके स्नेह के चलते मैं कुछ भी बोल नहीं पाया। वह जाड़ा बड़ी मुश्किल में बीता था। लालबहादुर सिंह पुनः ठीक 26 जनवरी, 1965 को मेरे पास आए और मुझे लेकर 'डब्ल्यू.टी.' रेलगाड़ी से फैजाबाद चले गए। फैजाबाद जंक्शन पर उनके ससुर खजांची थे। वहां से हमने पास स्थित अयोध्या जाकर हनुमान गढ़ी समेत अनेक मंदिरों का दर्शन किया। उस समय हनुमान गढ़ी की एक घटना मेरे लिए यादगार बन गई। हुआ यह कि मैं प्रसाद से भरा एक दोना हाथ में लिये खड़ा था। अचानक एक बंदर दोने को मुझसे छीनकर सारी मिठाइयां खा गया। अयोध्या घूमने के बाद हम पुनः फैजाबाद लौट गए। वहां रेलवे में एक टिकट इंस्पेक्टर थे जो रीड साहब के नाम से जाने जाते थे। रीड साहब का सरकारी आवास स्टेशन के ठीक सामने था। खजांची साहेब के दामाद होने के कारण लालबहादुर सिंह की उनसे बहुत गहरी दोस्ती थी। ऐसी दोस्ती का एक कारण यह भी था कि रीड साहब लालबहादुर की ही तरह पीने के बड़े शौकीन थे। यही कारण था कि लालबहादुर अपने ससुर के यहां न ठहरकर रीड साहब के घर ठहरे। उस रात रीड साहब ने हम दोनों को शराब में सराबोर कर दिया था। बिना होश-हवास के हम रात भर रीड साहब के घर सोए रहे। दूसरे दिन उन्होंने स्वयं हमें रेलगाड़ी से आजमगढ़ पहुंचाया था। इस घटना के कुछ ही दिन बाद मेरे गांव के अट्ठारह दलित, जिसमें रामराज, रामपलट, सम्मन, जोखू, निठुरी आदि शामिल थे, मुझे ढूंढ़ते अम्बेडकर हॉस्टल आ पहुंचे। उन्हें देखकर मैं अचम्भित हो गया। उनमें से कई लोगों की आंखों से अश्रुधारा निकल रही थी। उनसे सुनी सबसे ज्यादा चकित करने वाली बात यह थी कि गांव के ही एक ब्राह्मण विजई पांड़े ने फर्जी चीटिंग का मुकदमा दायर करके इन सभी के विरुद्ध कोर्ट का वारंट जारी करा दिया था, जिसके चलते वे मेरे पास आए थे। वे रात भर मेरे पास अम्बेडकर हॉस्टल में ठहरे और अपने साथ लाए राशन से खाना पकाकर खाए। सुबह

मुकदमे की तारीख थी। वे चीटिंग केस को 'चिकिनकेस' कहते थे। उस समय मैं भी 'चिकिनकेस' ही कहता था। विजई पांड़े हाई स्कूल फेल थे, किन्तु टाइपिंग सीखकर वे आजमगढ़ कचहरी में टाइप करने का काम करते थे। टाइप से उन्होंने खूब पैसा कमाया था। गांव के दलित एक बार फिर मजदूरी आदि को लेकर हड़ताल कर दिए थे। अतः उन्हें सीख देने के लिए विजई पांड़े चीटिंग का फर्जी मुकदमा दायर कर दिए। संयोगवश जज के सामने सभी दलित रोने लगे। मैं भी सारा नजारा वहीं खड़ा होकर देख रहा था। दलितों की इस स्वाभाविक किन्तु निर्दोष स्थिति पर जज को सच का आभास हो गया था। अतः उसने सबको छोड़ते हुए केस को खारिज कर दिया। ये सारे दलित घर लौटने से पहले मुझे अपने साथ गांव ले जाने की जिद पर बड़ी देर तक कायम रहे थे। बीच-बीच में बी.एच.यू. से तपसीराम की चिट्ठी आती रहती थी और वे मुझे बार-बार आश्वस्त करते रहते थे कि मेरी आगे की पढ़ाई बी.एच.यू. में अवश्य होगी। वे सही मायनों में मेरे लिए डूबते को तिनके का सहारा जैसे थे। वे एक बार मुझे अपने लालगंज तहसील के पास वाले गांव भी बुलाए थे। मैं दो दिन उनके गांव में रहा। मेरा उनके घर पर अत्यंत स्वागत हुआ था। पहले ही दिन बकरा काटा गया था। उन दिनों जिसे बहुत करीबी समझा जाता था, उसके लिए बकरा काटा जाता था। तपसीराम के पिता कलकत्ता की एक जूट मिल में काम करते थे। घर पर अच्छी खेतीबारी होती थी और वे औसतन सम्पन्न व्यक्ति थे। उनकी उदारता से मैं पूर्णरूपेण आश्वस्त था कि आगे बी.एच.यू. में अवश्य पढ़ूगा। जब मैं उनके घर से वापस आजमगढ़ चलने को तैयार हुआ तो उनकी मां ने मुझे बीस रुपया दिया और उनके पैर छूकर मैं ज्यों ही चलने लगा, वे रो पड़ीं। साथ में तपसीराम की आंखों में भी आंसू आ गए थे। मैं लालगंज से बनारस से आजमगढ़ जाने वाली बस में बैठकर अम्बेडकर हॉस्टल वापस आ गया। तपसीराम के गांव से लौटने के बाद बी.एच.यू. में पढ़ाई करने की इच्छा को सम्भवतः साकार होता देख मैं बहुत खुश रहने लगा था, किन्तु मिथकीय 'त्रिशंकु' की तरह आसमान में अपने को लटका भी पा रहा था। इस हर्ष-विषाद वाली स्थिति के दौरान समय-समय पर भारतीय कम्युनिस्ट पार्टी बड़े-बड़े जुलूस निकालकर बढ़ती हुई महंगाई के खिलाफ तथा अन्य समस्याओं की ओर ध्यान आकर्षित करती रही। ऐसे जुलूसों का नेतृत्व स्वतंत्रता सेनानी जय बहादुर सिंह, तेज बहादुर सिंह तथा झारखंडे राय और चंद्रजीत यादव आदि किया करते थे। इन जुलूसों में आजमगढ़ के हजारों मजदूर किसान शामिल होते थे। सारे लोग लाल झंडा लेकर कचहरी की तरफ मार्च करते हुए नारा लगाते :तीन पाव का राशन है—बड़ा निकम्मा शासन है। सन् 1964-65 में लगाया जाने वाला यह नारा एक बड़ी महंगाई की तरफ इशारा करता था, किन्तु यदि आज तीन पाव का राशन बिकने लगे, तब तो इसे सही मायनों में समाजवाद ही कहा जाएगा। मैं कम्युनिस्ट पार्टी के

इन जुलूसों को आजमगढ़ में जब भी देखता, अम्बेडकर हॉस्टल से निकलकर शंकर जी की मूर्ति के पास चला जाता और वहीं खड़ा होकर लाल झंडों के साथ गुजरती भीड़ को देखकर रो पड़ता था। रोने का कारण अज्ञात होता था, किन्तु हर बार मेरी ऐसी ही स्वाभाविक प्रवृत्ति निर्मित हो जाती थी। सन् 1965 की गर्मियां आते-आते भारत पाकिस्तान का दूसरा युद्ध शुरू हो गया। आजमगढ़ में अफवाहों का बाजार भड़क उठा। डी.ए.वी. कॉलेज तो इन अफवाहों की फैक्ट्री में तब्दील हो गया था। आर.एस.एस. का तंत्र इससे अच्छा अवसर कहां पा सकता था? उसके साम्प्रदायिक अभियान को इस युद्ध से बहुत बल मिला था। डी.ए.वी. कॉलेज का लगभग हर छात्र एवं अध्यापक किसी मुसलमान को देखते ही उसे मार देने की कल्पना में डूब जाता था। छेदी लाल कॉलेज में चपरासी थे। उन दिनों जहां हमारी कक्षाएं लगती थीं, वहां बिजली नहीं थी। इसलिए गर्मी से बचने के लिए कक्षाओं की छत से बड़े-बड़े झालरवाले कपड़े के पर्दानुमा पंखे लटके हुए होते थे। उसमें रस्सी लगाकर एक आदमी हमेशा इधर-उधर खींचकर हवा करता रहता था। छेदी लाल ऐसे ही पंखों को रस्सी से खींचने का काम करते थे, किन्तु वे सबसे ज्यादा मुसलमानों तथा पाकिस्तान को गालियां देते रहते थे। कई गुंडा किस्म के छात्र आपस में योजना बनाते कि शाम के समय सिधारी पुल से गुजरते किसी मुसलमान पर हमला करके उसकी साइकिल और घड़ी छीन लेंगे। हकीकत यह थी कि आजमगढ़ के लाखों मुसलमान उन दिनों सिंगापुर, मलेशिया तथा खाड़ी के देशों में कार्यरत थे। अतः अनेक मुसलमान मुबारकपुर तथा सरायमीर आदि कस्बों से सिंगापुरी साइकिल में बैठकर आजमगढ़ आया-जाया करते थे। आजमगढ़ में सिंगापुरी साइकिलवाले मुसलमान उन दिनों सम्पन्नता के प्रतीक थे। मैं उन छात्रों की योजना सुनकर हतप्रभ रह जाता था, किन्तु मैं कुछ भी न करने की स्थिति में था। जाहिर है पूरा कॉलेज ही साम्प्रदायिकता में सराबोर था। ऐसे तत्वों द्वारा सिधारी के पुल से गुजरते अनेक निर्दोष मुसलमान हिंसक गतिविधियों के शिकार हुए थे। युद्ध तो कुछ ही दिन बाद बंद हो गया और महंगाई बढ़ने के साथ मिट्टी का तेल मिलना बंद हो गया। हम सभी मिट्टी का तेल जलाकर लैम्प से अपनी पढ़ाई करते थे। जिला प्रशासन ने तेल की कमी को पूरा करने के लिए राशनिंग व्यवस्था लागू कर दी थी। अतः हर छात्र को कॉलेज के प्रांगण से ही एक बोतल मिट्टी का तेल सप्ताह में एक बार कंट्रोल रेट पर दिया जाता था। साथ में दो मोमबत्तियां भी बेची जाती थीं। तेल की निरंतर अनुपलब्धता से हम ठीक से पढ़ाई नहीं कर पाते थे। युद्ध तो शीघ्र ही बीत गया, किन्तु डी.ए.वी. कॉलेज का साम्प्रदायिक वातावरण काफी समय तक गुलजार रहा। उस समय लाल बहादुर शास्त्री जी द्वारा दिया गया नारा : 'जय जवान जय किसान' हर एक की जबान पर हावी था। संयोगवश 11 जनवरी, 1966 को देश भर में खबर फैल गई कि ताशकंद में

शास्त्री जी की मृत्यु हो गई। वहां सोवियत संघ के तत्कालीन प्रधानमंत्री एलेक्सेई कोसिगिन की मध्यस्थता में पाकिस्तान के राष्ट्रपति अयूब खान के साथ वार्ता के लिए वे गए थे। उनकी मृत्यु का समाचार सुनकर पूरा आजमगढ़ स्तब्ध रह गया था। विशेष रूप से कायस्थ समुदाय सर्वाधिक शोक में डूब गया था। डी.ए.वी. कॉलेज की एक अन्य विशेषता यह भी थी कि आर.एस.एस. प्रभुत्व के साथ-साथ वह कायस्थ-बहुल कॉलेज भी था। अतः सबसे ज्यादा शोक का केन्द्र यही कॉलेज बन गया था। हमारे अम्बेडकर हॉस्टल के ठीक सामने एक कायस्थ परिवार रहता था। उस दिन उनके घरवाले खाना नहीं खाए और वे दूसरे दिन ही शास्त्री जी की शवयात्रा में शामिल होने के लिए दिल्ली रवाना हो गए। ऐसे ही अनेक कायस्थ लोग दिल्ली रवाना हुए थे। जाहिर है लाल बहादुर शास्त्री कायस्थ थे। यह वही समय था, जब अचानक एक दिन मुझे ढूंढ़ते हीरा लाल मेरे हॉस्टल आ गए। उन्हें देखकर मैं बहुत घबरा गया। ये वही हीरा लाल थे, जिन्होंने हाई स्कूल की परीक्षा के शुरू में ही मुझे पीट दिया था। वे मुझे देखते ही अपने चिरपरिचित अंदाज में बोल पड़े : 'का रे चमरा, कइसे हउवे?' मेरे ठीक हूं कहते ही, उन्होंने मेरे पाकेट में रखी एक नई फाउटे ।न पेन को छीनते हुए कहा कि आजमगढ़ आने-जाने का पांच रुपया खर्चा लगेगा। यह पैसा मुझे तुरंत चाहिए। उस समय मेरे पास एक भी पैसा नहीं था। हीरा लाल ने शराफत दिखाते हुए कहा कि जब यह पांच रुपया उनके गांव जाकर दे दूंगा, तो वे मेरी कलम को लौटा देंगे। मुझे बड़ी राहत मिली थी कि उनकी मांग बहुत छोटी थी। चूंकि वे बड़े हिंसक प्रवृत्ति वाले व्यक्ति थे, करीब एक महीने बाद मैं पांच रुपया उन्हें देने उनके गांव वीरपुर गया। उनका गांव हमारे पुराने हाई स्कूल शेरपुर से करीब चार किलोमीटर दक्षिण-पूर्व में स्थित था। उन्होंने अपने घर पर मुझे एक बड़े भरुके में शरबत पिलाया और पांच रुपया पाने पर बड़ी शराफत से पेश आकर मुझे विदा किए। वे मेरी कलम नहीं लौटा सके, क्योंकि वह कहीं गुम हो गया था। यह पांच रुपया भविष्य में उनके साथ शांति की गारण्टी थी। शायद दुनिया की यह सबसे छोटी फिरौती यानी रैंसम की रकम थी।

इस तरह आजमगढ़ में पहला एक साल बड़ी मुश्किलों में बीता था, किन्तु सरकारी स्कालरशिप ने दूसरे साल यानी 12वें दर्जे की पढ़ाई को काफी आसान बना दिया था। सादा भोजन के लिए 27 रुपए महीने की रकम पर्याप्त थी। कभी-कभी मैं कालीनगंज स्थित मछली बाजार से छोटी मछलियां, जो बहुत सस्ती होती थीं, उन्हें लाकर पका लेता था। वहां के मछली विक्रेताओं की एक विशेषता थी कि वे सभी गा-गाकर मछली बेचते थे। एक मछली विक्रेता के ये स्वर मुझे आज भी याद हैं :

रोहू क मुंडा मोय क पेट।
दही क उप्पर, गूर क हेठ।

यानी उक्त चीजें बहुत उम्दा होती हैं। उनके इस व्यापारिक संगीत से मछलियां खूब बिकती थीं। वैसे पकौड़ीवाले ढुक्कू चूंकि रोज मीट बनाते थे, हमारा काम उनकी दुकान से चल जाता था। वे चार आने में एक टुकड़े मीट के साथ एक छोटे भरुके में एक कलछुल शोरबा देते थे। दो टुकड़े मीट वाला थोड़ा बड़ा भरुका आठ आने में और चार टुकड़े वाला एक रुपया में उनके यहां मिल जाता था। अम्बेडकर हॉस्टल के प्रायः सभी लड़के सब्जी या दाल न मिलने के कारण मेस में रोटी बना लेते थे और अपनी सम्पन्नता के अनुसार मीट के चार-आठ आने वाले भरुके से काम चला लेते थे। ऐसे ही हमारी जिन्दगी चलती रही। राजनीतिक एवं सांस्कृतिक रूप से आजमगढ़ में हमेशा हलचल कायम रहती थी। मैं कम्युनिस्ट नेता तेज बहादुर सिंह से हमेशा प्रभावित रहा, उनसे मिलने अक्सर उनके घर चला जाता था। इस दौरान उनके नाती अरुण कुमार सिंह से मेरी गहरी दोस्ती हो गई जो आज तक कायम है। अरुण कुमार सिंह बी.एच.यू. से बी.ए.एल.एल.बी. करके आजमगढ़ में वकालत करते हैं। वे सन् 2009 के आम चुनावों में मार्क्सवादी कम्युनिस्ट पार्टी यानी सी.पी.आई. (एम) से लोकसभा का चुनाव लड़े थे, किन्तु असफल रहे। उन्हीं दिनों गोरखपुर विश्वविद्यालय में वकालत की पढ़ाई करनेवाले सुखनंदन राम प्रायः अम्बेडकर हॉस्टल में आते और छात्रों को इकट्ठा कर मार्क्सवाद के बारे में बातें करने लगते। उनका भी मेरे ऊपर बड़ा राजनीतिक प्रभाव पड़ा था। बाद में विशेष रूप से उनके ही प्रभाव में मैं 25 मई, 1967 को नक्सलवादी आंदोलन शुरू होने पर वैचारिक रूप से सशस्त्र क्रांति का अनेक वर्षों तक समर्थक बना रहा। सुखनंदन बड़े तर्क के साथ बातें करते थे। वे भी आजमगढ़ में वकालत करते हैं। जहां तक सांस्कृतिक पहलू का सवाल है, वहां कोई ऐसी स्थायी संस्था नहीं थी। किन्तु समय-समय पर त्योहारों के अवसर पर बड़े सांस्कृतिक कार्यक्रम होते रहते थे। खासकर कृष्ण जन्माष्टमी के अवसर पर वहां की पुलिस लाइन में एक सप्ताह तक रात के समय नाटक, नाच-गाना आदि होता रहता था। हम सभी उसे देखने जाया करते थे। उस समय 'कमला सर्कस' की आजमगढ़ में बड़ी धूम थी। वह साल भर से भी ज्यादा वहां जारी रहा। उसके आकर्षण का सबसे बड़ा कारण एक अत्यंत शक्तिशाली सर्च लाइट थी, जिसकी किरणें रात में चारों तरफ बीसों मील के देहाती गांवों में जगमगा उठती थीं। उसी प्रकाश के चलते ग्रामीण लोग सर्कस देखने खिंचे आते थे। वहां के सांस्कृतिक जीवन में मुझे सबसे ज्यादा प्रभावित किया था 'गुलाब बाई' की नौटंकी ने। गुलाब बाई कानपुर की रहनेवाली एक दलित महिला थीं। उनकी मंडली घूम-घूमकर विभिन्न जिलों में नौटंकी का मंचन किया करती थी। ऐसे ही गुलाब बाई अपनी नौटंकी लेकर 1964-65 के जाड़ों में आजमगढ़ आई और चौक के पास कालीनगंज के एक खाली मैदान में तम्बू तानकर रात के समय प्रतिदिन दो नौटंकियों का मंचन करती थी।

गुलाब बाई खुद गायन संभालती थी। उनकी बड़ी बुलंद आवाज थी। 'नदी नारे न जाओ श्याम पइयां पड़ूं' नामक गीत से उन्हें बहुत प्रसिद्धि मिली थी। उनकी नौटंकी 'लैला मजनू, शीरी फरहाद तथा अमर सिंह राठौर जैसे नाटकों का मंचन करती थी। उनकी नौटंकी आजमगढ़ में करीब डेढ़ महीना रही थी। उसे देखने के लिए भारी भीड़ टिकट लेकर आती थी। 'लैला मजनू' का मंचन सबसे अद्‌भुत होता था। इस नाटक में गुलाब बाई की युवती बेटी मजनू की विस्मयकारी भूमिका निभाती थी। प्रेम में नाकाम मजनू जब ज़ंगल में मारा-मारा भूखा-प्यासा फिरता था, तो इस भूमिका में वह सबको रुला देती थी। मैं अम्बेडकर हॉस्टल से हर एक दो दिन बाद चुपके से गुलाब बाई की नौटंकी देखने चला जाता था। परिणामस्वरूप खाने का पैसा नौटंकी पर खर्च हो जाता और वास्तविक जिन्दगी में मजनू की ही तरह भूखा रह जाता था। मनोरंजन की दृष्टि से सन् 1965 का पंद्रह अगस्त आने पर एक बार फिर लाल बहादुर सिंह के साथ 'डब्ल्यू.टी.' रेलगाड़ी से प्रयाग हो आया। इस बार उफनती बाढ़ ने संगम का मजा किरकिरा कर दिया था। गंगा में यमुना के संगम का दृश्य लापता रहा। ये नदियां भी सिद्ध कर दीं कि संगम सुप्त अवस्था में ही होता है। उसी वर्ष के अंत में प्रयाग में 12 साल बाद वाला कुम्भ का मेला लगनेवाला था। डी.ए.वी. के अनेक छात्र वहां जाने की तैयारी कर रहे थे। वैसे पूरे शहर में कुम्भ की धूम थी। उन दिनों मेरे अंदर भी धार्मिक भावनाओं के काफी अवशेष पड़े हुए थे, किन्तु इंटर फाइनल की परीक्षाएं मार्च-अप्रैल 1966 में होने वाली थीं, इसलिए चाहते हुए भी कुम्भ देखने नहीं जा सका। ज्यों-ज्यों परीक्षाएं नजदीक आ रही थीं, सबसे बड़ी चिन्ता यह थी कि उसके बाद क्या होगा? बी.एच.यू. में शिक्षा ग्रहण करने की महत्त्वाकांक्षा दिन-प्रतिदिन जोर पकड़ रही थी, किन्तु तपसीराम की दोस्ती के अलावा कोई अन्य सहारा नहीं था। मेरे दिमाग में सिर्फ एक ही विचार आता था कि इम्तहान के बाद की ढाई महीने की छुट्टियों में कलकत्ता चला जाऊं और वहां कुछ काम करके पैसा इकट्ठा करूं ताकि बी.एच.यू. में नाम लिखवा सकूं। कलकत्ता में चौधरी चाचा के छोटे बेटे सोबरन एक लोहे की फैक्ट्री में काम करते थे। अतः फाइनल इम्तहान के बाद मैं तुरंत आजमगढ़ से कलकत्ता जाने के लिए बनारस रवाना हो गया। रोडवेज पर बनारस वाली बस पकड़ने के लिए अम्बेडकर हॉस्टल से रिक्शा पकड़कर जब कचहरी से गुजरा, तो पूरा नजारा वैसा ही था, जैसा कि तब जब मैंने प्रथम बार घर से भागकर इस नगर में प्रवेश किया था। यकायक नौजवानी पुनर्वापसी के नुस्खे बतानेवाले के डमरू की ध्वनि एक बार फिर गूंज उठी।

●●●